孙冶方 ◎ 著

孙冶方文集

第 5 卷

（1959—1964年）

知识产权出版社
全国百佳图书出版单位

图书在版编目（CIP）数据

孙冶方文集.第5卷/孙冶方著.—北京：知识产权出版社，2018.1
ISBN 978-7-5130-5210-8

Ⅰ.①孙… Ⅱ.①孙… Ⅲ.①经济学—文集 Ⅳ.①F0-53

中国版本图书馆CIP数据核字（2017）第257212号

内容提要

《孙冶方文集》（10卷本）收集孙冶方1925年至1983年间的各类作品356篇（部）。他的作品有着鲜明的时代特点，真实地反映了作者尊重规律、追求真理的研究轨迹，也真实地反映了他一以贯之的执着精神和宁折不弯的人格魅力。

读者可以从《孙冶方文集》中看到我国经济学界一代宗师孙冶方屡经磨难的艰苦历程，了解孙冶方的学术观点和理论勇气，了解我国社会主义政治经济学各个历史阶段的发展印迹，并从中受到启迪。

项目负责：蔡　虹　　　　　　　　　　本卷责编：栾晓航
套书责编：石红华　蔡　虹　　　　　　责任出版：刘译文

孙冶方文集（第5卷）

孙冶方　著

出版发行：知识产权出版社有限责任公司		网　　址：http://www.ipph.cn	
社　　址：北京市海淀区气象路50号院		邮　　编：100081	
责编电话：010-82000860转8324		责编邮箱：caihongbj@163.com	
发行电话：010-82000860转8101/8102		发行传真：010-82000893/82005070/82000270	
印　　刷：三河市国英印务有限公司		经　　销：各大网上书店、新华书店及相关专业书店	
开　　本：720mm×1000mm　1/16		印　　张：22.75	
版　　次：2018年1月第1版		印　　次：2018年1月第1次印刷	
字　　数：285千字		总 定 价：1680.00元（全套共10卷）	
ISBN 978-7-5130-5210-8			

出版权专有　侵权必究
如有印装质量问题，本社负责调换。

《孙冶方文集》 编辑委员会名单

主　　任：张卓元

成　　员：(以姓氏笔画为序)

　　　　　王迎新　吕民生　李　昭　旷建伟

　　　　　沈国弟　张建清　武克钢　范世涛

　　　　　周　济　冒天启　薛小和

孙冶方(1908—1983)

1959年3月孙冶方(左)赴上海参加全国经济学讨论会

1961年4月孙冶方(左1)等在香山饭店讨论《社会主义经济论》

(以上照片由孙冶方亲属提供)

编者说明

孙冶方是我国著名经济学家，15岁起就从事革命活动，在长达60年的革命生涯中，为宣传马克思主义政治经济学呕心沥血、奋斗终生，在经济学界和社会大众中享有崇高声誉。

2018年是孙冶方诞辰110周年。为缅怀先贤足迹，激励后人理论创新，2016年年初，孙冶方经济科学基金会与知识产权出版社相约，共同编辑出版《孙冶方文集》（以下简称《文集》），是为纪念。

孙冶方一生勤于思考，治学严谨。纵观现存的各类作品，字里行间无不充满了理论探索与实践创新。1979年人民出版社出版《社会主义经济的若干理论问题》；1982年出版《社会主义经济的若干理论问题》续集；1984年山西人民出版社出版《孙冶方选集》，中国展望出版社出版《孙冶方社会主义流通论》；1985年人民出版社出版《社会主义经济论稿》，中国社会科学出版社出版《关于中国社会及其革命性质的若干理论问题》。1998年为了纪念孙冶方诞辰90周年，孙冶方经济科学基金会委托山西经济出版社在上述作品基础上，出版了5卷本《孙冶方全集》（以下简称《全集》）。2008年，孙冶方经济科学基金会与无锡市玉祁镇孙冶方纪念馆合作，将在整理孙冶方文献资料时新发现的多篇文章、译著合并，内部出版了《全集（补遗）》。

如今呈现在读者面前的《文集》（10卷本），是在《全集》和《全集（补遗）》基础上再次整理编辑而成，是两年来紧张工作的成果，也是改革开放以来孙冶方作品收集整理工作的继续。

《文集》能够顺利出版，得益于多方面的共同努力。一是浙江财经大学孙冶方经济科学奖文献馆利用文献数据库及全国的图书馆网络检索文献（特别是1949年以前公开发表或出版的作品）获得资料。二是孙冶方亲属较为全面地整理了20世纪80年代保存至今的孙冶方文稿原件、打印件、书信及手稿等。三是《文集》编辑委员会在孙冶方曾经生活并工作过的上海、江苏、浙江和无锡等地，以及国家统计局、中国科学院哲学社会科学部（现中国社会科学院）、中国社会科学院经济研究所等单位寻访时获得了十分宝贵的文献、书信和报告若干。四是《文集》编辑委员会成员个人提供报告、书信等重要资料。

有关《文集》编辑整理时遵循的原则以及不同情况的处理作如下说明。

一、《全集》和《全集（补遗）》收录作品分别为111篇（部）和24篇。《文集》增加新近收集到作者1925年至1983年间的作品221篇，计有理论文章59篇、译作11篇、报告65篇、书信86封，其中148篇是首次公开出版。

二、《文集》编辑过程中，发现《全集》和《全集（补遗）》存在一些差错，主要是有的作品标题中的个别用字以及发表的时间、刊登的期刊、卷次和脚注等有误或不完善，一并予以修改和补充。

三、《文集》每卷卷首增加了该卷相应时间段作者的照片及作品影印件。《社会主义经济论稿》《社会主义经济论大纲》及《孙冶方大事记》（补充修订后）仍置于《文集》最后两卷。

四、孙冶方（薛萼果）因为工作和生活的需要，有过多个曾用名和笔名。经考证确认的就有孙勉之、孙一洲、孙宝山、孙宜（毅）刚、叶非木、勉之、叶舟、亨利、宋亮、席矩、倪江、方青等。新出现的笔名"席矩"是根据冯和法的回忆文章，及在不同刊物发表文章的考证确认;"倪江"则根据作者相关记录和文章内容确定。文献检索发现,个别笔名可能和他人同名,为避免误收同名作者作品,需要经过编委会集体讨论、仔细甄别、慎重确认后方予收入。其他笔名文章参照《全集》和《全集(补遗)》所用笔名,由编委会认真讨论后收入。

20世纪30年代发表于《中国农村》《中国农村经济研究会会报》上的少数文章,虽无作者署名,经反复考证后确认系孙冶方执笔,在注释中已予以说明,有关考证将另文发表,不在此赘述。

五、《文集》作品以发表、出版或写作的时间为序。对于没有标明详细时间的作品,如缺少月份,则按照通行的做法,置于全年的最后。这样编排,目的是客观地反映孙冶方在各个年代工作和生活时的原貌。

六、对于新收录的作品,尽可能保持原有作品的风貌,仅对个别之处进行了删减或修订;一些书信、报告,原件中没有标题,编辑时增加了现在的标题;个别文献原件页码不全;有的字迹缺失或无法辨认时以空格表示,这些情况在注释中都分别进行了说明。

七、一些早年作品经不同出版社再次出版时,由作者重新审阅并增加了当时新版本的参考文献,因此出现30年代写的文章,参考了70年代出版的文献的情况,现统一注释为"参见……"。

八、根据作者的日记和工作笔记等线索查找,许多文章、书信、报告、谈话等至今仍没有收集到;一些笔名文章虽已找到,但由于可参考查证的资料十分有限,目前无法确认作者而暂不能收入。

综上所述,新出版的《文集》中仍然可能有某些不足甚或错误之处,敬请读者批评指正。

最后,我们要特别感谢在《文集》编辑出版过程中,提供了支持与帮助的单位和个人。可以说，没有这些单位和个人的无私支持和鼎力相助，《文集》以全新的面貌如期出版也就没有可能。这些单位是：中国社会科学院办公厅档案处，中国社会科学院经济研究所及经济史研究室、图书馆，国家统计局资料中心编研处，无锡市档案馆，无锡市博物院，无锡市史志办公室，无锡市玉祁镇孙冶方纪念馆，上海市档案馆，中共上海市委党史研究室，江苏省档案馆，中共江苏省委党史研究室，浙江省档案馆，浙江财经大学孙冶方经济科学奖文献馆，等等。个人有：中国社会科学院副院长蔡昉、中国社会科学院经济研究所所长高培勇、国家统计局办公室主任曾玉平、上海市现代管理研究中心主任陈加英、南京大学商学院院长沈坤荣，以及沙尚之、汪静、沈树正、马骏、崔建华、李晶、刘胜文、王大庆、郑泽清、谢黎萍、陈晓明、吴斌、徐洁、江剑萍、周建军、陈彤光、吴佳佳、殷语、朱昱鹏、谈菁、杜松等。此外，知识产权出版社的蔡虹、石红华及各位编辑，孙冶方经济科学基金会办公室的周小和、王昊、李建、王莉4位同志，为《文集》的最终出版付出了辛勤的劳动和大量的心血，在此一并致以感谢！

《孙冶方文集》编辑委员会
2017 年 10 月 30 日

序

张卓元

孙冶方是我国当代卓越的马克思主义经济学家。他一生论述甚丰，20世纪五六十年代因提出把计划和统计放在价值规律基础上、千规律万规律价值规律第一条等，在经济学界起到振聋发聩的作用，产生了很大的社会影响。1998年，应山西经济出版社之约，我们编辑出版了《孙冶方全集》5卷本，主要收集中华人民共和国成立后孙冶方撰写的文章、研究报告、调查报告、政策建议等。此后，通过孙冶方亲属阅读整理他的日记、手稿、旧作等，发现有相当数量的文稿没有收入全集。为纪念我们敬仰的孙冶方诞辰110周年，我们又对孙冶方一生的作品，主要是经济学作品，进行查找和核实，以《孙冶方全集》为基础，把大量新发现的孙冶方遗作补充进去，按时序排列，形成现在的《孙冶方文集》10卷本，由知识产权出版社2018年年初出版。

重新出版《孙冶方文集》10卷本，不只是为了纪念孙冶方诞辰110周年，对于更好地了解孙冶方对马克思主义经济学的贡献，对于深入研究当代中国经济学思想史，对于认真吸收中国老一辈经济学家的理论精华，更好地构建中国特色社会主义政治经济学，都是很有意义的。

在《孙冶方文集》出版之际，我作为孙冶方经济理论的追随者和学生，作为文集编委会成员之一，在编辑过程中看到不少过去没有看到的文章、资料，学习到许多东西。下面拟就以下三个问题，简要谈谈个人的看法。

一、孙冶方是怎样治所的

孙冶方1957年年末到中国科学院经济研究所任所长，1964年年底接受批判被剥夺领导职务。他一到所，特别重视和强调经济理论研究要很好地联系实际，要从实际出发寻找研究课题，深入实际调查研究。他专门写报告要求对经济所实行双重领导，即由中国科学院和国家计委领导。后经周恩来总理和李富春副总理批准实行双重领导，他本人列席国家计委党组会议，接受国家计委分派的任务。为了便于研究人员到经济部门做调查研究，他把经济所从海淀区中关村搬到财经部门集中的西城区三里河。他接受李先念等领导同志交办的任务，亲自率领一批研究人员到上海第一机床厂等企业进行调查。他关于固定资产管理体制改革（反对复制古董）和加强经济核算包括资金核算的研究报告，就是深入调查研究后写出的。他在调查过程中，还同李立三、李人俊、汪道涵、马天水、顾树桢等中央经济部门和地方工作的同志多次深谈，征求他们的意见。在孙冶方的带动下，在经济所逐渐形成了调查研究的风气。还有，从上个世纪50年代末到60年代初，孙冶方和薛暮桥、于光远一块发起，针对农村"一平二调"和"大跃进"带来的国民经济断崖式下滑和比例失调等问题，组织经济理论工作者和实际工作者，讨论了社会主义商品生产、价值规律、按劳分配、社会主义再生产、经济核算、经济效果等问题，对全国的经济理论研究工作起到了引航的作用。

其次，大力倡导标新立异，向传统的经济理论挑战，扭转从书本到书本、从概念到概念、搞规律排队和只限于解释当前政策的教条主义学风。他自己带头创新理论（后面有专门论述），给经济所带来一股清新的研究风气。他还邀请当时苏联的统计局综合平衡司司长索包里作报告，他对传统的社会主义经济理论和体制持批评态度，主张生产价格论、强调资金核算的重要性等，使我们这些听众大开眼界。与此同时，他对当时广为流行的苏联科学院院士斯特鲁米林关于没有价格与价值的背离就没有价格政策的观点（上个世纪五六十年代国内有从事实际工作的同志很欣赏这一观点），不以为然，认为正确的价格政策恰恰是力求使价格与价值一致，只有这样，才是真正尊重价值规律。

再次，以任务带学科带队伍。孙冶方于1960年年初起，接受中宣部布置的写社会主义政治经济学的任务（薛暮桥、于光远也各负责写一本），于是组织全所研究现实经济问题的骨干力量，写《社会主义经济论》，他本人提出与众不同的按马克思《资本论》过程法（即资本的生产过程、资本的流通过程、资本主义生产的总过程，把资本和资本主义改为社会主义即可）展开，以最小的劳动消耗取得最大的有用效果为红线进行写作。在这个过程中，带出了一批年轻的经济学家，他们在中国改革开放后分别成为一些科研单位的骨干。

二、孙冶方治学是如何标新立异的

孙冶方提倡标新立异，他是以身作则的。他发表在《经济研究》1956年第6期的《把计划和统计放在价值规律基础上》一文，就是真正的标新立异，在经济学界引起轰动。他到经济研究所后，提出了一系列崭新的观点和主张，包括：恩格斯1844年在《德法年鉴》上提出的"价值是生产费用对效用的关系"并不是错误的、后来被恩格斯本人抛弃的观点，而是正确的、对准确理解马克思劳动价值论有重要意义的观点；主张以生产价格作为社会主义国家定价的基础；流通部门是很敏感的，国民经济中许多问题，都会在流通过程中首先表现出来，批判部分学界鼓吹的"无流通论"；财经体制的核心问题是作为独立核算单位的企业的权力、责任和它们同国家的关系问题,而不是有人常说的中央和地方的关系问题;凡是在原有资金价值量范围内的生产,是简单再生产,是属于企业(指国有企业)可以自主决定的权利,因此折旧基金应留给企业支配使用,而现实中要求折旧基金上缴的固定资产管理体制会导致出现复制古董的怪异现象;利润是反映企业技术水平高低、经营管理好坏的综合指标,高于社会平均资金利润率的是先进企业,低于社会平均资金利润率的是落后企业;用最小的劳动消耗取得最大的有用效果应作为社会主义政治经济学的红线贯穿始终;千规律,万规律,价值规律第一条;等等。

  孙冶方在经济理论上标新立异,不是偶而突发的奇思异想,而是经过长时期调查研究深思熟虑后得出的。关于固定资产管理体制和重视利润的主张,就是经过大量实地调查研究和总结国内外经验教训后提出的。关于价值理论则除了调查研究、实际工作体会外,还大量引经据典,与不同观点商榷。他在1959年第9期《经济研究》发表的《论价值》一文,长达三万多字,系统地表达了他对价值和价值规律的独特观点。还有,我们常常看到孙冶方特别喜欢引用马克思在《资本论》第三卷中的一段话,马克思说,"在资本主义生产方式消灭以后,但社会生产依然存在的情况下,价值决定仍会在下述意义上起支配作用:劳动时间的调节和社会劳动在各类不同生产之间的分配,最后,与此有关的簿记,将比以前任何时候都更重要。"(《马克思恩格斯全集》第25卷,北京,人民出版社,1974年,第963页)据我体会,马克思这段话说的价值决定,正是价值规律的核心,也是孙冶方反复强调的价值规律的内涵。因此他坚信价值规律在资本主义生产方式消灭以后,在社会主义社会经济活动中,仍然起支配作用。

三、孙冶方经济理论的现实意义

孙冶方经济理论的核心，如果用一句话来概括，就是千规律，万规律，价值规律第一条。这是在一次批判他的座谈会上，当批判他的人质问他国民经济综合平衡依据的是什么规律时他脱口而出的，他在 1978 年 10 月还专门以此为题写了一篇文章，发表在《光明日报》上。孙冶方在文中写道，"我这句话虽然是在激动中脱口而出的，然而这是符合我多少年来长期坚持的思想的。"我认为，这就是孙冶方的主要经济理论观点。孙冶方一辈子强调价值规律，并不是有人想象的那样现在已经过时了，恰恰相反，在我们努力发展社会主义市场经济的今天，仍然具有重要现实意义。

第一，马克思主义经济学原理历来认为，价值规律是商品经济和市场经济的基本规律，是支配市场经济活动的最根本的法则。现在我们正在社会主义条件下发展市场经济，就要按市场经济规律办事，就是要按价值规律办事。如果我们在经济活动中违背价值规律，必然会受到这样那样的惩罚，如效率低下、竞争力下降甚至亏损破产等。相反，如果我们在经济活动中尊重价值规律，按价值规律办事，努力降低个别社会劳动消耗，提高产品技术含量和品质，就能在市场竞争中处于强势，不断发展壮大自己。当然，我们也要看到，孙冶方对价值规律如何调节社会生产和流通，它的机理是什么，并没有作出有说服力的说明，而这是在中国改革开放中，通过市场机制即放开市场和价格才实现这种调节的。

第二，在孙冶方的论述中，价值由社会必要劳动时间决定的规律，其含义是比较广泛的，既包括个别商品的价值由社会必要劳动时间决定，也包括在社会总劳动时间中，要把必要的比例量用在不同各类的商品上,也就是我们今天常说的,在资源配置中起决定性作用。孙冶方常常引述马克思关于价值决定在未来社会对社会劳动在不同各类生产之间的分配仍起支配作用,也是这个意思。当前我国深化经济体制改革,就是要紧紧围绕使市场在资源配置中起决定性作用来进行,实质上正是要更好地让价值规律调节资源的配置。

第三,价格政策应很好地尊重价值规律。孙冶方一贯反对实行价格与价值背离的政策,要求不断缩小工农产品价格剪刀差,国家定价应以价值和价值的转化形态生产价格为基础,否则难以正确评价经济活动的效果,难以评价企业的真实业绩。这点至今仍有现实意义。现在占全社会商品和服务97%的价格已放开由市场调节,也就是价值规律调节,在公平竞争的市场环境不断完善的条件下,价格将越来越贴近价值而波动。剩下的3%由政府定价,主要限定在重要公用事业、公益性服务、网络型自然垄断环节,也要尊重价值规律,但不是由价值规律自发调节。这说明,孙冶方当年的设想,在社会主义市场经济条件下正在逐步成为现实。

第四,从政治经济学发展史来看,改革开放前,经济学家们在创建社会主义政治经济学体系时,总离不开规律排队,而且总是把社会主义基本经济规律、有计划发展规律放在首位,贬低和排斥价值规律的作用。1982年,还有一些经济学家拿社会主义基本经济规律和有计划发展规律起主要作用来反对社会主义经济也是一种商品经济。可是,在半个多世纪前,孙冶方就已经提出,无论在国民经济中,还是在社会主义政治经济学中,价值规律是首要规律。他关于撰写《社会主义经济论》要以最小的劳动消耗取得最大的有用效果作为红线,也是他关于千规律万规律价值规律第一条在构建社会主义政治经济学中的具体应用。因为在孙冶方看来,价值由社会必要劳动时间决定的规律,体现的正是生产费用对效用的关系,如果生产没有社会使用价值的东西,其劳动消耗是白费的,不是社会必要的,不能形成价值,所以他一直认为恩格斯关于价值是生产费用对效用的关系是完全正确的命题。因此我认为,孙冶方经济理论的核心——价值理论,对于今天构建中国特色社会主义政治经济学,是值得大家重视的。这也是孙冶方经济理论重要现实意义之所在。

2017年10月

孙冶方：以自己的生命敲击改革开放大门的先驱

——《孙冶方文集》序

冒天启

孙冶方（1908—1983），江苏无锡人，是中国经济学界几代人都敬仰的一位颇具盛名的马克思主义经济学家。在他长达半个多世纪的经济学理论研究活动中，始终坚持立足中国国情，独立思考，按照价值规律内因论和商品生产外因论的经济学思想，是中国经济学界对自然经济论进行批判的先行者，是对传统经济体制实行改革的最早倡导者，是创建社会主义经济学新体系的积极探索者。

孙冶方在上个世纪20年代初，去莫斯科中山大学学习，毕业后在莫斯科东方劳动者共产主义大学担任政治经济学讲课翻译，在那里学习、工作了四年零九个月；回国后长期从事经济理论研究、宣传和教学，并担任实际经济工作的领导。生前曾任中国社会科学院顾问，经济研究所所长、名誉所长，国务院经济研究中心顾问，国务院学位评议组成员，政协第五届全国委员会委员，中共中央顾问委员会委员等职。孙冶方病逝前，为表彰他对马克思主义经济学的重大贡献，中国社会科学院党委授予他为模范共产党员；学界老一辈经济学家也在1983年6月13日联合发起成立了孙冶方经济科学奖励基金委员会，以纪念这位经济学界的泰斗。媒体公认，孙冶方经济学思想，对中国的改革开放具有"破茧"的功能，他以自己的生命在敲击着改革开放的大门，2008年12月7日，被媒体评选为中国"30年最具贡献的十位经济学家"。

孙冶方一生治学严谨、惜字如金，在同辈的经济学家中，其著述不算最多，甚至没有过专著，但他的文章却篇篇都针砭时弊，影响深远。1984年，山西人民出版社根据他在病逝前亲自审定的篇目，出版过一部《孙冶方选集》；1998年，为了纪念他诞辰90周年，孙冶方经济科学基金会委托山西经济出版社出版了5卷本《孙冶方全集》；2008年，孙冶方经济科学基金会与无锡市玉祁孙冶方纪念馆在整理孙冶方文献资料时，发现《孙冶方全集》漏选了孙冶方的不少文章、译著，因此，内部出版了《孙冶方全集（补遗）》。2016年，应知识产权出版社邀约，经多方反复彻查文献、严格审定，以一部全新的10卷本《孙冶方文集》典籍问世。

孙冶方是老一辈的马克思主义经济学家，社会在变迁、知识在更新，为让新一代学子对孙冶方的经济学思想有个初步的了解，我们在这里简述他的成长经历、理论贡献以作为《孙冶方文集》新版之序。

孙冶方：以自己的生命敲击改革开放大门的先驱

一、成长经历

孙冶方，1908年10月24日出生在江苏省无锡县玉祁镇。原名薛萼果，字勉之，党内用名宋亮。从小家境贫穷，父亲背债做过纱厂的小职员。1921年秋，13岁的孙冶方才进无锡县立第一高小做寄宿生。孙冶方在校时，接受进步思想，1923年年初加入社会主义青年团，1924年经中共上海区委批准正式转为中共党员。不久，无锡地下党组织成立，孙冶方被选举为第一任中共无锡党支部书记，同年加入国民党。1925年11月，按照上级组织的安排，他去莫斯科中山大学学习，同去的有60多人，其中有张闻天、杨尚昆、乌兰夫，还有王明、蒋经国等。在那里经过两年比较系统的马克思列宁主义学习，1927年夏毕业，分配到莫斯科东方劳动者共产主义大学担任政治经济学讲课翻译。1927年11月，东大中国留学生合并到中大，孙冶方也随之返回中大继续担任讲课翻译。这一时期，有两件事对他影响较大，一是王明的宗派斗争。20年代赴苏的中国留学生中，既有后来成为党和国家卓越领导人的邓小平、叶剑英、杨尚昆等同志；也有后来堕落叛逃的王明、张国焘等人。当时，王明在共产国际的支持下，把持了对中国留学生的领导权，大肆进行宗派主义活动，对不赞成他们意见的同志搞残酷斗争，捏造各种罪名进行打击。1927年夏，在一次讨论中大学期工作总结报告并对报告的决议案投票表决时，支持王明的共有28人，1人弃权，绝大多数同志都表示反对，其中有孙冶方的入党介绍人董亦湘。孙冶方没有参加这次会议，但平时与董亦湘及投反对票的同志来往较多。那时，由于孙冶方已担任了讲课翻译，经济收入较高，大家让他掏钱请客聚餐，王明根据这次"聚餐"，凭空捏造了"江浙同乡会"的案件，把他们作为反革命分子进行斗争。1928年，尽管经过由周恩来参加的中央专案组的重新审查，宣布"江浙同乡会"是莫须有的罪名，但王明却又利用联共清党，给反对他的同志扣上"托派"的罪名继续加以迫害，他们断定孙冶方也有"托派"嫌疑，无端地给了他"严重警告"处分。这件冤假错案，给孙冶方后来的党内生活带来不小影响。二是布哈林对列宁新经济政策的理论解释，给孙冶方后来从事社会主义经济理论研究，认识不发达国家社会主义建设道路，产生了潜移默化的影响。

1930年9月，孙冶方回国。在上海从事党的地下工作，先任上海人力车夫罢工委员会主席，后又任人力车夫总工会筹委会主席，年底，调任沪东区工商联筹委会主席。1931年年初，孙冶方在英租界被捕，但敌人没有任何证据断定他是共产党员，以为是"乡下佬"，因此在捕房里关了七天就释放了。出狱后，孙冶方向党中央递交书面报告，希望恢复组织关系，同时还积极参加抗日救亡活动。但王明宗派集团把持着中央领导权，对孙冶方的"书面报告"置之不理，孙冶方被排斥在党外7年之久。这期间，孙冶方在逆境中一直坚持斗争，以他对马克思主义理论和党的土地革命路线的透彻理解，与陈翰笙、薛暮桥、钱俊瑞等发起成立中国农村经济研究会，开设新知书店、中国经济资料室，发行《中国农村》月刊，深入工厂、农村，以大量的调查材料，论证中国社会的半封建半殖民地性质，批判王明和"托派"夸大中国社会资本主义性质，反对党的土地革命路线的"左"倾观点。1934年6月，面对国民党反动派的迫害，孙冶方不得不绕道香港去了日本，在东京替商务印书馆翻译卢森贝的《政治经济学思想史》。1935年9月回国，继续从事《中国农村》的编辑工作。

孙冶方：以自己的生命敲击改革开放大门的先驱

1937年5月，孙冶方恢复了党籍，调任中共江苏省文化工作委员会书记。1940年9月，孙冶方根据组织决定去延安，途经重庆时，向周恩来汇报了工作，周恩来根据当时形势，指示他去苏北新四军或华中局工作。1941年6月，孙冶方到了苏北根据地，先在华中局宣传部任宣教科科长，后又去华中局党校教学并兼任教育科科长。临去党校前，刘少奇找他谈话指出：党校教学要理论联系实际。7月13日，孙冶方以"宋亮"为笔名给刘少奇写信，请教如何看待党内存在的轻视理论的倾向。当天，刘少奇回信，就党内轻视理论的倾向作了分析，这就是"文化大革命"中曾一度成为"众矢之的"的《答宋亮同志》的信。1942年华中局党校成立校委会，孙冶方为校委员会委员，仍兼教育科长。1943年4月，新四军军部转移到淮南以后，孙冶方即被派到淮南路西地委任宣传部长。1947年5、6月间，孙冶方奉命到胶东向华东财办领导汇报工作，时值国民党军队正向滨海地区进攻，因此上级决定"驻鲁办事处"撤销,干部撤退到胶东,孙冶方被留在华东财办工作,11月任华东财办秘书长兼山东省政府实业厅副厅长,直到解放战争胜利结束。

1949年江南解放后,孙冶方随三野进上海,任上海市军管会重工业处处长,并负责接管了国民党政府的资源委员会,后任华东工业部副部长兼任上海财经学院院长。1955年年初,孙冶方调北京任国家统计局副局长,主要负责国民经济平衡统计表的编制,还有关于国民收入计算、计划统计指标体系、方法等工作。1956年7、8月间,他去苏联统计局考察,联系中国经济建设中已经出现的问题,深感我国经济管理体制和一些经济政策存在着严重的弊病,1956年11月,他写了著名的论文《把计划和统计放在价值规律的基础上》,批评斯大林把价值规律和国民经济计划管理对立起来的观点,指出:国民经济有计划按比例发展必须建立在价值规律的基础上才能实现。同期,他还写了另一篇有名的文章——《从总产值谈起》,批判总产值指标妨碍对企业进行科学管理,指出:利润指标是考核企业经营管理好坏的综合指标。

孙冶方于1957年底被调至中国科学院经济研究所任代所长。1958年6月21日,中央工业部电话通知孙冶方:中央监委已经批准了中央工业部对他有关历史问题的审查结论,同时恢复了1931年到1937年这一段党龄。这令孙冶方极为振奋。孙冶方虽然弃官从文,但在新的岗位上,仍以高度的敬业精神,花很大的力气疏通经济理论研究和实际工作结合的渠道,力主由国家实际经济部门主管经济研究所的研究工作。孙冶方大力组织研究人员认真读书,并引导人们把实践中存在的、有待于解决的问题提高到理论上加以研究。他身体力行,多次深入农村、工厂,写了大量的研究报告和文章,探讨社会主义经济理论,并逐步形成了以自然经济论为批判对象,以价值规律内因论和商品生产外因论为基础的理论体系，积极倡导经济体制改革。1959年7、8月，他在青岛撰写了《论价值》一文，发表在《经济研究》1959年第9期，系统陈述了自己的理论和改革主张。从1960年年底开始，他组织经济研究所的一些同志，着手编写《社会主义经济论》，系统清算阻碍社会主义经济理论发展的各种有害倾向。由于众所周知的原因，1964年开始，他在经济学界受到了围攻。1966年6月，《红旗》杂志公开点名在全国范围内开展了对孙冶方的大批判。从1968年4月5日被捕入狱，直到1975年4月10日出狱，孙冶方在特殊的环境中，用默记的方法，对《社会主义经济论》22章183节在脑海中过了85遍，坚持每月一次。1972年2月，他以给"外调"人员写材料为名，写了长篇文章《我与经济学界一些人的争论》，驳斥了康生、陈伯达一伙反马克思主义的谬论。1975年4月10日踏出狱门对工宣队的第一句话就是：我是一不改志、二不改行、三不改变自己的观点！回家后即着手《社会主义经济论》的写作。打倒"四人帮"后，孙冶方极为昂奋地参加了揭批"四人帮"的理论斗争以及考察出国访问。那时，国内各个部门都组团去东欧国家学习，曾有团组去匈牙利，接待方坦然地说，我们是按照你们国家孙冶方的经济学思想改革的！1979年8月，孙冶方肝癌已到晚期。在这种情况下，经济研究所加强了写作组的力量，为抢救学术遗产，由孙冶方在病床上口授录音，然后由写作组整理，前后约一年时间，完成了《社会主义经济论》大纲20余章。从这以后，孙冶方更拼命工作，3年时间，先后写出了22篇论文，对经济建设和改革中的紧迫问题，系统发表了自己的观点，同时还参加文艺、历史等方面的社会活动。1982年9月，孙冶方参加了党的十二大，并当选为中共中央顾问委员会委员。1983年2月22日下午5时，这位拼搏了一生的老布尔什维克，带着铮铮铁骨，离开了我们，时年75岁。

孙冶方：以自己的生命敲击改革开放大门的先驱

二、理论贡献

在中华人民共和国成立前的30至40年代，孙冶方发表过的论文，主要是联系中国实际，以大量第一手调查材料，论证中国社会的半封建半殖民地性质，但他的经济思想最有历史学术价值的部分是在共和国成立后的50年代中期到70年代末80年代初期形成的。在左的路线统治全党和社会的环境下，孙冶方大胆探索符合中国国情的社会主义经济理论新体系，勇敢倡导改革集权的计划经济模式。他的经济学思想可以归纳为一句话：价值规律内因论和商品生产外因论，在这个大题目下，他经常论述的经济思想主要是：

（1）用最小的劳动消耗取得最大的有用效果即"最小最大"。孙冶方自50年代中期以来，联系社会主义经济建设中的弊端，反复论述"最小最大"，并由此付出了血的代价。但"最小最大"的发明者，从经济思想发展史上看，实际上并不是孙冶方。早在1817年，李嘉图的《政治经济学及赋税原理》出版，1821年，这部书的第三版广为流行，书中写道：国家财富的增加可以通过两种方式：一种是用更多的投入来维持生产性的劳动……；另一种是不增加任何劳动量，而使等量劳动的生产效率增大……这两种增加财富的方法中，第二种方法自然是更可取的。当时，有一位匿名作者按照李嘉图的这个思想写了《国民困难的原因及其解决办法》的小册子，其中说道：一个国家只有在劳动6小时而不是劳动12小时的时候，才是真正富裕的，财富就是可以自由支配的时间。马克思对这个思想极为赞赏，说："这不失为一个精彩的命题。"同时还把李嘉图的上述说法概括为：在尽量少的劳动时间里创造出尽量丰富的物质财富。同时还强调：这在一切社会形态中都是适用的。但时间过了100多年，孙冶方把这个朴素的思想用中国化了的经济学语言，作了广泛宣传。他在多篇文章中都讲：要用最小的劳动消耗去取得最大的有用效果，这是一切经济问题的秘密，人类生活的好坏，从根本上说取决于劳动效率的高低，要以更少的劳动投入获得更多的有用产品；或者说，要减少生产每一单位产品所需要的劳动量。研究一定的劳动时间内生产了多少产品，是劳动生产率范畴问题；研究单位产品中包含有多少劳动时间即劳动耗费，是价值范畴问题。用最小的劳动耗费取得最大的有用效果，就是一个把个别的、局部的劳动还原为大多数的、社会平均必要的劳动耗费的复杂经济运行过程。孙冶方指出：在社会主义条件下，商品的内在矛盾即商品二重性和生产商品劳动二重性仍然存在，经济学要以"最小最大"为红线，去研究解决这些矛盾的途径，提高劳动生产率，发展社会主义经济。

孙冶方：以自己的生命敲击改革开放大门的先驱

孙冶方用"最小最大"总结社会主义建设的教训，批评在"政治挂帅"下高消耗、低效益的顽症；用"最小最大"判断社会主义公有制，批评自然经济论和"大锅饭"的体制；用"最小最大"批评"权力经济学"，重新编写中国的理论经济学，因而使这个古老而朴素的经济学常识在新的历史条件下放出了新的理论光彩。实践证明，孙冶方的"最小最大"理论中所包含的一切思想都是正确的，因此，经济学界公认："最小最大"是孙冶方公式。

（2）价值理论。孙冶方在这个重大理论问题上与众不同，他坦诚地承认：我的价值论源自恩格斯，但有自己独立的"逻辑上的一贯性和系统性"。1843年，恩格斯在《政治经济学批判大纲》中说："价值是生产费用对效用的关系。价值首先是用来解决某种物品是否应该生产的问题，即这种物品的效用是否能抵偿生产费用的问题。只有这个问题解决之后才谈得上运用价值来交换的问题。如果两种物品的生产费用相等，那么效用就是确定它们的比较价值的决定因素。"恩格斯接着还说：在未来社会中，"价值这个概念实际上就会愈来愈只用于解决生产的问题，而这也是它真正的活动范围"。马克思对恩格斯的这个理论十分赞赏。1868年1月8日，他给恩格斯的信中说：由于我采取了抽象的研究方法，直接的价值规定，在现实社会中，实际作用是很小的，甚至是找不到的。（价值）"通过价格的变动来实现，那么事情就始终像你在《德法年鉴》中已经十分正确地说过的那样。"所谓"十分正确地说过"，就是指恩格斯发表在《德法年鉴》上的《政治经济学批判大纲》中"价值是生产费用对效用的关系"的说法。恩格斯在1895年逝世前半年再版《反杜林论》时，将这一观点与《资本论》一、二、三卷联系起来，重申（价值是生产费用对效用的关系）观点，"我在1844年已经说过了。但是，可以看到，这一见解的科学论证，只是由于马克思的《资本论》方才成为可能。"恩格斯在病逝前重申自己对价值概念的论述，足见这一思想的极端重要性。后来，恩格斯的这一理论，在欧洲工人运动中得到了广泛传播！孙冶方联系中国经济建设的实践，对恩格斯的价值理论做了充分的发挥，坚持认为：价值是生产费用对效用的关系，并由此形成了自己一套严密的价值理论体系，他曾对批判者戏言说：你们如果击破了我的要害——价值论，那么我的这个理论体系就摧枯拉朽了！他认为，价值规律是任何社会化大生产都不能取消的自然规律。他一再强调，价值并不仅仅是商品经济所特有的范畴，它是社会化大生产的产物，反映着社会化生产过程中的各种社会经济关系，就这一点来说，它对资本主义和共产主义都是共同的。但是在资本主义条件下，价值是通过交换价值表现出来的；而在共产主义条件下（包括社会主义全民所有制内部），价值却可以通过统计、会计具体地捉摸到。因而在量的意义上，价值就是物化在产品中的社会必要劳动。价值和交换价值是完全不同的两个范畴。价值由包含在商品或产品中的劳动量决定。但是，在商品经济特别是资本主义商品经济条件下，供求却始终是不平衡的。尽管每一物品或每一定量某种商品中包含着生产它所必需的社会劳动，但如果它的产量供应超过了当时的社会需要，那么一部分社会劳动还是会浪费掉的。因此，效用通过社会必要劳动的形成来最终影响价值的变化，离开了一定使用价值的质和量，就无从谈论"必要"还是"不必要"。社会主义建设效益差、浪费大，就是因为我们缺乏价值观念，不对生产费用和效用进行比较造成的。孙冶方认为，价值规律是价值存在和运动的规律，它是任何社会化大生产都不能取消的自然规律，社会主义经济作为社会化生产，它同样也存在着价值规律发生作用的机制。因此，孙冶方是价值规律内因论者，它反对斯大林的价值规律外因论，对斯大林的自然经济论和"大锅饭"体制，进行了尖锐而辛辣的批评。

孙冶方：以自己的生命敲击改革开放大门的先驱

（3）企业扩权理论。孙冶方强调，企业是独立的经济核算单位，要正确处理国家集中领导和企业独立经营的关系。孙冶方在我国最早提出了在全民所有制条件下，国家所有权和企业经营权分离的理论，他认为，在私有制条件下，谁具有生产资料的占有、使用和支配的权力，谁就是事实上的所有者。然而"在全民所有制之下，占有、使用和支配是一个主体，而所有权是另一个主体。国营企业，只是根据它们的活动目的和财产的用途对固定给他们的国家财产行使占有、使用和支配之权。而这些财产的所有者是国家。社会主义国家和企业的关系，并不像自然经济论所认为的那样，是上层建筑、法律关系，而是一种非常重要的经济关系。孙冶方在特定历史条件下针对集权计划经济，独创地提出了划分国家和企业权限的"杠杠"，他认为，经营管理体制中"大权"和"小权""死"和"活"的界限是简单再生产和扩大再生产的界限，属于简单再生产范围以内的事是企业应该自己管的"小权"，国家多加干涉，就会管死，束缚企业从事生产经营的积极性和主动性；属于扩大再生产范围以内的事是国家应该抓的"大权"，国家必须严格行使权力，不管或管而不严，就会大乱。而区分简单再生产和扩大再生产的唯一界限是企业资金价值量，凡是不要求国家追加投资的，在原有资金价值量范围以内的生产，都是简单再生产；而要求追加新投资，这超出了企业原有资金价值量范围，因而是扩大再生产。孙冶方按照上述"杠杠"，激烈地批评了固定资产管理体制，要求把折旧基金原则上全部交给企业，由企业自主去搞挖潜、革新和改造。

（4）利润理论。孙冶方认为，利润是考核企业经营好坏的综合指标。利润是物质生产部门职工为社会扩大再生产和社会公共需要而创造的一部分物质财富，无论是社会总产品，还是个别企业总产品，$c+v$即成本越低越好，与此相应，m即剩余劳动就会增多。在价格合理的条件下，降低成本和增加利润完全是同义语，它们都是企业技术水平高低、经营管理好坏的综合指标，抓住了利润指标，就如同抓住了"牛鼻子"一样，许多问题就会迎刃而解。孙冶方认为，价格不合理，就会扭曲利润的作用，比如工农产品的"剪刀差"，如果国家对农产品收购价格压得过低，按价格计算的国民收入实际上就把农民所创造的价值，算在了工业品价格上。孙冶方尖锐批评了斯大林通过"剪刀差"、向农民筹集国家工业化资金的超经济剥夺。不合理的价格，成了价值的"哈哈镜"，使得计划、投资和分配，失去了判断尺度，因此，他极力主张按资金利润率调整不合理的价格。

（5）流通理论。孙冶方认为，流通是社会再生产的物质代谢过程，社会分工使生产实现了专业化，但要使各个生产部门的再生产能正常进行下去，他们必须以产品交换为媒介发生经济联系，实现生产的物质补偿和替换。因此，流通是社会化大生产不可缺少的环节。孙冶方还认为，在社会主义条件下，由于全民所有制外部还存在着商品生产和交换，因此，全民所有制企业之间的产品流通和不同所有制性质企业之间的商品流通同时并存。要使社会主义流通（产品、商品）成为有计划的经济过程，孙冶方认为，我们必须研究流通中的各种具体问题，包括：流通渠道、购销形式、网点设置等。孙冶方一再强调，马克思《资本论》第二卷中所论述的许多问题，比如加速资金周转等，只要剔除资本主义的特殊属性，作为社会化生产的规定，对社会主义经济依然适用，因此，他在提出生产中的"最小最大"的同时，亦主张流通中也要研究以最少的垫支资金取得最大的有用效果的问题，因为等量资金的周转速度不同，获得的有用效果也是不等的。

（6）70年代末，孙冶方把批判的矛头直接指向了斯大林和《苏联社会主义经济问题》。

他批判斯大林对生产关系的定义，认为在生产关系之外去孤立地研究所有制是有害的。所有制是一种财产关系亦即法律用语，经济学在研究特定社会进行生产和交换并相应进行产品分配的条件和形式时，应该讲清楚：第一，用哪个阶级所有的生产资料来进行生产，生产出来的产品又归哪个阶级占有；第二，交换的产品是哪个阶级生产的，又为哪个阶级占有；第三，被分配的产品是哪个阶级生产，又归哪个阶级所占有，从而用什么形式按什么比例分配。我们在所有制上曾经搞"穷过渡"的做法，其理论根源就是斯大林把所有制形式从生产关系中独立出来简单地看作是一种"归属"关系，用政治运动来不断调整财产归属，结果把基于经济的所有制，变成了基于权利的所有制。实践证明，实现了国家"占有"，未必就是实现了社会主义的公有制，腐败官员在这个所谓的"公有制"经济中攫取"公款"和"公物"，可能比资本家在自己开设的商号里支取款项还随便。这样的公有制，"实质上是一种挂着社会主义公有制招牌的封建主义的特权所有制"。所以，所有制只能从财产的现实形态即生产关系的总和上来把握，从生产、交换、分配的各个环节来进行具体分析，而不能将它看作是一种简单的、孤立的财产归属!

他批判斯大林对生产力的定义,认为把劳动对象从生产力因素中排除掉也是有害的。

孙冶方是我国经济学界对自然经济论的最早批判者。自然经济论渊源甚深,毒害甚广,它依附在马克思主义的名义下,把社会主义和商品货币关系对立起来,把计划经济和实物经济混同起来,使社会主义制度的优越性难以发挥出来。孙冶方几十年来,以反自然经济论为大旗,揭露了自然经济论对实际工作的影响,他指出:自然经济论没有经济效益观点,借口政治账掩盖经济建设中的高消耗;没有生产经营观点,企业按上级定下来的指标进行生产,造成产销脱节;没有等价交换观点,把价值看作是使用价值的计量单位,用"剪刀差"向农民征收"贡税";没有流通观点,不准生产资料进入流通,用调拨代替了交换;没有资金核算观点,实行资金供给制,培植了败家子作风;没有固定资产的磨损观点,人为压低折旧率,迫使企业搞"古董复制",冻结了技术进步。孙冶方指出:按照自然经济论办事,就像原始公社首脑指挥生产一样,企业的一切活动都由集中的计划统一支配,生产什么,生产多少,生产者和消费者相互供应什么,都统一按实物计划规定。在我国经济理论界,就一个、两个或者更多一些的观点,就个别的、局部的观点去批判自然经济论,并不乏其人;但是,还没有哪位经济学家能像孙冶方这样全面、深入、系统地对自然经济论进行批判。

孙冶方是我国经济学界对传统经济体制实行改革的最早倡导者。我国从苏联移植过来的斯大林模式,实际上是以自然经济论为基础,由国家对社会的全部经济活动实行高度的集权管理,物资被统调统拨、资金被统收统支、人力被统包统配、产品被统购统销、计划被层层下达、干部被层层任免。60年代后,一些社会主义国家开始对集权计划经济体制进行"改革",就连苏联也进行了所谓的"完善"工作。但在我国,却在反对修正主义的口号下把斯大林以自然经济论为基础的集权模式看作是唯一的社会主义固定模式,对改革观点进行批判。孙冶方从50年代中期开始,逆潮流而进,以价值规律内因论为基础,以扩大企业经营管理权为突破口,要求正确处理国家和企业的经济关系,改革计划管理体制,改革物资流通体制,改革企业固定资产管理体制以及对价格、利润、统计等各方面进行改革。孙冶方为倡导体制改革而付出的努力,将永远激励着后继者。

孙冶方是我国经济学界创建社会主义经济学新体系的积极探索者。50年代中期,孙冶方就认为:从苏联舶来的经济理论不符合中国国情,它充满着唯意志论和形而上学。他在50年代末着手编写的《社会主义经济论》,就是为着取代那些陈腐的老框框。当然,社会主义还在实践,还不能产生出成熟的经济学体系,但是,孙冶方坚持联系生产力来研究社会主义生产关系,运用马克思主义的抽象法,以社会主义全民所有制的产品为出发点,把以最少的社会劳动消耗有计划地生产最多的满足社会需要的产品为贯穿整个体系的红线,把对价值范畴的分析贯穿于各章,分析生产过程、流通过程、社会再生产过程,从而揭示社会主义经济发展的内在规律,对这种旨在把社会主义经济学从唯意志论的毒害下解救出来的新体系,不能不看作是社会主义政治经济学发展中的一次大胆尝试和探索。同时,孙冶方在撰写《社会主义经济论》时,既坚持独立思考,又提倡集思广益,为我国经济学界培养出了一支具有深厚经济学理论功底的经济学家队伍,成为改革开放中的一支生力军!

孙冶方是我国学术思想界坚持理论联系实际,为真理而勇于献身的光辉典范。在他从事理论工作的60个春秋里,非常重视实践,经常深入工厂、农村做国情、田地调查,从中提出重大的研究课题,并寻求解决问题的答案。但他绝不把实践中的材料按政治气候和政策要求简单地加以堆砌和描述，而是力求准确完整地按照马克思经济理论基本方法加以研究，掌握社会主义经济的客观规律；同时他也非常重视理论，他深知中国革命和建设的理论准备不足，因此下大力气研究马克思主义经济理论，敢于从"俄文版的马克思主义"中剔出假货，剔出不符合中国国情的"条条"，按中国国情去检验、评审"舶来品"的真伪和适用性，在批判和独立思考中形成自己的经济思想体系。他非常憎恨文化专制主义，同时也非常讨厌那种摸风向、探气候的风派理论工作者。孙冶方无论是从政做官，还是弃官从文，都有着一种强烈的专业精神，不为权、不畏权，独立思考，探求真理，始终表现出一个科学工作者的铮铮铁骨。但是，孙冶方在学术讨论中，却平等待人，虚怀若谷，热情欢迎来自各方面的批评和商榷意见，公开检讨并放弃那些被实践证明是错误的或自己认为应该补正的学术观点。孙冶方这种强烈的人文关怀精神，开放求是、吸纳灼见的治学态度，坚持来自实践而被认准的观点且又坦然放弃被实践证明不大适宜的观点，在学界表现出的铮铮风骨，是经济科学发展的宝贵财富。

三、理论的历史局限性

按照历史唯物主义的观点，人总是环境的产物。因此，我们坦诚地认为，孙冶方的经济理论体系中也还存在着某些历史的局限性，这主要指他的商品生产外因论。孙冶方依照马克思关于"只有独立的互不依赖的私人劳动的产品，才作为商品互相对立"的论述，指出：等价交换基础上所有权的转移，是商品交换的本质。他由此推论说：（社会主义）国营企业之间的经济往来在本质上已经不是商品交换的性质了，……因为国营企业都属于一个所有者，属于全体人民，属于全社会，它们之间的交换并不引起所有权的转移问题,而只有核算问题。但由于国营企业还要与集体经济发生往来,个人消费品也作为商品存在,这作为一种外在的因素,使国营企业之间的往来不得不带有一定的商品性。孙冶方的这种商品生产外因论,基本上延续了斯大林在《苏联社会主义经济问题》一书中的观点,即由两种所有制的存在来看待商品生产。孙冶方在上个世纪60年代曾批评说:现在有一种我认为不正确的经济学思想,那就是把商品货币关系引进全民所有制内部关系中来,以市场竞争规律,以交换价值规律来解释和指导社会主义计划经济。而在80年代初,他再一次批评说:经济学界的一些同志,在这个问题上是从一个极端走向另一个极端,先是根本否认价值规律在全民所有制内的调节作用,尔后承认了这种作用,但却又把商品货币关系也引进了全民所有制,由此派生出,在企业管理体制上,尽管主张所有权和经营权分离,扩大企业权限,但所有制/产权改革,却没有进入孙冶方的研究视野;在计划管理体制上,尽管孙冶方主张旧的计划体制要推倒重建,但他要把计划建立在对价值、对社会必要劳动进行计算的基础上,实践证明,这是很难做到的。这说明,孙冶方用价值规律内因论批判斯大林的价值规律外因论时,却依然受着斯大林商品生产外因论的困扰。孙冶方经济思想的进步性和局限性兼容在他的总体理论框架中,这真实地反映了一位真诚的经济学家对历史的抗争和历史对他的束缚。

孙冶方:以自己的生命敲击改革开放大门的先驱

进入90年代,我们党明确了社会经济转型的目标是建立社会主义市场经济体制。在市场化改革日益深入的大背景下,我们静下心来重温孙冶方经济思想,心情非常复杂。对照当今在发展着的市场化改革中出现的各种新问题,对照当今变化着的经济理论界和不断提出的新观点,对照我们的新宪法和党的各种文件,其所蕴含的经济理论、经济思想都远远超出了孙冶方经济理论的基本框架。但是,联系当今经济建设的实践,我们仍然能看到孙冶方某些经济思想所闪烁的光辉和科学预见，比如，价格体制的改革、国有经济及国有资产的管理等。

孙冶方经济思想和改革主张，是在上个世纪50年代中期至70年代末期形成的，那是一个令中国知识界心悸而沉郁的年代，孙冶方独树一帜，为在中国宣传和发展马克思主义经济学进行了艰苦的斗争，他的许多理论活动在当时的历史和社会背景下都具有开拓性，从而在中国社会主义经济学思想发展史上写下了光辉的一篇。孙冶方以自己创造性的经济学理论研究，为学界开辟了一条经济学发展的道路；以崇高的人德，为经济学人树立了光辉的榜样。

我们仅以《孙冶方文集》的出版，纪念中国经济学界的这位泰斗！

2017年6月29日定稿

目录

给屠尔疆同志的复信　1
　　附　屠尔疆同志给孙冶方同志来信的译文　2
关于费根博士在东北讲学情况的报告　4
访问几位苏联经济学家的资料　6
　　情况说明　6
　　访问苏联高级党校政治经济学教研室主任格·科兹洛夫教授
　　　谈话纪要（4月8日）　7
　　访问苏联中央统计局平衡司司长"统计通报"主编索包里同
　　　志的谈话纪要（4月9日）　10
　　访问斯特鲁米林院士的谈话纪要（4月13日）　13
　　访问苏联科学院经济研究所谈话纪要　17
关于访问几位苏联经济学家给学部分党组并中宣部、中央理论小
　　组报告　19
无产阶级专政的国家在生产关系变革中的作用　24
如何使进一步深入展开反官僚主义整风运动和反修正主义的学习
　　运动同我们的研究工作密切结合起来　30
致于光远、姜君辰同志并分党组信　31
最大的难关已经突破了
　　——关于编写政治经济学教科书的意见　33

1960—1961冬预备在学部扩大会议上讲的发言提纲　36

关于如何做好经济研究工作，既要为宣传工作、为理论斗争服务，
　　也要为经济建设服务的报告（草稿）和关于经济研究所1960年
　　第四季和1961年全年研究工作计划的报告（草稿）　40

致马雷舍夫同志信　45

给卓新同志并国家计委党组的报告　46

中国科学院经济研究所关于1961年度研究工作的请示报告　48

致索包里同志信　54

1961年4月5日在分党组会上的发言　55

访问中国科学院经济研究所所长孙冶方同志记录　58

关于张效良及无锡第一个党支部成立情况的谈话　62

关于全民所有制经济内部的财经体制问题　64

对积累率问题的几点意见　77

关于积累和消费比例安排的报告　81

关于编写社会主义经济论有关问题的一封信　87

关于在理论刊物上发表论述资本主义国家或民族主义国家有关
　　经济问题的文章的请示报告　90

　　附　转抄陈毅同志的批示　92

就"以最少费用取得最大效果"问题研究给秦柳方等的信　93

关于社会主义政治经济学若干理论问题　96

社会主义政治经济学的若干问题（续）　107

对社会主义政治经济学中若干理论问题的感想　116

无锡早期工人运动和党支部建立时期的情况　148

就"双季稻"种植经验数据问题给何匡并《人民日报》理论版
　　编辑部信　152

关于等价交换原则和价格政策　154

"关于维持简单再生产的资金补偿问题"给计委党组的意见书　159

关于党内生活的一封通信　**161**

在科学院党员轮训班上关于社会主义经济建设几个问题的讲话
　　提纲　**165**

对一个《报告（草稿）》的意见　**167**

就经济所建设要做好两件事给康生信　**176**

就固定资产折旧费问题致李富春同志信　**181**

　　附　李富春信的抄件　**182**

关于办好经济研究所的意见报告　**183**

　　附《致严、邝、冯副所长等各同志信》　**201**

关于经济研究所的方针任务等问题请示报告（摘要）　**203**

关于经济所如何参与反修正主义理论斗争问题的报告　**213**

流通概论　**219**

关于经济研究工作如何为农业服务的问题　**233**

当前国内经济形势及阶级斗争形势及其社会根源
　　——在归国留学生集训班的讲话要点　**252**

　　附　归国留学生在政治学习中提出关于国内形势和党的政策方
　　　　面的主要问题　**253**

在社会主义再生产问题座谈会第六次会议上的发言　**255**

在社会主义再生产问题座谈会第七次会议上的发言　**260**

给何建章信　**264**

固定资产管理制度和社会主义再生产问题　**265**

社会主义计划经济管理体制中的利润指标　**283**

在学部扩大会议上就苏联社会主义政治经济学中几种重要修正主
　　义论点发言提纲　**293**

致中国科学院哲学社会科学学部分党组的报告　**323**

孙冶方

给屠尔疆同志的复信[*]

敬爱的屠尔疆同志：

收到您的来信，为您提出的根据我国科学院的决定，明年春季来我国访问的消息，我感到非常高兴，我们觉得您选择的考察题目是适宜的，也是我们感兴趣的。去年，伐尔江同志在我国访问，由于时间的限制，他只访问了东北、武汉和上海等地。因此，如果您能按计划来我国访问，我们很同意伐尔江同志对您访问我国时在路线安排上所做的建议，还提出在2月底启行的时间也是合适的，我们热烈欢迎您的来访，请您尽早请你们科学院通知中国科学院，并将您的采访计划列入中捷两国科学院合作项目中去。

我们欢迎您到中国对我们进行学术报告，关于题目我们同意您来信所说的"捷克斯洛伐克1961—1965年第三个五年计划的控制数字"的分析。如果你同意的话，我们也欢迎您做一个关于建设社会主义物质生产基础的报告，介绍一下捷克斯洛伐克经济研究机关和经济杂志讨论的理论问题。

我们很高兴听见伐尔江同志的病况已日渐好转，并祝他早日恢复健康，我们又十分高兴听到，伐尔江同志关于中国的著作快要出版的消息。最后请接受我对您的兄弟的敬礼。

中国科学院经济研究所代理所长　孙冶方
1959年10月14日

---

[*] 标题为编者后加。

附 屠尔疆同志给孙冶方同志来信的译文

敬爱的孙冶方同志：

根据科学院的决定，我将在1960年春天到中国进行科学访问5~6星期，访问大概是根据捷克斯洛伐克科学院和中国科学院之间签订的合同进行的，我很高兴，并想同您讨论一下最合适的日期以及访问计划。

您知道我研究的问题是有关建设社会主义物质生产基础问题，是在以前落后（经济和社会方面）国家中建设社会主义问题，同此有关的特别是社会主义工业化理论问题。今年将出版一本我的著作——斯洛伐克的社会主义工业化及其对于捷克斯洛伐克社会主义物质生产基础建设过程的意义。在中国进行科学访问期间，我想了解一下中国迅速发展经济的物质的效果，特别是同此有关的社会主义工业化问题。

因此，我的访问中国，在一定的意义上来说是去年访问贵国东北地区的伐尔江同志访问的补充和继续。根据伐尔江同志的意见，我提出下列访问计划，访问中国的中部和南部，具体地说，是北京，由武汉沿长江到四川，访问上海和中国的南部，包括广州，我不知道这个草案对您所是否方便，在5~6星期的过程中有哪些是可以实现的？请您研究一下并同我介绍您的计划。

如果您同意我访问中国南部的建议，那么我就早些出发，即2月底，因为晚了，气候就热了，请您在决定出差日期时注意一下我的建议，以及对你们来说是方便的时间。

请通知我，如果需要我准备一下对中国同志有兴趣的若干问题的报告。我们的合同还使我有时间在出发以前准备一下报告，我请您通知一下报告的题目，在最近期间，捷克斯洛伐克党中央委员会提出 1961—1965 年第三个五年计划的控制数字给全民讨论，也许对这些任务的分析能使你们感兴趣，但是报告题目也可以是捷克斯洛伐克社会主义建设有关的其他经济问题，请通知我，用俄文准备报告是否合适。

因为我比较认真地提出访问问题，所以我将很高兴，如果您能写信告诉我，您对于我在信中所提到的问题的意见以及您的关于访问日期和访问计划的建议。

请接受伐尔江同志的衷心的问候，他病得很重，已经在医院住了好几个月。伐尔江同志的病情在好转，他的关于中国的访问一书在这几日即将出版。

致以同志般的问候！

给屠尔疆同志的复信

       捷克斯洛伐克科学院经济研究所
         所长 巴维尔·屠尔疆

关于费根博士在东北讲学情况的报告[*]

领导小组并转学部分党组：

这次苏联科学院经济研究所生产力布局组组长费根博士来中国访问时，我们的整风运动还没有结束，所内工作忙，未能抽出政治水平较高的干部陪他参观，对费根博士的思想情况知道较少。据最初接待他的同志反映，他在参观后态度谨慎，不很愿意立刻直接表示意见。在他返国之前，我个人曾到旅馆看了他一次，又到飞机场去送过行。在两次接触中他发表了一些他的感想。他对人民公社基本上是抱着赞同态度的，他对我们基层企业和人民公社中党的工作和基层干部十分钦佩。在成都、武汉、上海各参观了一个公社。他注意到三个公社分配给社员的收入中，供给部分和工资部分所占比重各不相同。他特别提到了成都金牛公社社员收入中，工资部分只占到40%左右。在他同我讲话时，他却从另一方面称赞金牛公社党委书记的政策水平很高，因为这位书记曾向他提出，今后收入增加时，将增加工资部分而不是供给部分。他说，我们的基层干部政治水平很高，以金牛公社书记为例，他年纪不到30，只是在解放后经过自修达到了高小文化水平，但是很懂得党的政策，党的工作做得很好。他说，他做过基层工作，做过党委书记，也做过炮兵团政委，很知道党的政治工作、群众工作的重要性，他认为我们在这方面比苏联强。我说30年前我在苏联学习时，也到过基层，我知道那时苏联基层党组织工作是做得很好的。他听了我的话，感慨地说：不，现在做得不

---

* 标题为编者后加。

好，你们比我们强。

我请他代向斯特鲁米林院士问好，因为去年我访问莫斯科时，我曾见过斯院士，他问了我许多关于中国人民公社的事。他接着就说："在我们苏联，对中国的人民公社有许多误解。其实中国的公社同当年苏联存在过的公社是两回事。在中国，现有的生活水平的条件下（意即由于穷）除了实行人民公社外，没有别的出路。"

从他的这句话中，可以看出他同我所接触过的苏联和东欧的某些经济学者一样，对人民公社的认识是片面性的。他们认为人民公社的产生是由于中国的特殊背景即由于中国生活水平低，实行人民公社是为了保证每个人能有最低限度的生活。

费根曾表示，他在中国两个月的访问中，看到的东西超过了他的预期。

根据我们两年来接待兄弟国家经济学家的经验，兄弟国家的学者到各地访问，必须派遣政治水平较强的干部陪送，否则不能很深刻了解到对方的思想情况。以前我们在陪同有些专家时派的干部较强，在陪同过程中做了不少思想工作，也得到了不少有价值的反映。这次我们选派祁助同志陪同费根博士考察，原以为祁助是他的学生可以听到些他的思想情况。现在看来，派他去虽对祁助同志本人有一次锻炼的机会，但他对完成整个任务显然是没有做好。应作为一个重要的经验教训。

再者，据费根博士谈，批评政治经济学教科书的格·科兹罗夫现任苏高级党校政治经济学教研室主任，在奥斯特洛维疆诺夫任科学院经济研究所所长之前，他曾兼任过所长（可能是副所长。因谈话隔了好几天，已经模糊了）。

孙冶方

1960 年 3 月 27 日晨

访问几位苏联经济学家的资料

情况说明[*]

今年4月4日到17日，我由布拉格开完会回国途中，在莫斯科访问了一些经济研究机构和经济学家，通过座谈会和个别谈话，曾经和将近40位苏联经济学家交换了意见。现在把其中较重要的几次谈话纪要整理出来，供参考。

如我们过去知道的一样，苏联经济学者在许多学术理论问题上意见是很分歧的。现在这本教科书的一些观点，包括结构问题在内，并不代表大多数经济学家的意见。但是，关于物质刺激这一问题，从苏联报刊杂志所发表过的观点看来，还没有看见与教科书不同的意见。这次访问中，我特别就这一问题问过好几位苏联同志。其中，斯特鲁米林和索包里二人不赞成把物质刺激看作是社会主义社会的动力。

苏联经济学界在探讨社会主义向共产主义过渡问题的时候，着重在对于物质技术基础的研究。比如斯特鲁米林院士的看法就是有代表性的意见。

索包里同志在谈话中，在强调生产资料优先发展的同时，认为也不能把这一原则绝对化，否则会导致另一极端，并得出地力递减说

---

[*] 小标题为编者后加。

的结论。他的这一观点,在苏联经济学界中,还是一种新的见解。

孙冶方
1960 年 5 月 31 日
北京

访问苏联高级党校政治经济学教研室主任格·科兹洛夫教授谈话纪要(4 月 8 日)[*]

(一) 关于政治经济学教科书的体系问题

目前高级党校还没有编出自己的社会主义政治经济学教科书,现在正在编写中,年底前社会主义部分的主要章节将写出。资本主义部分已在 1959 年出版了"资本主义生产方式"第一卷,现在正准备出版第二卷(包括"资本论"第二卷和第三卷的内容)。第三卷(关于帝国主义部分)也即将出版。

高级党校三年制的学生目前仍按老的教学大纲学习,新的教学大纲还只是草稿。

关于政治经济学教科书社会主义部分的编写方法,科兹洛夫教授说,将不完全按照"资本论"的顺序,因为"资本论"的结

---

[*] 苏联经济学家中,有 3 个叫科兹洛夫的文章都曾在"经济译丛"上转载过,他们是:Γ. A. 科兹洛夫,苏联高级党校政治经济学教研室主任,"论社会主义政治经济学的科学教程"一文的作者(载《共产党人》1959 年 16 期,译文见《经济译丛》1960 年第 1 期);Γ. B. 科兹洛夫,苏联军事学院教授,"论政治经济学教程的结构"一文的作者(译文见《经济译丛》1959 年第 6 期)。由于这两位科兹洛夫的名字都是 Γ 字起头,所以我们误为一个人,党校的科兹洛夫向我们表示,他对政治经济学体系的看法,与军事学院的科兹洛夫的看法是不同的。第 3 位科兹洛夫是一位青年,他在苏联发表的文章不多。

构有它特殊的逻辑性。任何一个体系（或结构）是与一定的生产方式的规律紧密相联系的。所以，应该采取马克思"资本论"的方法论研究社会主义生产方式的具体过程，从而创造出正确的体系。

（二）关于两种所有制的过渡问题

科兹洛夫认为，在一般情况下，在共产主义的第一阶段，两种所有制的共存是必须的。在特定的条件下（例如在某些国家），也可以有例外。在社会主义阶段的大部分时期里，两种所有制是必然同时存在的，因为个体农民所有制不经过一系列的环节不能转变为全民所有制。这两种所有制的比例关系是不断发生变化的。在共产主义第一阶段的末期，这两种所有制将接近起来，这将是向共产主义第二阶段过渡的条件之一。两种所有制的融合会发生在实现按需分配原则之前，因此，当两种所有制融合后，在一定时期内，按劳分配的原则可能仍将保存。

很多问题要根据具体情况来决定，很难猜测。总的过程是一样的。但各国解决的方法可能不同。在哪个时期哪一个共产主义因素将被提到第一位，这要看各国的具体情况。

（三）关于物质利益原则

科兹洛夫说，这是列宁提出的原则。列宁指出，只靠热情是什么也做不成的❶。斯大林在1931年也谈到过物质刺激原则的问题，而且他还批评过恩格斯在《反杜林论》中的下述观点：恩格

---

❶ 列宁在《十月革命四周年》一文中讲的："不是直接依靠热情，而是借助伟大革命所产生的热情，依靠个人兴趣、依靠个人利益、依靠经济核算。"（《列宁全集》第33卷，1957年人民出版社版，第39页）

斯认为，熟练工人不应该指望获得较高的报酬，因为他们的技术是整个社会对他们培养的结果。❶

物质刺激原则是社会主义生产发展的动力之一。当然也不能只是片面强调物质刺激原则。

（四）关于在共产主义条件下社会必要劳动的计算问题

他认为，目前社会必需劳动是通过价值来计算的，因此是间接的方法。只有当城乡差别、脑力劳动与体力劳动的差别等消除以后，劳动在社会意义上不会成为同质的，到那时才可能直接用时间来计算社会必需劳动，而不需要再借助于价值。有人说，现在之所以不能直接计算社会必需劳动，主要是因为技术条件不足，电子计算机会大大促进这一可能性的实现，这是错误的。

---

❶ 恩格斯在《反杜林论》里是这样讲的："在私人生产者的社会里，教养熟练劳动者的费用，是由私人或其家庭来负担的；所以熟练劳动力的较高工资，也首先归于私人……在社会主义地组织起来的社会里，这种费用，由社会来偿付，所以复杂劳动所制造的成果，即更多的价值，也归于社会。"（恩格斯：《反杜林论》人民出版社1959年版，第208页。）

斯大林1931年6月23日在经济工作人员会议上的演说："新的环境和新的经济建设任务"中，专门有一节论述"工人的工资"，斯大林认为造成劳动力流动的原因，在于"工资等级制规定得不合理，工资方面有'左的'平均主义"，他指出："马克思和列宁说过：熟练劳动和非熟练劳动之间的差别，即使在社会主义制度下，即使在阶级消灭以后，也还会存在；这种差别只在共产主义制度下会消失；因此，即使在社会主义制度下，'工资'也应该按劳动来发给，而不应该按需要来发给。……谁现在不顾熟练劳动力之间的差别而根据平均主义的'原则'来规定工资等级制，谁就是离开了马克思主义，离开了列宁主义。"（《斯大林全集》人民出版社，1956年版，第54页）这里，斯大林并没有直接引出恩格斯的话而加以批评。

访问苏联中央统计局平衡司司长"统计通报"主编索包里同志的谈话纪要（4月9日）

我们的谈话先从政治经济学的对象问题谈起。关于这问题索包里同志说：政治经济学应该研究社会经济生活，即生产与产品交换是如何进行的。政治经济学不应该研究具体的工艺过程，而是研究人们如何组织起来进行协调的生产。最根本的问题是组织人们进行生产，而这种组织的形式则取决于生产力发展的水平。例如，在原始共产主义社会，由于生产力水平低，还不可能进行大规模生产，人与人之间的关系只是建筑在血统与威信的基础上。奴隶社会、封建社会都由于生产力水平有了不同程度的发展，在生产力发展的水平上产生了新的、不同的人与人之间的关系，或者说生产组织的形式。正如马克思所说，人与生产手段结合的方式就决定了生产方式的特点。所有制的形式是确定生产关系的决定条件。有人认为，商品关系的存在，是由私人占有的存在决定的，这是错误的。因为财产从一部分人手中转到另一部分人手中并不一定通过交换的形式。

为什么资本主义生产方式能在几百年的时间取得生产与技术上的飞跃呢？这主要是由于比起封建社会来，各种限制、不自由现象大大减少了，群众的主动性、积极性得到了发挥。但资本主义生产方式又成了社会进一步发展的障碍。"人人为己、上帝为大家"的原则必须废除。群众的积极性在社会主义条件下得到了大大的发挥。有人认为经济核算是商品关系的残余，这是错误的，到共产主义社会经济核算仍将存在。

接着我们请他谈了对于物质刺激问题的看法。他对于这问题似乎不大愿意深谈。先只是一般地解释了一下物质关怀（或物质

利益 Материальная Заинтересовонность）的原则是不可否认的。

他说：为了满足社会成员的需要，为了生产更多的产品，必须使社会成员尽最大的可能性来劳动，使劳动更协调，更有效。物质关怀绝不是个小问题，不是发发奖金的问题，而是根据社会成员的工作来满足他的需要的问题。如果社会成员不经常考虑到：他之所以获得生存的可能是因为他工作，那么社会就不会前进。认为物质关怀是商品生产的残余是错误的。物质关怀原则在资本主义社会也是存在的。不过在资本主义条件下这一原则的实质是：或者做人上人，或者做苦力。因此，物质关怀原则的形式是由社会形态来决定的。社会主义条件下，物质关怀的原则完全变了样——因为社会形态变了。

人们在社会中的组织是与生产的效果紧密相联系的。劳动必须协调，必须按照最有效的方法进行生产。这也正是人们在生产中组织起来的目的，否则人们的力量就会抵消。每一个生产部门都与其他部门发生密切的联系。为了不浪费社会劳动，必须合理地使用社会劳动，这就必须研究经济工艺学（Экономическая техноллллоллия）。当然，经济学家要研究的不是如何生产，而是如何有效地生产，如何节约劳动。有人认为这是具体经济部门的任务，而不是政治经济学的任务，那是错误的。

接着，我们又进一步向索包里同志提了问题：我们是马克思主义者，并不根本否认物质关怀的原则。但是从他上面的谈话中可以看出：物质关怀原则并不是社会主义的发现，在资本主义社会就存在了。而现在我们生活在社会主义条件下，如果在政治经济学中把物质关怀的原则提为社会主义前进的动力是否合适？他回答说：物质关怀原则的性质在资本主义与社会主义制度下完全不同。资本主义生产方式决定了物质关怀原则的性质。社会主义制度下完全是另一回事。在社会主义社会，人们进行生产，不仅是为了个人，也为了整个社会的利益。因此，他提出，不应把物质关怀原则看作是社会主义的基本动力。

关于在社会主义社会中是不是保留有资产阶级法权的问题，索包里同志说：

所谓等价交换——就是资产阶级法权。从这个意义上说，按劳分配有资产阶级法权的痕迹，但它并不与社会主义相矛盾，社会主义的按劳分配比资本主义的按资分配是进步的，但比起共产主义的按需分配还是落后的。因此可以说，按劳分配是必要的，但并不是最后的理想。物质关怀原则有它的必要性，必须利用这一必要性来不断改善劳动组织，改善生产关系。

接着我们请他谈一谈关于生产关系不断改进的看法。我们说，在我们看来，就是社会进入了单一的全民所有制以后，还需要不断改进，不断革命。他表示，我们的看法完全正确。接着他说，生产关系，这首先是人们在生产过程中如何组织起来的问题。因此像厂长与工人的关系、生产管理与组织等都是生产关系。全民所有制也是不断变化的，我们现在所了解的全民所有制可能三十年后完全变样子，因为它不断变化，全民性质在不断加强。

在谈到社会主义社会产品的两重性和再生产问题时，索包里同志说：

我们不能不要社会主义价值（这是索包里的新名词）。有人说，对社会主义来说，重要的是使用价值，并说，似乎马克思也这样主张过。这是完全错误的。每种产品所需要的劳动对我们也是非常重要的！我觉得，我们苏联的政治经济学只研究概念，而不从实际过程出发，因此常常传播了许多糊涂观念。有人把早在三十年代被批判过的布哈林的东西拿出来作为经济学界的最新成就。生产关系是非常复杂的，还有无数问题没有解决。

关于明兹和巴什柯夫对优先发展生产资料生产问题的争论，索包里同志说：

我没有读过巴什柯夫的文章，不知道他怎么说的。我认为，生产的性质本身就要求，必须优先发展生产资料的生产。例如，要想多生产面包，必须有更多的面，要多磨面，必须有更多的磨面厂，就必须生产更多的磨面设备。但是，如片面强调这一法则，说成是要多生产消费品，非生产更多得多的生产资料不行，那就会导致地力递减说和生产率递降说的结论。所以不能把这一法则绝对化，必须反对两个极端。目前我们应该强调优先发展生产资料的生产，但不要把它变成自然法则。

访问斯特鲁米林院士的谈话纪要（4月13日）

斯特鲁米林（下称斯）：我现在正研究向共产主义过渡问题，很想了解一下中国的情况，特别是人民公社的情况。

孙冶方（下称孙）：介绍了我国人民公社的情况，着重说明公社的三级所有制及向公社所有制、全民所有制过渡的问题。

斯：看样子在所有制方面，你们已经在做的，正是我们还在说着的（如成立集体农庄联合）。看来，暂时还是保住集体所有制，但是要把公积金增加。可能我们的思想是向一个方向发展的。只是我们说得多，做得少。

人民公社对你们是起了很大的作用的。我听说，特别在灾区，公社发挥了巨大的威力，战胜了天灾。人民，这是伟大的力量。十月革命后，我们有些人说，要发展经济就要找美国叔叔帮忙。我是反对的，我那时就说，我们有伟大的力量——人民，实际证明，美国根本靠不住。

沙宁（苏联经济研究所政治经济学研究人员）：中国现在已感劳动力不足。但有些社会主义国家还有多余劳动力，例如保加利亚还向捷克输送一部分剩余劳动力。

孙：请问关于向共产主义过渡问题，你研究些什么题目？

斯：我正在研究共产主义的物质技术基础。

孙：在向共产主义过渡中，物质技术基础当然是很重要的，我们现在也很强调技术革命。但是我们觉得，上层建筑和生产关系（包括所有制、分配关系和人们在劳动过程中的相互关系）的不断改进和变革，对于向共产主义过渡来说，也很重要。生产力的蓬勃发展总是发生在上层建筑和生产关系变革之后。在这个意义上说，上层建筑和生产关系的变革还是先于生产力的大发展。

斯：生产关系是根据一定的生产力水平产生的。把生产关系看作先行者，是不恰当的。

什么是上层建筑？这是国家机构，它要消亡；法权关系，也要消亡。那么哪些上层建筑现象能够成为推动我们前进的东西呢？在共产主义社会中，共产主义道德将成为这样的推动力。在这方面你们有很大的优点，但如果不用其他因素加以巩固，长久下去能不能靠得住，当然这是另外一个问题。

孙：请你谈一谈，生产关系包括哪些内容？除了前面已经谈过的所有制以及分配关系外，像生产管理制度、企业中领导与工人的关系等，算不算生产关系，有些经济学者认为这是上层建筑，你以为如何？

斯：这些都是生产关系，因为这是生产过程中发生的关系嘛！再如劳动竞赛，工程师与工人的关系也是生产关系。我们这里最近官僚主义有了发展，现在开始采取措施发挥民主，发扬主创精神，成立了国民经济委员会，权力下放了，在工厂里，有了生产会议，但实际上一切还是掌握在厂长手里。显然这是不合乎共产主义原则的。看样子生产会议要逐渐变成一种自我管理的机构。毫无疑问，这也是关系的一种形式。

孙：如果在社会主义政治经济学教科书中加进一章，专论生产关系的不断改变与完善，你觉得怎么样？

斯：我看一点坏处也没有，至少比忘掉这一点要好得多。当然，生产力与生产关系是相互作用的。

沙宁：你对斯大林把生产工具当作是最革命的因素，而不是把人看作最积极的因素，这一论点有什么看法？

斯：你对斯大林的解释是错误的。斯大林说的没什么不对。

当然，没有人，什么也做不成。但是我们从来不把人的因素，包括在物质技术基础中，这是不对的。我们对人的因素估计不足，对人教育也不够。

孙：有些经济学者认为两个所有制将并存于整个社会主义阶段，但是有不少经济学家认为在社会主义阶段就可能出现单一的全民所有制，你的意见如何？

斯：当然可能，单一的全民所有制并不是共产主义高级阶段，才能有的所有制形式。在社会主义阶段完全有可能实现单一的全民所有制。比如，像英国这样的国家，如果社会主义革命成功了，根本不需要经过集体农庄这样的集体所有制，而直接转为全民财产，那时候工资还会存在，个人财产也会存在。我们在把国营农场与集体农庄合并起来，形成统一的全民所有制以后，社会主义阶段并没有结束。我们有更重要的工作，就是要对人民进行共产主义教育，而在这方面我们恰巧做得很差。

你们想搞全民所有制，这很好，我相信你们能够搞好，在免费供给方面，也可以做到很多。如按我们的计算，到1965年我们就可以做到完全免费教育儿童，到1970年可以吃饭不要钱，1975年其他福利不要钱，到1980年穿衣不要钱（当然是合理的数量）。这些都容易做到，但这并不等于说已经实现了共产主义，因为人的精神面貌还不是共产主义的。

孙：加强共产主义的思想教育的确很重要。例如，中国在1958年"大跃进"过程中，许多工人由于共产主义觉悟提高，自动提出不要计件工资，而要计时工资。现在我们的工资制已经是计时为主，计件奖励为辅。

斯：不过要防止另一个极端，这样一来懒汉会高兴的！不要鼓励懒汉思想。我们马克思主义者从客观出发，不能完全依靠这玩意儿（指仅靠思想教育）。当然，你们实行计时工资，再用计件和奖金加以补充，这是好的，实际上将来我们也要走这条路，我们也要采取计时奖金制，减少计件工资。

当然，对人民进行长期的共产主义教育，在这个过程中用一定的经济因素加以补充是必要的。

我们已经进入了全面开展共产主义建设的时期，开始了劳动竞赛的新形式。共产主义劳动队提出了用共产主义精神学习、工作、生活的口号。特别是提倡共产主义生活方式的口号很重要。这也是推动我们前进的动力。

孙：你认为社会主义社会发展的动力是什么？

斯：如果抽象地讲，那是矛盾和矛盾的解决。

孙：更具体些，你认为是哪些矛盾在推动我们前进呢？

斯：我觉得，目前，特别是在过渡时期最现实的矛盾是不断增长的需要与生产之间的矛盾。特别是文化方面的需要。这与其他需要不同，是无止境的。例如，要在1980年实行吃饭不要钱，按我们的计算，只要拿出国民收入的8%就足够了。而文化方面的需要却不断地在增长。

孙：在中国，更多的经济学家认为社会主义前进的动力是生产力与生产关系之间的矛盾，是上层建筑与经济基础之间的矛盾，你对此意见有何看法？

斯：在资本主义制度下是这样的，但在社会主义制度下，这两者的矛盾不会那么大，而且正好是在社会主义条件下，这两者才在人类历史上第一次最相适应了。当然，两者之间的距离还是会有的。

孙：你对物质刺激原则有何看法？你是否认为，这是推动社会主义社会的动力？

斯：不，物质刺激是推动私有制社会的动力，而社会主义是建立在集体主义基础上的社会。在社会主义社会中，成为动力的应该是社会的本能，而不是个人利益。当然，我们还处在过渡时期，我们还要利用物质利益原则，在提高劳动生产率方面物资利益原则还能起一定的推动作用。将来，个人的需要越来越多地从社会得到满足，个人财产很少了，一个人要几十条裤子有什么用。当然，对学者来说，书还是很重要的；但也是一些最常用的书自己才保留。有了社会的图书馆，自己的图书馆就没有必要了。我现在有8000多册书，已经感到很麻烦。找一本书还要费很多时间。将来，公有的观念和习惯越来越强，到人们自私的观念没有了的时候，共产主义才真正开始。

总之，在共产主义的第一阶段物质利益原则应该利用，但它是旧社会的残余，它将把我们引导到另一个方向。因此，它不但不是动力，反而是我们前进中的障碍。我们要利用它，但不能把它理想化。

※　　※　　※　　※

最后，斯特鲁米林院士希望我们能够给他寄些有关公社的资料。他责备去年有一位去访问过他的中国同志不守信用，因为他答应给他寄些公社的资料，但是始终没有给他送去（没有查明这位中国同志是谁）。他问起与财产问题有关的犯罪案件，是增加了，还是减少了。我们说是减少了。他听了很高兴，希望我们给他提供些资料，我们答应了。

访问苏联科学院经济研究所谈话纪要

4月14日，我们访问了苏联科学院经济研究所，在座的有苏联科学院经济、哲学、法学部副主任吉雅琴科，经济所所长普洛特尼科夫，人民民主国家经济组长斯图波夫等。普洛特尼科夫同志向我们表示在苏联经济研究工作中长期以来存在的一个缺点，就是理论脱离实际。最近几年来，研究所采取了一些措施克服这一缺点，例如，与有关部门协作，共同拟定苏联十五年至二十年远景规划这一工作。着重研究了国民经济中的一些重大的实际问题：如速度和比例，工农业的比重，农业各部门的比例等。

接着普洛特尼科夫同志又介绍了苏联经济学界最近着重研究的几个问题，包括：（1）与技术革新有关的经济问题；（2）燃料动力构成问题；（3）社会主义阵营国家的劳动分工问题；（4）工业的分布问题；（5）由于国民经济委员会的成立而产生的新的经济区域划分问题；（6）工农业方面的分配问题及所有制问题等。

普洛特尼科夫说，目前，苏联经济学家正与一些法学家和哲学家合作写一部多卷本的关于共产主义的专著，准备用两年的时间完成。另外，今年将在莫斯科大学召开一次全国性的学术会议，专门讨论农业中的所有制问题。

最后，我们就明年准备在北京召开社会主义国家经济学家的国际学术讨论会的题目问题交换了意见。当我们提出是否可以以社会主义政治经济学的方法问题作为中心题目时，他们表示这个题目的范围太大，而且也不明确。普洛特尼科夫回头向坐在他旁边的吉雅琴科同志说："中国同志现在对社会主义政治经济学所有的基本理论问题都感兴趣，就像我们曾经经历过的那样一个阶段一样。"通过座谈，我们了解到现在苏联经济学家的主要任务，是偏重于研究那些进一步发展生产和提高技术的具体经济问题。

关于访问几位苏联经济学家给学部分党组并中宣部、中央理论小组报告[*]

中国科学院哲学社会科学部分党组并报
中宣部、中央理论小组：

  我在出席今年3月31日至4月2日"和平和社会主义问题"编辑部和捷克科学院经济研究所在布拉格联合召开的理论工作者座谈会之后，归国途中，在莫斯科停留了13天。在这期间，通过座谈会和个别访问，曾经和将近40位苏联经济学家交换了意见。现在把其中较重要的几次谈话纪要（根据一直陪同我访问的我国驻苏使馆研究室李凤林同志的记录整理），连同苏共中央高级党校政治经济学教研室主任科兹洛夫教授主编的《政治经济学》"社会主义生产方式"部分的提纲（草案）一并送陈。

  在这次访问中，我所得到的印象，基本上同我们过去对苏联经济学界的了解是符合的，那就是：在一般学术理论问题上，在关于政治经济学的体系和方法论问题上，意见分歧很大，现在这本教科书在苏联经济学界的威信并不高，也不能代表大多数经济学者的意见。这次访问时，我们曾经听到过这样的话：这本教科书已经完成了它的历史使命，不值得再印第四版了。

  但是在社会主义政治经济学的一些重大问题上，如关于按劳分配、物质刺激、社会主义社会的基本矛盾等，他们的看法比较

---

[*] 标题为编者后加。

一致，接近教科书的观点。

这次访问特别引起我注意的是：在苏联经济学者中，形而上学和机械唯物论的思想方法似乎比我们所想象的更为根深蒂固。如斯特鲁米林的见解就是有相当的代表性。

一般来说，斯特鲁米林在苏联经济学者中还算是一位有朝气、能够接受新鲜事物的人（他今年85岁，已经退休，但是还经常著书写文章）。他对中国的"大跃进"和人民公社是感兴趣的。1958年我第一次去访问他。他曾经详细地询问过我们关于"大跃进"和人民公社的情况。这次一见面，他就责问我，为什么上次答应他寄人民公社的资料，至今还没有给他寄去（后来查明是别人答应他的）。他对所有制问题也很注意，并希望我们给他提供一些有关中国犯罪案件，特别是与所有制有关的犯罪案件减少的资料。在我国公社化运动以后，他开始注意免费分配、集体福利、集体生活等对于向共产主义过渡的重要性，他也重视共产主义思想教育，认为苏联在这方面做得比中国差。他也反对把物质刺激看作是社会主义社会的动力，认为这只能是私有制社会的动力。他认为社会主义向共产主义过渡的动力应该是矛盾和矛盾的解决。然而他所说的矛盾不是上层建筑和经济基础之间，生产关系和生产力之间的矛盾，他所指的过渡也不是上层建筑和生产关系的不断革命。他认为在社会主义社会中，生产关系和生产力是人类历史上第一次最相适应的，虽然二者之间还有些距离，但不能成为社会主义向共产主义过渡的动力。因此，他认为能够成为这样动力的矛盾是需要和可能之间的矛盾。他认为在社会主义社会中，除了受生产的限制以外，人们的需要，特别是文化方面的需要是没有限制的。因此，为了满足这种日益增长的需要就得发展生产。既然上层建筑和生产关系不是生产发展的障碍（至少不是主要障碍），那么为了解决这个矛盾，为了促进向共产主义的过渡，唯一的或主要的努力方向就是发展物质技术基础。因此,他把精力都放在这方面的研究上。作为一个经济学家,他既不能对技术进步有所贡献,只好研究生产力发展的水平、计算按人口平均的产量指标,预言何时、何种产品可以开始实行按需分配。

斯特鲁米林对社会主义社会基本矛盾的看法以及对物质技术基础的片面强调,实际上就是所谓社会主义基本经济规律的翻版。现在新版教科书把基本经济规律的表达方法改变了,然而内容仍旧是一样:依靠先进技术来发展生产,依靠发展生产来满足全体社会成员的日益增长的需要。

当然,社会主义社会的生产是为了满足社会全体成员的需要——这是社会主义社会有别于资本主义社会的鲜明标志,从这个意义上来说,这个规律前一部分的表述是无可厚非的,但是在这个公式里只看到先进的或高度发展的技术基础,只看见技术决定一切,生产力决定一切,至于人,只是被满足的消极因素。显然,这是典型的机械唯物论的观点。

上述偏重物质技术基础的机械唯物论的思想倾向也反映在苏联科学院经济研究所的研究题目中:他们的研究偏重于现实经济中的具体问题,并认为我们目前着重于政治经济学基本问题的研究,是他们曾经经历过了的一个阶段。的确,如所有制问题,向共产主义过渡问题,商品生产和价值规律问题,政治经济学社会主义部分的结构和方法问题等,他们都曾经反复讨论过,但是没有什么收获,现在他们似乎把过去这些讨论都看作是理论脱离实际。当然,强调研究实际经济问题是应该的。但是,在政治经济学中许多基本问题没有研究清楚,甚至存在着许多糊涂的和明显的错误见解的情况下,轻视基本理论的探讨,偏重于具体经济问题的分析研究,只务实不务虚或少务虚的倾向是危险的。

这次,我访问过格·科兹洛夫教授(苏共中央党校政治经济学教研室主任,《论社会主义政治经济学科学教程》一文的作者,

"教科书"的积极批评者)。他在同我的谈话中没有发表什么新鲜见解。关于物质刺激问题,他根据大家知道的列宁关于物质关怀的话做了些一般解释。看来他是强调物质刺激的。他送给我一份他们教研室编写的《政治经济学》"社会主义生产方式"部分的提纲草案。我曾经组织我们研究所的一部分同志把这个提纲研究了一下。有些同志认为这个提纲同现在的教科书比较,在体系和方法上只是稍有变动,在论点上则是一模一样的。但是我和另一些同志认为这个提纲已经不是从规律出发来分章节,而是按经济过程分为过渡时期、生产和分配、企业基金周转和收入、再生产和世界社会主义体系等五篇。在生产和分配一篇中,还有两节专门论述生产关系和分配关系的完善对生产力增长和人民福利的意义。看来在体系和方法论方面是会有较大的革新的。

至于对某些问题的论点,从这个提纲看来,还没有跳出现在这个教科书的框子。例如,关于物质刺激问题,科兹洛夫在同我谈话时就很强调,在提纲中,把它当作社会主义社会的刺激力提的。提纲虽然也提到了"社会刺激",但是看不出它的具体含义。提纲中强调生产力和技术的作用,强调一长制;只提两种所有制的逐渐接近,而不提集体所有制向全民所有制的过渡;只提生产关系的完善,而不提变革。提纲重复了社会主义各国的"经济和文化水平逐渐拉平""大致同时过渡到共产主义"的问题。另外,除专门一节谈"列宁的和平竞赛原则"外,甚至比现在的教科书更进一步提出了"社会主义和资本主义和平共处的经济基础"。

当然,也不能说,苏联经济学界就像铁板一块,只有清一色的意义。这次访问中,我也听到一些比较新鲜的见解,例如,苏联中央统计局平衡司司长索包里(1958年来中国讲过学)在同我们谈话时曾经尖锐地批评苏联经济学界:"只研究概念,而不从实际过程出发,因此经常地传播了许多糊涂观念。有人把早在30年代被批判过的布哈林的东西拿出来当作经济学界的最新成就。

生产关系是非常复杂的,还有无数的问题没有解决。"他承认"按劳分配有资产阶级法权痕迹"。他说:"全民所有制也是不断变化的。我们现在所了解的全民所有制可能 30 年后会完全变样子。"他在强调优先发展生产资料生产的同时,指出:"如果片面强调这一法则,说成是要多生产消费品,非生产更多得多的生产资料不行,那就会导致地力递减说和生产率递减说的结论。所以不能把这一法则绝对化。……不要把它变成自然法则。"他的这些见解在苏联经济学界是不大听到的。但是,他对很多问题不愿意多表示意见,因此看不出他的全部思想。

通过这次访问我认为苏联经济学家的很多错误论点是与机械唯物论和形而上学的思想方法分不开的。我更深刻地体会到要做一个马克思主义的经济理论工作者,必须学好辩证唯物主义和历史唯物主义,学好毛泽东思想。只有这样才能把我们的理论研究工作提高到应有的水平。

以上汇报是否妥当请指示。

孙冶方

1960 年 6 月 7 日

无产阶级专政的国家在生产关系变革中的作用[*]

现在，以苏联为首的社会主义阵营各国，正在进行着大规模的社会主义和共产主义建设，取得了辉煌的成就。社会主义阵营的力量已经超过了帝国主义阵营的力量。社会主义阵营各国取得这样伟大的成就，原因之一就是各国的无产阶级在革命和建设的事业中，充分地运用了自己的国家机器。

无产阶级革命的中心问题是夺取政权。无产阶级不夺取政权，就不可能改变资本主义的生产关系，建立社会主义社会。在从资本主义到共产主义的整个过渡时期内，无产阶级专政的国家的职能是：第一，镇压国内反动阶级和一切反动势力的反抗和破坏活动。列宁说："在资本主义向共产主义过渡的时期，镇压还是必要的，但这已经是被剥削者多数对剥削者少数的镇压。"[❶]第二，防御国家外部敌人的颠覆活动和可能的侵略。在武装到牙齿的帝国主义还继续存在的条件下，国家对外的职能还要不断地加强。第三，组织和管理社会的经济和文化生活，保证国民经济和文化教育事业能够高速地发展。

---

[*] 原载《和平和社会主义问题》（中文版）1960年第7期。1960年3月31日—4月2日，作者出席由《和平和社会主义问题》杂志编辑部和捷克经济研究所在布拉格联合召开的，关于"社会主义制度下国家的经济作用"意见交流会。本文为作者在会议上的发言，刊登时有删减。

[❶] 选自《列宁全集》，人民出版社1958年版，第25卷，第449页。——作者注

在我国的社会主义革命和社会主义建设中，无产阶级专政的国家发挥了重大的作用。我国人民民主政权建立以后，坚决镇压国内一切反动阶级的反抗，进行了镇压反革命的斗争，并在以后继续进行肃反斗争。中华人民共和国成立以后，同帝国主义，特别是美帝国主义进行了坚决的斗争。接着孙冶方列举了反对美国侵略的事实，并指出，完成国家完全统一，为了防御和粉碎帝国主义的侵略，为了保卫世界和平，国家的对外职能还应该加强。在组织和管理社会经济文化生活方面的国家职能，在我国有了巨大发展。国家不仅在建立社会主义经济和完成国民经济的社会主义改造中，而且在组织社会主义经济有计划地、按比例地发展中，起巨大的作用；不仅在组织生产方面，而且在组织人民生活方面，起巨大的作用。

无产阶级专政的国家在生产关系变革中的作用

无产阶级专政的国家对改变非社会主义的生产关系为社会主义的生产关系，和在社会主义改造完成以后，对生产关系的进一步调整和改进，直接起巨大的作用。发言人接着谈到本国消灭资本主义、剥夺大资产阶级和改造私营工商业的过程；指出在这些过程中，充满了尖锐的阶级斗争。

国家还要把农业和手工业中的个体经济的生产关系，改变为社会主义的生产关系，这种改变不能用剥夺小生产者的方法来实现，而要用教育说服、示范的方法，吸引小生产者走上合作化的道路。但是在这个过程中，斗争也还是很尖锐的。除富农外，在农民中，有贫农、下中农和上中农（即富裕中农）等不同的阶层。贫农、下中农与富裕中农之间在土地改革中，就存在着斗争。在土地改革完成以后，这种斗争在新的基础上继续进行和发展成为农村中资本主义和社会主义两条道路的斗争。国家从政治上和经济上对贫农和下中农合作化的要求，给予坚决的支持和援助，而对少数富裕中农的资本主义倾向进行说服教育和必要的斗争。这样就保证了合作化能以比较快的速度胜利完成。

社会主义改造的完成，确立了新的社会主义的生产关系，促进了生产力的发展。但是生产关系的变革不能就此停顿下来，在生产关系的进一步变革中，同样存在着阶级斗争。运用国家的职能，帮助新的、先进的生产关系的成长，促使旧的、落后的生产关系退出历史舞台，是十分必要的。马克思指出：共产主义，或者革命的社会主义"就是宣布不间断革命，就是实现无产阶级的阶级专政，把这种专政作为必经的过渡阶段，以求达到根本消灭阶级差别，消灭一切产生这些差别的生产关系，消灭一切和这些生产关系相适应的社会关系，改变一切由这些社会关系产生出来的观念"。❶

社会主义改造完成以后，在所有制方面，还要根据生产力发展的需要，对集体所有制实行进一步的变革，逐步提高它的公有化水平，向全民所有制过渡。对全民所有制实行进一步调整和改进，使它更加完善，并且由社会主义的全民所有制过渡到共产主义的全民所有制。在我国，1958年，即农业合作化基本完成后的第三年，就在全国农村中进行了人民公社化运动，使高级农业生产合作社发展为人民公社。现阶段人民公社的性质仍是属于集体所有制，但它具有一大二公的优点。目前人民公社的所有制中，生产队（相当于原来的高级农业生产合作社）的集体所有制是基本的，公社的所有制是部分的。人民公社的所有制还要逐步提高。公社所有制部分将逐步扩大，以致转变为公社所有制是基本的，而生产队的所有制成为部分的，然后再进一步，还要由集体所有制转变为全民所有制。到那时候，全社会虽然实现了单一的全民所有制，但是这种所有制还是社会主义性质的，再过若干年，生产力和人们的觉悟有了极大的提高，社会主义全民所有制还要进一步向共产主义全民所有制过渡。

---

❶ 选自《马克思恩格斯全集》，人民出版社1959年版，第7卷，第104页。——作者注

在我国集体所有制进一步提高的过程中，阶级斗争还是存在的。发言人接着指出，贫农、下中农同富裕中农之间存在着斗争，这种斗争曾经有一个时期是相当尖锐的。但是这个斗争是属于人民内部矛盾的性质。

在生产和劳动中人与人之间的相互关系，是生产关系的一个重要方面。在同样的一种所有制下，生产和劳动中的人与人之间的关系，可以有种种不同的情况，并且可以发生各种变化。

近几年来，我国在全民所有制的企业中，在国家机关中，在管理体制、规章制度、劳动关系、领导方法等方面进行了一系列的改革。实行统一领导和分级管理相结合的制度。在资金和物资的使用等方面，扩大了企业的管理权限。在所有的企业中，贯彻执行民主集中制，实行党委领导下的厂长负责制和干部参加劳动、工人参加管理的制度，改革了不合理的规章制度，并且在生产活动中采用了干部、工人、技术人员三结合的办法。在国家机关中，我们也实行了干部参加体力劳动和下放锻炼的制度，同时要求所有的领导干部都以普通劳动者的姿态出现，以平等的态度待人。在农村中，广泛地推行了干部种"试验田"的制度，发扬了干部与群众同吃、同住、同劳动的优良传统，等等。所有这些，都进一步改善了人与人在生产和劳动中的相互关系，进一步激发了广大职工建设社会主义的热情和自觉性。

社会主义的分配关系，也需要不断地调整和改进。恩格斯谈到社会主义的分配方式时，曾强调指出："分配方式在很大程度上取决于被分配的产品数量，而这种数量当然随着生产和社会组织的进步而改变，从而分配方式也应该随着而改变的。"❶ 根据我国社会主义现阶段生产力的发展状况，我们实行按劳分配的原则。但是分配制度、分配形式是不断发生变革的。近两年来，由

---

❶ 选自《马克思恩格斯文选》两卷集，1955年莫斯科版，第2卷，第487页。——作者注

于生产"大跃进"和工人觉悟的空前提高，在工人的主动要求下，在许多原先实行计件工资的生产部门中，取消了计件工资制。现在我国的工资制度是以计时工资为主，计件工资和奖励工资为辅。在农村集体所有制经济中，已经过渡到工资制和供给制相结合而以工资制为主的分配制度。而且，实行按劳分配的社会主义社会并不是我们理想的社会，我们的最高理想是实行按需分配的共产主义社会。列宁指出："在共产主义社会的第一阶段（通常称为社会主义），'资产阶级法权'没有完全取消，而只是部分的取消，只是在已经发生的经济变革范围内，也就是在对生产资料的关系上取消。'资产阶级法权'承认生产资料是个人的私有财产。而社会主义则把生产资料变为公有财产。只有在这个范围内，也只能在这个范围内，'资产阶级法权'才不存在了。但是它在另一方面却依然存在，依然是社会每个成员间分配产品和分配劳动的调节者（决定者）。"❶ "既然在消费品的分配方面存在着资产阶级法权，那当然一定要有资产阶级国家，因为如果没有一个能够迫使人们遵守法规的机关，法权也就等于零。可见，在共产主义下，在一定时期内，不仅会保留资产阶级的法权，甚至还会保留没有资产阶级的资产阶级国家！"❷ 我们既然要向共产主义过渡，就需要积极地创造物质的和精神的条件，以便使资产阶级法权的残余逐步消逝。我们用共产主义精神教育群众，提倡不计报酬的劳动态度。列宁曾经讲过："我们要努力消灭'人人为自己，上帝为大家'这个可诅咒的常规，克服那种认为劳动只是一种负担，凡是劳动都应当付给一定报酬的习惯。我们要努力把'一人为大家，大家为一人'和'各尽所能，按需分

---

❶ 选自《列宁全集》，人民出版社1958年版，第25卷，第453页。——作者注

❷ 选自《列宁全集》，人民出版社1958年版，第25卷，第458页。——作者注

配'的原则灌输到群众的思想中去,变成他们的习惯,变成他们的生活常规,我们要逐步地坚持不懈地实行共产主义纪律,推行共产主义劳动。"❶

孙冶方接着批判了南斯拉夫修正主义者,揭露了他们在国家、所有制、对生产关系的评价以及其他问题上的立场的叛徒本质。

无产阶级专政的国家在生产关系变革中的作用

---

❶ 选自《列宁全集》,人民出版社1958年版,第31卷,第104页。——作者注

如何使进一步深入展开反官僚主义整风运动和反修正主义的学习运动同我们的研究工作密切结合起来[*]

简单回顾

1. 运动意义：增强党性，健全领导，教育群众，精简机构，改进工作方法。

2. 对理论研究机关的意义：检查过去学术方针路线上忽视政治倾向，以及错误的思想观点，检查是否在反帝反修斗争中起了战斗单位作用，是否在理论战线上成为党得心应手的助手。

3. 全所同志响应上级领导及所领导小组号召，全力投入运动，使运动在全所很快地、轰轰烈烈地展开。揭发出很多问题，提高了大家的思想，对改进领导做好今后全所工作有很大帮助。对精简机构也提出许多宝贵意见。

---

[*] 1960年8月26日在经济研究所全所大会上的讲话提纲。

致于光远、姜君辰同志并分党组信

光远、君辰同志并分党组：

对请示报告（草稿）及重点项目（草稿）只略略看了一下，未能仔细研究，一些零碎意见已画在原稿上（昨天夜里才收到）。

对于重点项目（草稿）我有以下一点不成熟的感觉，请考虑。

过去第一、第二次稿的排列办法是书在前面。周扬同志说过，到底是书、刊、资、会，抑或书、资、刊、会，如何排列，请你们去考虑。总之，资料工作要重视。在他那次讲话中书放在第一是没有疑问的，因为这是重点。刊物是如何办得更好的问题，但过去总是办了的（也不能算太坏）。但如周扬同志所说，中华人民共和国成立十年来，没有出过说得上是学术著作的书（当然他是指专业队伍），这是哲社科学界的耻辱。

现在这个重点项目（草稿）把书放在第（六）项，放在刊物和论文之后，似不够突出。

其次，草稿（二）项是讲的批判，但就在这里提出了与"原理"针锋相对的著作的任务。这给人以这样的感觉，似乎批判只与"原理"有关，与其他无关，或关系不大。其实没有三个组成部分的分科的书，不会有综合性的"原理"，实难分主次。

因时间关系，未能深思熟虑，也不知最近部里对此是否尚有

---

* 标题为编者后加。

新的指示。可能我的思想落后了，还是一个月以前的陈旧想法。

关于批判人民资本主义的学术会议问题，所内少数同志曾议论过，觉得明年无力召开。因明年重点在写两本教科书，经济学界的讨论会应以两本教科书为主。政治经济学教科书讨论会虽由中宣部召开，但需经济学者全力参加。今年大连会议，薄一波同志坚持不超过50人，在此会议基础上，明年再召开一个较大规模的讨论工业企业管理的学术讨论会，如果一定要再开会讨论人民资本主义，有困难，至多也只能是小规模的地方性的会议了。

敬礼！

孙冶方

1960年9月23日

最大的难关已经突破了[*]

——关于编写政治经济学教科书的意见

《政治经济学研究与教学通讯》第1期发表了北京一部分经济学者集体起草的"政治经济学社会主义"部分的编写提纲。通讯第2期又发表了上海财经学院政治经济学教研室的教科书提纲。据我们所知,还有一些大专院校的经济系也在编写社会主义政治经济学讲义或教科书。我们需要有一本甚至好几本切合中国的社会主义建设实际情况的政治经济学教科书(特别是社会主义部分)——这是各方面早已感觉到的迫切需要。然而在过去,一方面是由于我国社会主义经济建设的实际经验的确太少;另一方面由于我们思想未解放,迷信未破除,有很多经济学者对于这件工作总是认为不胜任而不敢动手,甚至不敢把这任务放在最近或将来的计划中。因此,现在各地经济学者纷纷着手编写政治经济学社会主义部分的讲义或教科书的事实本身,就是经济学界"大跃进"中的新气象,是思想解放和打破迷信的结果。

其次,本刊发表的两个提纲都是以毛主席的两类矛盾的学说和党的总路线作为指导思想,作为社会主义政治经济学的基础贯穿于整个教材内容。这不仅是一个大胆尝试,而且无疑是已经替社会主义政治经济学找到了正确的方向,循此前进必能很快地建立起社会主义政治经济学的完善体系。

---

[*] 具体写作时间不详,根据内容考虑为1960年。副标题为编者后加。

当然，我这意思并不是说这两个提纲以及根据这两个提纲写出来的讲义或教科书已经是或将是完美无缺的。相反，这是绝不可能的。我的意思只是说，做事也如走路，首先要方向正确，如果方向不正确非但不会达到目的，而且可能越走离目的越远。其次万事开头难，如果只议论不行动，那么事情一辈子也做不起来；反之，如果大家已经行动起来了，那么最大的难关已经突破了。

最后，任何事要做得多快好省，都必须走群众路线，发挥人的主观能动性。在我们的场合下，就是要发挥全国经济学者，包括教的人和学的人，在全国工农业生产和科学文化各方面"大跃进"形势推动之下，实际工作者和理论研究工作者的主观能动性。看样子，在党的总路线的号召下，各地经济学者也都行动起来了。现在的事情就是如何使各地经济学工作者互通消息、交流经验，把分散的力量汇合起来，用量的发展来推动质的提高，从普及中提高。《政治经济学研究与教学通讯》的出版就是为了这个目的，而达到这目的另一种方法就是召开地方性的以至于全国性的、有关社会主义政治经济学问题的学术座谈会或讨论会。

至于现在发表的这两个提纲本身，我想大家都还同意，非但不能说是已臻完善，值得商榷的地方还是很多的。例如，北京的部分经济学者在起草这个提纲的时候，只提出两个宗旨，或者说只有两点大家的意见是一致的。首先，必须把毛主席关于两类矛盾的学说，把党的总路线，把人的主观能动性思想作为这个提纲的指导思想，作为贯穿社会主义政治经济学全部内容的一条红线。其次，就是快些动起手来，快些写出来而且印出来，目的不是为了别的，而仅仅是为了大家讨论或批判的时候不至于空口发言，就是说为了替展开讨论和批判立下一个靶子，使得大家放矢有"的"。也就是说，为了写出来的东西能够很快地被推翻。因此，在编写这个提纲的时候，对于若干争论较大、看法不一致的问题，决定暂时迂回过去，或是不写入这个初稿中去，或是把它作为情况介绍列在附录中去。不仅如此，就是对列入提纲的各个章节的排列和内容大家的看法也不是完全一致的。

最大的难关已经突破了

1960—1961 冬预备在学部扩大会议上讲的发言提纲[*]

1. 谈争鸣是不是仅仅因为有不同立场、不同观点、不同世界观的学者存在？将来科学家都有了共产主义的立场观点，又都是马克思主义者了，是不是就没有而且不应该有争鸣了？即争鸣是不是看作科学、文艺、教育界的统战政策？

2. 如果对以上问题的答案是肯定的，那么这无疑是认为人们对于客观世界的认识，包括对自然和社会的认识，就不需要经过一个过程，可以一次就认识完了。一次就认识完似乎是了不起，实则把人类知识即科学凝固化，即取消了科学。一次认识完的想法是不科学的。

卡片（1）毛主席的思想

卡片（2）马克思关于现象本质问题语录

（认识是一个过程，尤其是思想要变成体系，必须是在客观物质运动过程经过无数次反复之后，无数次反复的东西才是规律性的东西。）

3. 与资产阶级经济学比较，无产阶级经济学在认识社会主义计划经济规律所花费的时间，不知快了多少倍。

卡片：资产阶级经济思想史

无产阶级革命之所以不同于资产阶级革命，在于后者是先有

---

[*] 作者1962年4月3日眉批：这个提纲可能是1960—1961年冬学部扩大工作会议上预备的一个发言提纲，后来似乎没有讲。

资本主义生产关系之后若干年才革命取得政权,而无产阶级是在马克思的科学理论指导之下取得了政权之后,才在商品资本经济规律基础上建立社会主义计划经济。(人与蜘蛛、蜜蜂之别)

但无产阶级的政治经济学是在革命之前,根据对资本主义经济规律的分析研究,科学地画出了社会主义计划经济规律的轮廓。但总是轮廓而已。

因为思想,尤其思想成为体系,要在客观存在反复多少次之后才能形成的规律,也规定了我们对社会主义计划经济规律的具体较全面的认识只能是在实践发生之后逐步达到。计划经济的实践,从十月革命算起只有43年的历史,从苏联内战结束1921年算起还不到40年,在我国只有11年。

从社会主义经济的迅速发展……不仅证实了社会主义经济的无比优越性,也证明了马克思主义政治经济学的无比优越性。然而这还不是说我们已对社会主义计划经济在这么短的时间内就已经完全认识了。"充分认识"的说法本身就有毛病,"充分"是不能再多的意思,事实上即使今天认识"充分"了,在这一天等于20年的时代,过了一天客观世界又变化了,又要我们去继续研究分析……

因此,社会主义政治经济学方面需要讨论研究,即需要争鸣的问题很多。过去三年间,经济学界热烈讨论过的重要问题就有十个左右。而且这些问题仍需继续研究讨论。以下举例:

卡片:马克思的话

最早是英国王李却特二世(1377—1405)

同伦敦市商人研究致富之道,后者提出,"少买多卖"(对外)的原始的重商观点。

200年后

威廉·司塔福特(1554—1612)

他的著作代表早期重商主义的观点,出版于1581年。

半世纪后

托马斯孟（1571—1641）

后期重商化派，著作出版于1614年（？）[1]

100多年后

威廉·配第（1623—1687）

亚当·斯密（1727—1790）《国富论》1776年出版，距上述1581年著作出版约200年。

李嘉图（1772—1823）

4. 例一，现实经济问题中，有些重要理论原则似乎已经被大家接受，但是实际上认识并非一致，还需要从理论上继续加以探讨、争鸣。如以农业为基础问题。国民经济发展以农业为基础是毛主席对马克思经济学说的重要发展。马克思说过："（见卡片）"。

在毛主席和党中央提出这一重大理论原则的时候，有些人是有怀疑的。

现在似乎大家一致接受了，认识统一了。其实对比重大理论问题，也是重大政策原则的解说，也并不是完全统一的。如有些经济学者把"农业是当前首要工作"同"农业为基础"混作一回事了。当前是结合的。这一现象引起了对本质认识的模糊。

农业是当前首要工作，是因为农业未过关，农业人口占我国人口的80%。在农业过关后，在工业化后，农业人口就不是80%，甚至不是20%，而是更少。那时，农业可能不是那时的经济工作中的首要工作，但仍是国民经济的基础。

首要工作和基础是两回事。因此把"农业为基础"仅看作是毛主席对农业经济学即部门经济学的发展也是不完全的。

5. 例二，属于社会主义政治经济学基本理论方面的问题更

---

[1] 原稿如此。——编者注

多，更复杂，需要争鸣者更多。

（1）社会主义经济是不是自然经济？这不仅是抽象的与现实无关的理论问题，然而涉及我们对社会主义经济中许多重要本质问题、许多经济范畴的看法。

自然经济观是简单化，是取消问题。

自然经济观与否定社会主义社会产品的二重性密切有关。

（2）哲学家绝不能想象"抽象""具体"两范畴可以各自单独存在。但许多经济学者认为社会主义没有抽象劳动，只有具体劳动。

根据辩证唯物论的观点，应说世界上任何事物都有两重性，只是在不同条件下表现形式不同而已。

据我看否认产品和劳动的两重性，事实上就是否认产品和劳动的社会属性。社会劳动的概念本身就应指的是抽象劳动，而不是指个别人的具体劳动。但这些都是需要争鸣的问题。

（3）社会主义的货币是不是原来意义的货币（等价形态），抑或已是劳动券性质。

（4）未来社会有无财政工作，财政是否与两个所有制和商品、货币有关？

不可想象未来社会没有管理国民收入分配再分配的机构，但此种学说在国外经济学者中居然成了权威的学说。

6. 例三，资产阶级经济学派中的经济计量学派想以数学来代替经济学，为资本主义经济涂脂抹粉。但我们是否可以，以及在何种限度内利用数学方法于经济学中，这也是可以争鸣的一类问题。

7. 回到出发点，认识要有过程，人们只能逐步掌握客观规律，从不认识到认识，从认识一部分到认识较多部分，从少数人认识到多数人认识，这是一个过程。在这中间就必须争鸣。

关于如何做好经济研究工作，既要为宣传工作、为理论斗争服务，也要为经济建设服务的报告（草稿）和关于经济研究所1960年第四季和1961年全年研究工作计划的报告（草稿）[*]

1. 在这次整风运动末期，我所领导小组检查了这两三年来我所研究的工作成果，并且研究了今后如何做好研究工作，如何才能使研究工作做出成绩来，使得我们的研究工作不仅要为宣传马克思、列宁主义政治经济学、宣传毛泽东思想的经济理论服务，为反对帝国主义资产阶级经济学思想，反对现代修正主义思想和右倾机会主义思想的斗争服务，而且要为我们当前的社会主义经济建设工作服务。但是，过去三年中我所研究工作的成果太少，尤其是对当前社会主义经济建设中的重大问题研究很少，深入农村和工厂基层去做调查研究工作更少。这是极不应该的。

我们认为我们的研究成果太少的原因，固然在于我们的生产观念不强、战斗意志不够旺盛，也在于我们的领导方法有毛病，没有把整风和其他政治运动及研究工作安排妥善。每次整风运动时间拖得太长（同一般国家机关比较而论），而且总是一搞整风运动就把研究工作停下来，因而在一部分同志中曾经产生一种错觉，认为在整风中再做研究工作、读理论著作，便是白专道路

---

[*] 本文写于1960年9月，是以"中国科学院经济研究所领导小组"名义给上级的报告。

等。过去几年中,我们大部分研究人员每年大概只有三个月左右的时间做研究工作。

我们认为经济研究所过去几次整风的成绩是很大的。这不仅表现在揭发出了若干右派分子和反党分子,揭发出了右倾机会主义分子,也不仅在于揭发出了研究工作人员的各种错误思想,而且也表现在全所党团员和群众的政治觉悟和思想水平经过几次整风之后,大大提高了。我们必须肯定整风运动的这些成绩。不经过这几次整风,想做好研究工作是不可能的。现在的问题在于如何在整风成绩的基础上,把研究工作也提高一步,而且做出更多的成绩来。整风是年年要整的,我们必须如周扬同志指示的一样,在整风的同时,加强我们的"生产"观点,必须如一切机关和企业一样,整风不停"生产",不停工作,而且要把我们的"生产"和整风做得比过去更好,把整风、学习和研究工作完全统一和联系起来。

2. 在安排今年四季度工作和1961年度工作计划的时候,我们也议论了另一个问题,就是我们的写书工作和长期的系统研究工作,是不是同临时任务有矛盾?为当前的政治、理论斗争和长期的系统研究工作是不是同为经济建设服务有矛盾?我们认为,如果从人力和时间的安排来看,尤其是计划安排得不恰当的话,写书和系统研究工作是会同临时任务有矛盾的,为当前的政治斗争服务和为经济建设服务也可能会有矛盾。因为同一个人在同一时间不能做两件事。写了书就不能写文章,搜集了有关这一题目的资料就不能再搜集另一题目的资料。但是,这个矛盾是可以解决而且必须解决的。因为我们写的书就是要在经济学的领域内,主要是有关社会主义经济建设的重大理论问题的范围内来保卫马列主义、宣传毛泽东思想,来为当前政治斗争和理论斗争服务。如果我们对当前社会主义经济建设中的重大问题,对财经工作中的实际问题不加以研究,不能从理论上来阐明这些问题,那么也

关于如何做好经济研究工作,既要为宣传工作、为理论斗争服务,也要为经济建设服务的报告(草稿)和关于经济研究所1960年第四季和1961年全年研究工作计划的报告(草稿)

就不能对当前的政治斗争和理论斗争有所贡献。也就谈不上什么保卫马列主义和宣传毛泽东思想。研究当前社会主义经济建设中的重大问题，保卫马列主义政治经济学说，宣传毛泽东思想和批判修正主义经济学说等任务是完全可以统一起来加以解决的。这些任务也必须一起解决，而不能解决了一个任务而不解决另一个任务。关键在于如何把我们长期的系统的研究题目同临时任务密切结合起来，把我们要写的书的中心内容，我们的资料搜集、整理、研究同经济建设中的现实问题，同当前的政治斗争和理论斗争密切结合起来。

3. 根据以上精神，我们拟定了1960年四季度到1961年年底的重要研究项目。我们计划在这段时间内要写出以下几部书的初稿或二、三稿。

（1）《社会主义经济论》（暂定名，系政治经济学教科书性质的著作了。1960年12月写成初稿，1961年完成修改二稿及三稿）。

（2）《社会主义工业企业管理经验总结汇编》——各部、各省、市、区有关企业管理的调查报告汇编，在薄副总理和经委党组直接领导下与经委研究室及若干大专学校合作编辑。1960年完成。

（3）《社会主义工业企业管理》——教科书性质。在薄副总理和经委党组领导下与经委研究室及若干大专学校合作编写。1961年至少完成初稿，争取完成修改二稿。

（4）《中国经济史》（解放以前的）——1961年完成第一卷初稿。

（5）《农村人民公社论》——1961年完成初稿，争取完成修改二稿。

4. 在上列各书中，《中国经济史》（解放以前的）同当前社会主义建设关系比较少。"农村人民公社论"预备对农村人民公社各方面的问题加以全面的研究。我们预备结合上述前三部书稿着重研究以下几方面的问题来为当前计划和财经的实际工作服务，并组织我所研究工作同志围绕着这些问题到工厂和公社中去做些系统的调查研究。

（1）关于财政信贷、货币流通方面的问题。

（2）我国和苏联的工农业产品比价和轻重工业产品比价。

（3）社会主义社会的流通过程中物质供应工作（生产资料的流通问题）。

（4）如何从人与人在劳动过程中的关系的角度来研究社会主义社会的财经体制方面的问题。

（5）关于国民经济体系中的合理布局问题。

（6）考核企业成效的各项经济指标的相互关系。

（7）工业企业管理工作中的某些具体问题。

5. 在资料搜集、整理和研究工作方面，我们除了配合当前的政治斗争和理论斗争的需要外，主要也将围绕着以上几个方面的问题来进行。我们设想到的主要资料工作项目如下：

（1）现代资产阶级经济学流派资料汇编——1961年出版。

（2）苏联社会主义政治经济学思想史资料——因资料来源有困难，出版完整的资料汇编无把握，拟陆续收集整理并随时内部印发，供领导及研究机关参考。

（3）关于南斯拉夫修正主义经济思想资料。

（4）关于苏联工业企业管理的资料。

（5）关于南斯拉夫工业企业管理的资料。

（6）现代美国资本主义（？）[1]。

（7）民族主义抽象经济。

（8）外国经济论文译丛汇编。

（1）原稿如此。——编者注

以上意见是否妥当，希望各上级领导机关给予指示。有关现实经济问题的研究题目是否恰当，能否配合当前的经济建设，是否有遗漏，请上级机关特别希望计委、经委和五办给予指示。以上资料工作项目是否妥当，也请上级指示。

中国科学院经济研究所领导小组

致马雷舍夫同志信[*]

尊敬的马雷舍夫同志：

　　谢谢您把索包里同志的新著《国民经济平衡概论》一书寄赠给我。这本书寄来的时候，我恰好不在北京，直到我最近回来时，所里的同志才把它交给我。因此，我真感到遗憾，没有能在早两个月读到它，更感到遗憾的是到现在我还没有看见您自己写的《社会主义制度下劳动的社会核算和价格》一书。我是在《共产党人》和《经济问题》杂志知道您的大作已出版。听说在莫斯科这本书已经买不着了，您是否能寄一本给我，我们很多同志都期待着能够早日读到它。再一次向您表示衷心的感谢！并祝您身体健康！

非常尊敬您的
孙冶方
12 月 19 日

---

[*] 写于 1960 年 12 月 19 日。

给卓新同志并国家计委党组的报告[*]

卓新同志并国家计委党组：

关于经济研究所过去一个阶段内的整风和工作情况以及1961年度的研究规划，我们最近起草了一份报告，兹特送请审核，并盼予以指示。

经济研究所按中央指示，除受中国科学院的领导外，并同时受国家计委的双重领导。但是在过去一年多时间中，我们深深地感觉到在计委的直接领导下，为国家的建设事业服务而进行的研究工作做得实在太少。这除了有一些客观的原因外（如整风运动时间较长），主要是由于我们主观的努力不够所造成。这一点，我们是应该进行自我批评的。值此1961年开始之际，所内许多同志们在拟订本年度的研究工作计划时，都表示了如下的愿望：即除了要完成一定的写书或其他研究任务外，都热情地准备在自己的工作岗位上，为国家的社会主义建设事业，多做一些工作，多尽一分力量。为此请求国家计委：

（1）请适当地交给我们一定的研究任务；

（2）给予必要的一些条件和便利（如经过批准出席某些会议，阅读某些资料等）；

（3）加强对我们的直接领导。

---

[*] 标题为编者后加。

此外，我们尤希望卓新同志能在百忙之中，抽暇听取我们一次口头汇报。

候指示！致

敬礼！

孙冶方
勇龙桂
邝日安
1961年1月6日

给卓新同志并国家计委党组的报告

中国科学院经济研究所关于1961年度研究工作的请示报告

哲学社会科学分党组并请转报中央宣传部：
国家计委抄报国家经委、国务院财贸办公室：

(一)

中国科学院经济研究所领导小组在反官僚主义整风运动末期，检查了近三年来的研究工作，并且研究了今后如何做好研究工作，拿出更多的研究成果；如何使长期系统的研究工作（包括编写重点著作）同临时任务更好地结合起来；如何使我们的研究工作不仅要宣传马克思、列宁主义政治经济学，宣传毛泽东思想的经济理论，进行反对帝国主义资产阶级经济学思想、反对现代修正主义思想和其他各种错误思想的政治、理论斗争，而且也要密切联系实际，为当前社会主义经济建设服务，研究当前计划工作，工农业生产、财政、金融、贸易、交通运输等部门工作中的重大问题和有关理论问题。

在过去三年里，中国科学院经济研究所把主要的精力和时间投入了三次整风运动。通过这三次整风运动，确立了党在经济研究所的绝对领导，明确了学术研究工作要为党的政治、理论斗争和经济建设服务的方针路线，提高了全所人员的政治觉悟和马列主义思想水平。因此，经济研究所在过去三年间三次整风运动中的成绩是必须首先肯定的。现在的问题是如何在整风成绩的基础上，在政治觉悟和思想水平提高的基础上，进一步总结我们的研究工作和研究如何做好今后工作。

（二）

在肯定以上成绩的同时，必须承认，过去三年间，我们的研究成果很少，深入农村和工厂做调查研究也少，对当前社会主义经济建设中的重大理论问题研究得更少，这是我们过去工作中的严重缺点。

我们认为研究工作的成果很少，主要是我们的领导方法和对研究工作的认识上，都还有缺点。

首先，我们没有把整风和其他政治运动同研究工作很好地结合起来，做出全面妥善的安排。在整风和其他政治运动过程中，把日常研究工作放松一些，甚至短时期停止一下，是有必要的。但是经济研究所过去几次整风运动的时间总是拖得很长（同一般国家机关比较而论）而且总是在整风运动过程中，把一切研究工作都停顿下来，后来甚至在有些干部中产生了一种错觉，认为在运动时间再做些研究工作，再读些理论著作，便是走白专道路。我们没有能够把整风运动和研究工作很好地结合起来，这是由于我们没有深刻体会到，我们作为一个党的经济研究机关，应该用我们的经济学研究成果来为党、为政治服务，来反对资产阶级思想，反对修正主义和其他的错误思想。因此我们必须千方百计克服困难，在完成整风工作的同时挤出时间来做好研究工作。

其次，过去我们强调了长期的系统的研究工作（包括编写重点著作）同临时任务的矛盾，为当前政治斗争服务同为经济建设服务的矛盾，而对于二者的统一强调不够。从人力和时间安排来看（尤其是研究项目和计划安排得不恰当的话），写书和系统的

研究工作是会同临时性的任务有一定矛盾的，为当前的政治理论斗争服务是会同为经济建设服务有矛盾的。但是总的来说，上述两种任务是可以统一起来解决的，否则就会使任何一方面的任务也解决不好。因为我们写书就是要在经济学领域内，主要是在有关社会主义经济建设的重大理论问题上，来保卫马列主义、宣传毛泽东思想，来为当前的政治斗争和理论斗争服务。如果我们对当前社会主义经济建设中的实际问题不加以研究，不能从理论上来阐明这些问题，那么也就很难为当前的政治斗争和理论斗争有所贡献，也就不能在经济理论战线上很好地保卫马列主义和宣传毛泽东思想。

（三）

在1961年以内，我们要编写或着手编写以下几部重点书稿：

1. 《社会主义经济论》（暂定名，是关于社会主义政治经济学的专著）——争取1961年内完成修改二稿。

2. 《社会主义工业企业研究》——同国家计委研究室和若干大专学校合作编写，争取1961年写出初稿。

3. 《农村人民公社》——争取1961年写出初稿。

4. 《中国近代经济史第一卷》（1840—1890）——争取1961年完成初稿。

5. 《中国资本主义工商业社会主义改造》——1961年完成初稿。

以上五部重点书稿，我们并不企图都在1961年一年之内编写完成并出版，其中绝大多数书稿要在二三年，甚至四五年内长期、系统地反复改写之后，才能定稿并正式出版。

《社会主义经济论》的编写工作证实了一条经验：写书是推动整个学科向前发展和较全面地培养理论干部的好办法。在战争中学习战争，在建设中学习建设，边干边学——这条经验在经济学研究工作中亦是完全适用的。参加编写《社会主义经济论》的大多数同志深刻体会到，自从参加了这本书的提纲的讨论和编写工作以后，对社会主义的生产关系有了较全面的认识，对某些现实经济问题的认识也比较全面和提高了，这是一个方面；在另一方面，大家都认为，也只有对当前社会主义建设的重大理论问题加以深入透彻的研究以后才能把《社会主义经济论》写好。因此，写书同研究现实经济问题非但不互相排斥，而且是互相促进的。

上列五本重点书稿中，有关经济史的著作同当前社会主义经济建设实践的直接联系似乎比较少，但是对经济史的研究也是为了有助于对现实经济问题的理解（经济史等组曾经提供了一批有助于了解现实问题的近百年工农业产品价格资料）。至于《社会主义经济论》《工业企业管理研究》和《农村人民公社》等书稿则必须以研究现实经济问题为主要内容。因此按照我们的设想，上述几本重点书稿在第一稿写出或修改完毕之后，参加写书的研究人员就去研究与自己负责的章节有关的现实经济问题，并且围绕着这些问题继续去搜集资料，学习研究或组织讨论，更重要的是必须深入农村人民公社、工厂、商店、银行和业务部门去作调查研究。今后每次集中人员编写和讨论的时间不超过一二个月，每年至多不超过两次，其余时间除下放参加体力劳动和整风以外，主要用在对现实经济问题的调查研究上，我们也将通过这些调查报告和专题论文来配合计划部门、生产管理部门和财政、金融、贸易等部门的工作，来阐述党在经济建设方面的方针政策和毛主席的经济思想。

在我们的重点著作中以及平时调查研究中，还要着重研究以下几个方面的现实经济问题：

（1）农村人民公社问题。

（2）工业企业管理问题。

（3）财政、借贷、货币流通方面的问题。

（4）积累和消费问题。

（5）价格问题，特别是关于工农业产品比价和轻重工业比价问题。

（6）物资供应工作中的问题。

（7）建立大区的经济体系问题。

（8）考核企业成绩的各项经济指标的关系问题。

以上列举的不过是现实经济问题的几个方面，在做调查研究的时候，项目还要具体化，限于我们的政治理论水平和我们对实际工作了解很差，以上这些设想是否妥当，希望上级领导，特别是国家计委、国家经委、五办等财经工作领导机关多给予指示。

资料的搜集、整理工作是学术研究工作中的基础，中宣部和哲学社会科学部为此已经一再有所指示，过去经济研究所已经做了一些工作，但是很不够，今后我们除了对国内外经济学界动态和世界经济资料仍将及时搜集整理，并向领导机关提供以外，将按照学部的指示，要求在最近二三年内基本上建立起一套系统的、完备的资料。我们目前设想到的经济学资料工作主要项目如下：

（1）我国社会主义工业企业管理经验总结汇编。

（2）我国农村人民公社资料汇编。

（3）社会主义政治经济学思想史。

（4）苏联工业管理体制和企业管理制度。

（5）苏联工农业产品价格思想及资料。

（6）有关生产布局的基础资料。

（7）现代资产阶级经济学流派。

（8）南斯拉夫修正主义经济思想。

（9）南斯拉夫工业管理体制及企业管理制度。

（10）社会主义国家经济资料。

（11）主要帝国主义国家经济资料。

（12）主要民族资本主义国家资料。

（13）国外经济学动态及重要著作、论文选编。

（14）国内经济学动态。

以上资料工作项目是否完备妥善，亦请上级领导给予指示。

× × ×

对经济研究所的研究工作原来规定由国家计委和中国科学院实行双重领导，并且作为计委的一个单位参加计委的会议并阅读有关资料。过去一个时期，由于我们大部的时间和力量在搞整风工作，因此有很长一个时期没有向国家计委系统地报告并请示我们的研究工作，这是我们的缺点。为了使研究工作密切联系实际，做好党的助手，并更好地为计划机关和其他财经工作领导机关服务，希望国家计委今后加强对我们的领导，交给一定的研究任务并进行督促检查和帮助。

中国科学院经济研究所
孙冶方　勇龙桂　邝日安
1961 年 1 月 6 日

致索包里同志信[*]

亲爱的索包里同志：

我很高兴收到您 11 月 5 日的来信。谢谢您和马雷舍夫同志送给我您的近著《国民经济平衡概论》。这两本书早就寄到了，由于我当时出差在外，最近回到北京后才看到。差不多同时我也看到"共产党人"15 期上发表了加托夫斯基和沙可夫的文章。您的观点，当您还在我国讲学时，我和许多同志就感到有兴趣的。我们在当时就曾经同您就这些问题交换过意见，您当然能够想到我对这些问题的看法。我们期待着读到您在社会主义经济问题的讨论中继续发表的文章和著作。

马雷舍夫同志的《社会主义制度下劳动的社会核算和价格》一书，在北京的国际书店买不到，我曾托人在莫斯科买，据回答也卖完了。我很希望能够读到这本书。

最后，请代我向您的夫人和全家致以衷心的问好。并祝你们全家幸福、健康！

尊敬您的
孙冶方
1961 年 1 月 7 日

---

[*] 标题为编者后加。

1961年4月5日在分党组会上的发言

调查研究问题：这次整风怎么办？我是担心那本书（指《社会主义经济论》），担心工作怎么搞，每次都是我们引火烧身，我看分党组也是要检查，引火烧身不能只是所长烧起，分党组也要烧烧。分党组有些什么问题？问题不多，大家都是水平问题，有时未抓到问题本质，分党组有时开会，问题本质未抓到；讲话也未开门见山，反官僚主义整风反省两个半天（指分党组开会互相提意见），恐怕很空，那不是水平问题，分党组的引火烧身精神不够。谈谈调查研究。调查研究要分两方面讲，一个是作为领导机关对自己领导的所的了解，现已在做；另一方面是对社会做调查研究。学部事务主义怎么摆开，要下决心。这一点决心不够。怎么做调查研究？叫我们做提纲，我们只能做被调查的提纲，在这些方面分党组对各所的情况，特别是对各所领导核心的情况到底有多少了解？领导小组应该大家在一起谈谈心，到底有哪些问题，可是分党组始终未做。学部到所去调查研究，总是应从所的中心工作做起，怎么样抓住所的中心工作；我们当前想的中心工作，而学部偏不在这里。各所团结不团结，友渔同志谈了好几次，学部了解多少？我领导经济所很吃力，分党组也晓得担子重，不好做，潘老有一次讲话：一个人独断独行，走了就不能办事。我那里乱糟糟，不是我不在就不办事，没有让我知道的事很

---

* 本文根据会议摘记稿整理，标题为编者后加。

多。我在经济所集中太多还是抓不住？可能两方面都有。我也不晓得我们那里反映来，还是这里干部了解来，说我不民主，既然有这样的问题，而分党组又说各所不团结，那么我们提出各所轮流汇报，可是又不做。分党组原要抓大一点的，这里下去的干部很少同领导小组打招呼，总是将个别人讲的反映作为全面印象。再举一个例子，去年第一次写书，君辰同志在那里了解情况，发现经济思想史组工作未安排好，没有事情做。有没有？有，可是整风以后百废待举，大多数人抓写书，个别人没有事做，我怎么一下子都安排，我只能一件一件大事抓。那时我强调要做社会调查，出去调查一个一个向分党组请示，君辰同志一个一个批，你说分党组抓的不具体？到后来可以写书了，那时君辰同志说还有几个人未安排好，天哪！怎么能安排好，还有一百多人在精减。怎么抓所的工作？从当前的中心工作抓，从思想抓起，系统地听负责人汇报，还是个别了解了解？不要把我们打乱了，我还是很担心，我再说得露骨一些，分党组怎么帮助领导小组团结起来，形成领导核心，这方面不仅做得不够，而且恐怕有副的作用。1961年工作打算，分党组一个字也没有批。我现在学中央两个文件（"关于调查工作"、60条），我想的更多。如对社会调查的片面性，中央文件指出"不应该抱定一种成见下去专替自己找证据"，我在北京7年，就是搞社会调查。是不是光调查还不够？我们调查报告700万字，听说人民大学1000多万字，可是这么多报告为什么不起作用？我觉得说是抱一定成见对科学研究机关重了一些，我们是抱定一个框框，发现问题不敢讲话，只听得进一方面。怎么反映情况？我们做社会科学研究的要提倡点共产主义风格。还有思想方法问题。我写的130万字书片面性很大。定一同志讲的使我感触最大的是人大新闻系的暴力论，我们写的第一章完全成为"国家与革命"的那个写法，没有写组织人民的文化、社会主义建设的职能，难道无产阶级专政只能有专政、政治，不能有经济？不与修正主义走两个极端。我现在感觉到很值得注意思想的片面性。如对三面红旗的认识，各地为什么搞得那么严重，而且打着三面红旗在搞，列宁讲真理再往前走一步就变成谬误，把三面红旗夸到极端，那是破坏三面红旗最危险的武器。少奇同志曾讲：右面来的易发现，"左"面来的不易发现，发现后不易克服。列宁讲过破坏真理最恶毒的办法就是这个办法。它的破坏程度很难与右倾分轻重。

百家争鸣问题：我们学部的确有很大问题值得研究。党外有职无权很严重，不做工作吃空饭，即使我们也不好受。另一个问题是：在学术批判问题上大家看得偏了些，特别在经济所那个极端，不知跨了多少步，许多观点讲得那么极端，尤其比较负责的干部，像我们这样的。三次整风后两次很注意锋芒不转到党外，但在党外是否没有影响？作为学术批判的提法现在看起来偏，还举个实例：农业组的张之毅在保定调查的结果，认为当地土地比较分散，不像马克思讲的向贫富两极分化。因他是费孝通的学生，与费联系起来，而涧青同志当时讲的也很肯定，弄得我后来不能同张接触。

我看光远、涧青同志的讲话有时过头，很肯定。你说他们不谦虚也不是。现在一般青年都知道看苗头，为什么一个上级机关的处长、处员说了一句说，大家就不折不扣地照做？

我这个人在经济所集中不起来，但敢做肯定。我在学术上是讲得很肯定，因为我是少数派。

写书过程中看到片面性以后，就想什么叫不要过分，但另一方面不讲好不好？君辰同志不愿意表示态度，两次争论的问题没下结论，可是人家看你有倾向性。马列主义者逢人只说三分话，那叫庸俗，怎么叫不要极端？不表态不好，但来个中间，来个左右畏难，那是庸俗，那也不好，怎么叫恰当？

如果说整风分党组不知道，说不过去。上面、底下都没有，就是把我们搞在中间一整几个月。上面只整所长，底下也整所长。

访问中国科学院经济研究所所长孙冶方同志记录[*]

张志和即是张效良，是宜兴人。他本来在新加坡教书，因为领导爱国运动，被英国人抓了起来，关了三个月，被驱逐出境，因此就回到上海，他入党是否在上海就不清楚了。到1922年秋（还是1923年，不能肯定。可查阅竢实小学的档案，看他是什么时候代课的，即可肯定了。）来到无锡。那时他侄儿张友云是竢实小学教书的，因病即有（由）张效良去代课，代课约一年时间，我们即是在这一时期被发展入团入党的。

档案中所提及的文溶、亦湘即是糜文溶和董亦湘，他们俩都是商务印书馆的。糜文溶是无锡新乔人，是一个印板的主任，董亦湘是常州人，是印书馆编辑部的编辑（可能是总编辑）。他们是代表上海地委会来领导无锡建立支部的，我们都是由董亦湘发展的。实际上，张效良在无锡负责建立支部的具体事宜，而上面领导无锡党的即是糜文溶、董亦湘。

在无锡党组织建立的初期，党的负责人除张效良、糜文溶、董亦湘之外，来过无锡的党的负责人还有张秋人，萧楚女、董星伍等，但他们来无锡主要是领导一件事情或一个运动。而经常联系的党的负责人则是糜文溶和董亦湘。当然他们都因为在商务印

---

[*] 资料来源：档案馆281—2，第11—14页。访问记录稿，1961年4月29日。

书馆工作，有自己的本职工作，所以不能经常在无锡；同时当时我是一个学生，平时又没有时间，因此，他们来总是抽个星期天住个旅馆，停留一二天，把我们找去谈谈就走了。

我入团是在1922年年底1923年年初（亦可能是1923年年底1924年年初），入党是1923年年底1924年年初（亦可能是1924年年底1925年年初），那时无锡是先有S·Y，没有C·P。在我入党时，是由张效良对我讲，你是S·Y，是否要加入C·P？当时当然亦没有什么。正式成立S·Y组织是在公园里成立的，有我、张效良、徐萼芳、唐光明（唐瑞麟哥哥）、顾仁保、糜文中（糜文溶兄弟）等几个人。至于徐萼芳、糜文中什么时候加入S·Y，那就要问糜文溶了。顾仁保是我同学，与我差不多时间加入S·Y。

S·Y正式成立后一年，即成立了党的支部。这时张效良已到宜兴去了，在成立支部时有我、唐光明、徐萼芳等人，这时糜文中和顾仁保是否是党员，要问糜文溶。因为我们学校地点适中，因此就推我做支部书记了。

党支部成立后最重要的工作主要是两个：

一是组织国民党。这工作是由支部直接领导搞的，由杨锡类出面搞国民党工作。那时杨锡类在社会上已很出名，当时他是否是共产党员不清楚，但1925年改组的国民党完全是共产党搞的。至于组织国民党的一些情况要问杨锡类。

另一项工作是搞工人夜校。工人夜校的地点在仙女墩，大约是在1924年年底即开始筹备，共办了一年不到、半年多时间即发生"五卅"。这夜校是由上海地委直接派人来，无锡支部是配合，由杨锡类介绍的关系搞起来的，当时徐萼芳对工人夜校亦有些关系。上海"五卅"事件发生后，无锡的工人影响了"五卅"，进行了募捐。当时罢工是没有进行，但募捐了不少钱，工人们所捐

访问中国科学院经济研究所所长孙冶方同志记录

献的铜元和钱有好几箱,当时工人的捐献情况对知识分子来讲亦是一次教育。

"五卅"以后,在七月份放暑假的时候,我即到上海与党联系,到上海沪西区委去学习领导工人运动的经验。回来后,大家就开会讨论无锡如何进行。大约不到一星期,到了九月份,组织上就把我调到苏联去学习。我离锡时在旧制中学一年级。

在我未调到苏联去学习之前,上海党组织还曾派董星伍来到无锡帮助我们工作。董星伍来无锡做什么不清楚,很可能是搞工人运动。总之,我走后,无锡党的关系是没有断。

另外,在奉军打到无锡的时候(时间需查一下),我与唐光明还出过油印报,主要是反对军阀混战,油印报主要由唐光明负责编的,我主要是帮助帮助。记得有一天在我家里,我、唐光明与郑翔德谈天,郑高谈阔论,唐光明还与他辩论过,我亦帮唐光明说了几句。这油印报的机器是否是糜文中搞来的,要问糜文中,因为他当时在新乔教书。

糜文中现在在无锡一个研究所工作。这事只要问下糜文溶就清楚了。

关于新文化运动在无锡的影响,可问郑翔德、杨锡类。

另外,关于无锡最早的一些情况,现在在国务院二办的徐梅坤亦可能知道一些。

需要请帮助提供的:

1. 无锡第一党支部成立的地点、参加的人员,以及当时成立时的一些具体情况,如分工等。

2. 当时在仙女墩组织工人夜校的主要目的是什么?有多少人参加?以及参加的对象。

3. 中央档案馆材料中提到的"民校"和"平校",这两个是什么组织?另外,还有一个名叫陈明岢的和谈佩贤的是否熟悉?

4. 1922—1925 年，无锡社会上有些什么进步组织？1924 年无锡曾有"锡社"这样一个组织，这组织的性质如何？它与党的关系如何？

5. 在档案馆的材料中曾记载：1925 年 5 月 8 日上海区委的一个报告中称："无锡罢工点工制度改包工制。"这是怎么一回事？

关于张效良及无锡第一个党支部成立情况的谈话[*]

孙冶方同志谈话内容：

无锡成立党支部是由董亦湘来（搞）的。

记得我在竢实高小二年级时，张志和来教书，他从新加坡回来，代张友云的课。是在暑假后开学时，学生们开会看见来了一位新先生。他教了一通的爱国道理，我们听了很新鲜，后来宣布他是代课先生，这以后我们经常到他房间里去，不久就加入了S·Y（好像是1923年）。成立S·Y支部时，有糜文中、顾葆仁、徐萼芳、唐光明等，入团时间是在寒假前后。

在开国民大会时成立国民党，我们亦就成立了共产党。我入党是由张效良通知我的，是在张友云的房间里。张效良问我："你愿意不愿意加入C·P？"我说："我当然愿意。"这样不久就通知我加入了C·P。成立C·P支部记得亦是在寒假里。在成立S·Y后的一年，成立团支部时还是由张效良领导的，到党支部时，张已到宜兴去了，由我担任支部书记。为什么是我担任支部书记，这主要是因为一个是我年纪小，在1924年夏进入工商中学，地点比较中心。大家推我，我说不行，大家就说有工作大家做，你这里通讯便利，我想亦好。

---

[*] 资料来源：档案馆281—2，第20—22页。1961年5月2日孙冶方、糜文溶、糜文焕的座谈记录。

当时，S·Y和C·P与上面联系都是通过杨贤江，杨贤江是商务印书馆学生杂志社的主编，他那里像个联络站，直接领导者是上海地委。

在国民会议时国民党改组那时无锡还没有党，只有团，记得S·Y的一些小册子与国民会议的一些材料一起送来的，到国民会议成立国民党，无锡建立了区分部，同时亦成立了共产党，是先成立共产党，以党的名义组织国民党。那时的国民党好像现在的国外组织，杨锡类那时还没有加入共产党，而在参加国民党。

在"五卅"后，我到上海去取经（在"五卅"前，上海党派人来搞过工人运动，我们支部是通过杨锡类去搞的），当时董亦湘同意了，我就到曹家渡，这时董星伍在曹家渡，我参加了一个多月，回来了一个星期，组织上就通知我到莫斯科去。到了上海因为护照没有办好，董亦湘先走了，因此，我在上海待了两个星期，并参加过一次商务印书馆开的支部大会。

在当时恽代英亦来过无锡，张秋人亦来过。

到我离开无锡时，支部好像是交给徐萼芳的。

关于全民所有制经济内部的财经体制问题[*]

一、体制问题在社会主义政治经济学中的地位

财经体制问题，中央和毛主席已经提出了好几年。业务部门对这个问题比较重视，主要是从解决当前的实际问题着眼来改革现行的行政管理制度。至于经济学理论工作者，一向不大重视这一问题的研究，或者仅仅把它当作一个管理制度问题。而在有些经济学者心目中，政治经济学研究经济管理制度，而且主张扩大企业职权是被当作修正主义倾向看待的。近来国外的经济刊物上也展开了关于经济体制问题的讨论，但是他们是作为一个法学问题（民法和经济法的关系问题）提出来讨论，而不是从政治经济学的角度来研究的。然而财经管理体制不仅是或主要不是法学问题，而是社会主义政治经济学中的一个重要理论问题。

因此我认为富春同志在最近一次工业交通工作座谈会上的讲话，用全民所有制经济内部的体制问题代替所有制问题，而与劳动过程（直接生产过程）中人与人的相互关系和分配关系并列，作为社会主义政治经济学所要研究的生产关系的主要方面之一。这个提法是有很大理论意义的。

所有制的变革，至少在一定阶段内终究是有一个底的。除了

---

[*] 本文是研究报告，写于1961年6月2日。

将来共产主义在全世界取得了胜利,变一国的全民所有制为全地球的全民所有制以外,我们现在还很难设想,全民所有制如何再进一步变革。但是全社会的经济管理体制却将和劳动过程(直接生产过程)中人与人的关系以及分配关系一样,会不断改进和变革。

财经体制问题既不是分配关系,也与劳动过程(直接生产过程)中的人与人的关系,即企业内部的分工协作和管理制度等问题有所区别。财经体制问题就是经营管理权问题,也就是法学家所说的所有权中的占有、使用和支配权的问题。有一位外国的法学博士认为,从太古以来,人类就懂得谁是著名的三位一体者(占有、使用和支配权),谁就是所有者。而当劳动人民掌握了政权,便截然不同了,他们以世界上从未有过的方式来建立自己的全民财产。在全民所有制之下,占有、使用和支配权是一个主体,而所有权是另一个主体。国营组织,只是根据它们的活动目的和财产的用途对固定给他们的国家财产行使占有、使用和支配之权。而这些财产的所有者是国家。

说在私有制社会中,所有权同占有、使用和支配权(经营管理权)从不分离,是不对的。马克思在《资本论》第3卷23章("利息与企业利润")中就曾经详细论述过借贷资本家和企业资本家,即所有者和经营管理者的分离问题。在旧中国,在许多地方存在过田底权和田面权的分离,所谓田底权就是所有权,田面权或永佃权就是经营管理权,田底权和田面权曾经是可以独立买卖和转让的(全民财产的所有者是国家的说法是不正确的。既然叫全民财产,那么它的所有者应该是人民——本文作者1978年11月注)。

但是这位法学博士关于全民所有制之下所有权和占有、使用、支配权分离的提法,却是给我们的命题做了间接的论证:在全民所有制之下,所有制问题到了底以后,经营管理权问题应该

关于全民所有制经济内部的财经体制问题

代替所有制的地位而成为社会主义政治经济学所要研究的生产关系三个方面中的第一个方面。

二、财经体制的核心问题是企业的经营管理权问题；大权小权的界限，管而不死、活而不乱的界限，首先是扩大再生产和简单再生产的界限

财经管理体制的中心问题是作为独立核算单位的企业的权力、责任和它们同国家的关系问题，也即是企业的经营管理权问题。至于体制中的其他问题，如中央与地方的关系、条条与块块的关系等，在企业的职权问题解决以后，是容易解决的。

社会主义经济是建立在生产资料公有制基础上的高度社会化的经济，它是由上百万的独立核算企业所组成的。每个企业都是社会化生产的一个基层单位，它们相互之间有紧密的分工协作关系。每一个企业要改变这种协作关系就会牵一发动全身，影响到成百成千的其他企业。这种关系既不像过去许多否定广义政治经济学存在的政治经济学理论家所设想的那样，是车间内部技术分工或原始共产部落和封建主庄园内部分工那样的自然经济关系，也不是受市场价值规律的自发势力调节的商品经济关系。如何处理独立核算企业之间的相互关系是社会主义经济管理中的一个重大问题。

中央和毛主席不仅很早提出了财经体制问题，同时也提出了解决这一问题的正确原则。毛主席说过，在我们国家生活的广大范围中，要造成既有集中又有民主，既有纪律又有自由，既有统一意志又有个人心情舒畅，生动活泼的那样一种政治局面。这个一般的政治原则在财经管理体制方面的具体化，就是要贯彻"大权独揽、小权分散"，"管而不死、活而不乱"的原则。在总结第一个五年计划时期和第二个五年计划的初期的经验以后，中央根

据过去中央一级财经机关管得过多、过死的缺点，提出了职权下放的问题。这几年由于财政经济工作中的职权下放多了一些，在"大跃进"中出现了一些乱的现象，所以从去年起又提出了要适当收回一些职权的问题。从实际情况出发，这完全是必要的，正确的。但是要弄明白，这是不是走回头路，是不是意味着前几年中央反对管得过多过死，主张职权下放的提法是错了？究竟什么叫"死"，什么叫"活"？什么是"大权"应该收回，什么是"小权"应该继续下放？所谓"大权""小权"是否仅仅是一个量的问题（例如多少元以上是大权，以下是小权等）？弄清楚这些问题，对实际问题的解决和防止思想混乱是很有必要的。

我认为财经体制中的"大权"和"小权""死"和"活"的界限就是扩大再生产和简单再生产的界限。属于扩大再生产范围以内的事是国家"大权"，国家必须严格管理，不管或管而不严就会乱；属于简单再生产范围以内的事是企业应该自己管的"小权"，国家多加干涉就会管死。按照马克思的概念，所谓简单再生产就是企业资金经过每一次循环，仅仅按照原有的价值量得到补偿，所谓扩大再生产就是资金经过每一次循环，不仅原有的价值量得到了补偿，而且增加了资金的数量。

例如，国家以1亿劳动小时价值量的资金办了一个企业。这1亿劳动小时的价值量不仅包括企业的房屋、设备和生产所必需的一切原材料，而且包括支付全体职工工资所需要的资金。凡是保住这1亿劳动小时价值量范围以内的事务，如房屋设备的更新，保持生产所必需的原材料和支付职工工资的钱等——这些都是企业领导和全体职工最起码的责任，也是他们年年做着的老事。在这范围以内的事应该由企业自己去办，国家不必每次重新加以审批规定。

企业资金按价值量的简单再生产，在技术不断进步，劳动生产率不断提高的情况下，在实物量方面，就必然已经是扩大再生产了。例如，上述以 1 亿劳动小时价值量资金办的一个企业，假定一个循环周期是 10 年，而 10 年内平均社会劳动生产率提高 1 倍，那么资金价值量的简单再生产，在实际上，企业的房屋、设备和原材料的数量或是效率也会相应地增加 1 倍，因而所生产的产品的实物量也将增加 1 倍，工人以同样工资所购得的生活资料也会增加 1 倍。这就是说，这个企业的生产规模实际上已经是扩大了 1 倍。但是只要在资金价值量简单再生产范围以内，这样的实物量的扩大再生产仍旧应该算是企业所管的"小权"范围以内的事。这是因为：一则保持国家所交托的资金的原有价值量同不断改进技术、提高劳动生产率，从而提高原有资金的效率是企业管理不能分割的职责；二则在全社会各行业基本上以同样速度提高劳动生产率的条件下，在资金价值量简单再生产范围以内的，实物量的扩大再生产是不至于导致整个国民经济的比例失调的，因而这范围内的职权可以完全交给企业自己处理，而不至于引起混乱。

  但是企业的责任不仅在保住原有资金的价值量，而且必须增殖价值，就是说还要替国家和社会生产利润。这利润，或者是应该用于建设新企业和扩建旧企业（价值量的扩大再生产），或者应该用于建设社会公共福利，发展科学、文教、卫生事业。这些事情都不是一个企业本身所能办和应办的事，因而企业利润应上缴给国家，这是归国家管的大权（为了对于经营好的企业给予鼓励，可以考虑把超过社会平均水平的那部分利润按一定比例分一部分给企业作为奖金）。

  我们现在实行的办法不是这样的。例如，固定资产的折旧是企业原有资金的补偿，是企业的老本而不是新创造的价值。但是按照现行制度，固定资产基本折旧基金是作为财政收入上缴的，企业只掌握一笔大修理费用。折旧率很低，因而固定资产折旧年限很长❶，这就造成了利润的虚假性。这个制度在体制问题上还有以下缺点：

第一，国家代替企业管理了企业自己应该负责通盘筹划的简单再生产范围以内的事情。事实上，现在国家每年拨给企业用以增添设备、革新技术的款项不一定少于企业每年上缴的基本折旧基金。但是企业领取这些款项，需要逐项上报请求，国家需要逐项审批拨款。这样一缴一拨，不仅增加了手续，更重要的是束缚了企业的手脚，限制了企业的主动性，使企业对于整个简单再生产范围以内的事情，特别是对于固定资产的更新，没有长远打算。据我所知，现在社会主义国家企业领导者的通病是对企业的固定资产，即对自己的老本是心中无数的。这是由于我国和所有社会主义国家所实行的，基本上都是苏联几十年来所实行的固定资金供给制。这制度就造成了固定资产，特别是设备的浪费。这种固定资产的供给制再加上国家对亏本企业的财政补贴制，在实际上，使我们的企业很难算是真正的独立核算企业。

第二，由于企业对固定资产（特别是对设备）的更新没有责任，没有通盘打算，把属于固定资产更新范围的（即简单再生产范围以内的）基本建设和大修理机械地分开，妨碍了技术进步。特别是在"大跃进"以前，对于大修理费用的使用有很多不合理的限制，如固定资产大修理不能变形增殖，等等。这是严重妨碍设备更新和技术进步的一种措施。"大跃进"中，把这个不合理制度打破了不少，今年在反对财政制度偏松倾向以后，又恢复了专款专用，大修理费不能移作基本建设的限制。现在企业中，确有不注意原有设备的维修，而过多热衷于新的基本建设的毛病。

---

❶ 在第一次世界大战以前，资本主义经济危机大致是每隔10年爆发一次，危机延长3年左右，因此整个周期，亦即是资本的更新期大致为13年。第二次世界大战后，这个周期已经缩短为5年左右。而我们现在的折旧年限，在工业企业，大概为25年，交通企业折旧年限更长。——作者

这是由许多原因造成的，而其中之一就是这个固定资产供给制。我觉得首先应该划清的是简单再生产和扩大再生产之间的界限；至于简单再生产范围的基本建设和大修理之间的界限如何划分，应郑重看待，弄得不好，又会回到老路上去。

第三，由于国家多管了原来应该由千万个独立核算企业自己操心的简单再生产范围以内的事情，结果是使自己陷于日常事务圈子里，反而放松了属于国家长远建设方面的重大规划，即扩大再生产范围以内的事情和国民经济的平衡工作。

在国家和企业的职权划清以后，中央和地方、"条条"和"块块"之间的关系问题就好解决了。凡是企业职权范围以内的"小权"，地方也不能干预，但是地方有代表国家对所有企业进行监督检查之权。企业的党务工作和群众工作则任何企业都必须归地方领导。至于中央企业和地方企业的划分，则不是根据企业资金或职工人数的多少，而是根据企业的供销关系和协作关系来划分。凡是供销协作关系在一地方范围以内的，就是地方企业，超过一个地方范围的就不是地方企业。地方企业的"大权"属地方，中央企业的"大权"属中央。我相信，在简单再生产范围以内的事归企业负责，党群工作归地方负责，资金管理又有银行从旁监督，那时中央的工业部主要就是管计划和管先进工艺技术的研究介绍，不会像现在这样陷于事务主义了。

三、物资体制是财经体制中另一个重要问题，解决这一问题的关键是要强调企业间的分工协作，强调合同制

财经体制中最使人头痛的问题是物资供销体制问题。但是只要：一则弄清楚了社会主义计划经济既不同于商品经济，又不同于自然经济的特点；二则确定了独立核算企业的职权（在简单再生产范围以内独立处理一切经济事务的职权）以后，这个问题也

就解决了一半了。这个问题的另一半就是要强调企业间的协作关系，强调合同制，划清这一方面的"大权"和"小权"、管而不死和活而不乱的界限。

我认为凡是改变原来的、传统的协作关系和供销关系，改变企业的生产方向，以及组织新办企业的供销协作关系是属于国家"大权"范围以内的事情，甚至地方行政机关也无权过问。但是在原来的协作关系、供销关系范围以内，在原来的生产方向和范围以内，企业相互间定期订立供销合同，商定供销数量和具体的品种规格是企业职权范围以内的事，国家和地方都不必过问。合同一经订立，双方必须严格遵守；如有争执，提交上级计划部门处理。按照这一原则来处理，就能做到管而不死，活而不乱。

社会主义经济是比资本主义经济更社会化更复杂化的经济，全社会中上百万个企业之间，有密切的协作关系。微小如松香、草绳这样的产品，一旦供应脱节可以使许多庞大的工业交通企业的生产和运转受到影响甚至停工。原有的传统的协作关系可能是不合理的，但是改变这种协作关系如果没有统筹安排就会引起大乱。因此，改变协作关系必须得到上级批准（改变大区间的协作关系归中央批，大区内的归中央局批，省区内的归省批）。遵守供销合同应该看作是企业对国家和对社会的莫大责任。

我们现在的情况是相反。一方面地方行政部门以致企业自身可以不征求协作对方的同意，不管对方的供销有否保证，随意改变自己的生产方向（例如，一个绝缘瓷厂改为生产耐火砖了，结果使协作单位已经生产好的汽轮机和发电机无法配套。一个缝衣针工厂的停产可以影响到全国许多人民的生活）。但是在另一方面，我们的国家计划机关和经济管理机关却以很大的精力来管理千万个独立企业原来应该直接通过合同关系自己来解决的、传统的即原有的简单再生产范围以内的相互的供销问题。被称为骡马大会的成千上万人的订货会议，所以非开不可就是由于这个

关于全民所有制经济内部的财经体制问题

缘故。

要保证企业的供销工作完全能够顺畅进行而不发生停工待料的现象，还需要建立国家和企业自身的物资储备制度。任何最科学的、精确的计划都不能把一切情况都预计到。没有必要的物资储备，就会使许多企业（它们的资金量往往比所缺乏的必要的物资储备量大不知多少倍）转入储备状态，尤其是会使最可贵的生产力，劳动力浪费掉。因此建立物资储备制度，并且根据科学计算和实际经验确定各类物资的必要的储备定额是十分重要的。没有必要的物资储备固然会影响生产的正常运转，但是储备过大又是社会资金的积压，对社会主义建设的速度也会发生不利的影响。

四、几种顾虑

对于采取上面介绍的企业管理体制和物资管理体制会有两种顾虑。

第一种顾虑是强调独立经济核算和企业间的合同关系之后，会不会滋长唯利是图的资本主义经营思想，即是企业将只生产有利可图的产品而不生产无利可图而为国家和社会所需要的产品。

我认为这种顾虑是不必要的，因为第一，大的行业方向由上级决定，传统的供销关系不经双方同意或上级批准不能变动，企业就不可能像资本家那样去投机倒把；第二，所谓有利可图有两种原因。一种是由于企业经营管理得法，不断改进技术，从而使个别劳动消耗低于社会平均必要劳动量水平，这样的利是凭企业职工的主观努力而得到的，我们非但不应限制它，而是应该鼓励它，因为这实质上就是图提高劳动生产率之利，图发展社会生产之利。另一种有利是由于价格不合理引起的。由于价格不是按照社会平均必要劳动量的科学计算来定的，价格比社会平均必要劳动量水平高的品种就有利可图，低的就无利可图，因此，只要价格定得合理，就是说价格按社会平均必要劳动量来定，就会从根本上杜绝了这种投机倒把的可能性，从而这种乱也不会发生了。关于价格形成的原则和计算劳动成本的方法等属于另一系列的专门问题，不在此展开讨论。

第二种顾虑是折旧基金归企业掌握，固定资产更新归企业负责以后，在资金管理和基本建设方面会不会乱。我认为现在基本建设方面的乱，不是乱在价值量简单再生产范围以内的原有固定资产的更新，而是乱在新企业的建设；不是乱在企业对国家交托给他们管理的全部资金具有了过多的责任，而是在于他们不具有作为一个独立核算企业的全部职权和责任；因此对于投资也好，设备材料也好，总是争的多，有着宽打窄用的心思。在折旧基金的管理方面，国家应该订立一些制度，而且通过银行对折旧基金的管理进行一定的监督。但是这种规章制度的规定，依我看来，也不宜失之过严。

五、价值、使用价值的二重性和财经体制问题

前面已经说过，在劳动生产率增长的条件下，价值量的简单再生产在实物量上，即在使用价值量上，就已经是扩大再生产了。在这里，我们可以看到，价值和使用价值不仅是不同的质，而且二者的量的动向也是不同，甚至相反的。所谓劳动生产率的发展，就是同一单位劳动时间内所生产的实物量增加了，而同一单位产品生产所费劳动量，即价值量是减少了，在国民经济综合平衡中，例如消费和积累的相互关系，生产资料和生活资料两大部类的相互关系，各经济部门之间的相互关系等，我们到处可以遇到经济问题中价值和使用价值这两个质不相同、量的动向也不相同的方面处在不可分离的矛盾统一关系中。关于从全民所有制

内部关系的角度来看问题，产品有没有价值和使用价值的两重性，在理论上是有争论的，而且最大多数的理论家是倾向于采取否定态度的。对于这一个问题，我不想在这里多谈。我只想从这角度谈一谈财经体制方面的实际问题。

价值和使用价值既然是一切经济问题的两个不可分离的方面，抓经济必须同时抓这两个方面。因为所谓经济或不经济，无非就是如恩格斯所说的劳动费用和有用效果的比较问题，劳动费用就是价值，有用效果就是使用价值，即实物量，只抓费用而不讲效果，或只贪效果而不讲费用，都是违背经济原理的。只有总路线的多快好省的提法才是全面的提法。

但是价值指标和使用价值指标各具有不同性能。价值是抽象劳动的结晶；而不同品种规格的使用价值体现着形形色色的具体劳动。具体的东西不能不抓，但多抓了就会陷于琐碎，就容易管死。我们现在的计划指标体系中，实物指标就多于价值指标（不变价格的总产值也好，净产值也好，都是表示实物量的指标），抓产品产量多于抓资金管理。很多经济学者对于社会主义经济的目的不是追求利润这一真理有一种传统的教条主义的看法。不错，我们的目的不在利润而在于物质财富的增长。但是要达到此目的，必须讲究减少费用以增加效果。因此利润还是我们达到目的的必要手段。资本家很聪明，他们为了达到他们所追求的目的——利润，很重视他们的手段，即讲究生产效果，讲究商品的品种规格（商品的质），结果他们达到了目的。我们有时做得相反，只看到自己所追求的目的——物质财富，但不讲究达到目的的手段——为国家、为社会增加利润，这样，效果就往往不如我们意想的那么好。

在财经体制上还有一个值得考虑的问题，就是管实物量指标（使用价值）为主的计划机关同管价值指标为主的财政金融机关是两个各自独立的系统。这个办法是照抄苏联的办法，但是我觉得这个体制不如我国解放初期的统一的财经委员会的体制合理。

我们对实践中这样一种现象应该加以注意：几年来计划部门和经济管理部门经常感到物资不足，实际上库存物资是在减少着，但是财政上总是年年有结余。财政账（价值量）和实物账（使用价值量）的脱节，正是反映出了管理方法上价值指标和物量指标的脱节以及管理体制上财政系统和计划系统分离的结果。

苏联40年来为什么采取了现在这样的计划机构和财政机构分裂的体制呢？这同几十年来社会主义政治经济学中自然经济论的影响是不可分开的。在20年代，主张自然经济论的一派把社会主义计划经济的生产关系看作是同车间内部的技术分工或原始共产主义社会或封建庄园内部的自给自足经济一样简单，因此他们否定社会主义政治经济学的存在。1930年，公布了列宁对布哈林的《过渡时期的经济》一书的批语以后（列宁在批语中认为共产主义社会仍有政治经济学），否定社会主义政治经济学的说法被否定了。但是这种说法的理论基础——自然经济论并没有受到批判，而且根深蒂固地影响着当前的理论和实践。这首先表现在否定劳动的两重性（具体劳动和抽象劳动）和产品的两重性（使用价值和价值）。当客观现实逼着自然经济学派要承认价值规律的存在的时候，他们又把这"价值"仅仅同不同所有制的存在，同商品的存在联系起来，而且走向另一极端，强调市场价值规律，强调价格与价值背离所引起的物质刺激作用，把计划经济的商品性过分夸大以至认为计划经济本质就是商品经济。

由于这种自然经济观点使计划指标体系偏重于实物指标，使价格（特别是内部调拨价格）与价值大相背离，因而部门间的平衡只好偏重于实物平衡，因为价值量的平衡已经不能反映真实情况。

在这种自然经济思想指导下，在财经体制上就造成财政机关和计划机关的分立。苏联财政学中的经济思想认为财政是代表商

品关系与货币关系的，没有了商品和货币，也就没有了财政。虽则在事实上，社会主义财政工作的本质在目前已经是执行马克思在《哥达纲领批判》中所说的，从社会产品中作种种扣除的机关，即是社会产品和国民收入的分配和再分配机关，与商品和货币（原来意义的货币）的本质是无关的。

在这种自然经济思想的指导下，就不注意产品的流通工作，甚至否认产品流通这个范畴的存在，认为商品才有流通，"产品流通"被看作是笑话。因此，在全民所有制内部关系上就强调物资调拨，而不强调数以万计的独立核算企业间的合同协作关系。

我们现在在研究财政体制的同时，很有必要把这种自然经济论的思想加以批判和否定。

对积累率问题的几点意见

1. 富春同志1961年计划会议报告中关于当前形势的估计和经验教训的分析非常好。我认为这是报告中最重要的部分。全党对这个问题没有统一认识,就不能同心同德克服当前的严重困难。我觉得现在在干部中间有两种思想状态值得注意:一种是对于造成当前严重困难的原因以及我们的缺点和错误的性质认识不清,因而对党的总路线动摇怀疑。但这种思想在目前一般是不暴露的。另一种思想状态是对当前紧张经济局势的严重性认识不足。后一种思想情况又分为两种性质:一种是属于脱离实际,不关心实际的死官僚主义脑筋;另一种实际上也是对党的总路线信心不足,因而不敢面对现实,不敢正视我们在实践中所遇到的困难和缺点错误。但是不论上述各种思想情况的性质如何,对于维护党的总路线和毛泽东思想,对于克服当前的严重困难都是有危害的。因此,我认为富春同志报告的第一部分和第二部分(指主要内容而不是指那些具体数字)有向全党干部,特别是财经部门实际工作者和经济理论研究工作者作广泛教育之必要。

2. 富春同志在报告中提出,去年财政收入635亿元,今年财政收入能否有350亿元尚无把握。我对这两个数字,尤其是350亿这个数字都是怀疑的。我不掌握很多的实际资料。但是第一,所谓真正的收入,应该不是指纸票子,而是指物质财富的收入。

---

* 本文是1961年8月2日作者写给李富春同志及国家计委党组的一份意见书,主要从经济建设的经验教训谈积累率问题。

从这意义来说（也只能从这意义来说），我们的财政收入原来就有很大的虚假性。因为按照我们的财政制度（实际这是照抄苏联的），不管企业是否赚钱（即不管它是否为国家增殖了物质财富），只要它在生产，照样要给国家上缴税金和利润。企业开支不出工资，没有钱进原材料就可以向银行借款。去年不仅很多中小企业赔本，很多大企业也赔本，然而它们是照样向国家缴纳了税金和利润的。

第二，即使去年的635亿元收入并不虚假，都有物质财富作保证，那么今年的财政收入有否350亿元也是靠不住的。如果说，财政收入不是指纸票子收入而是指物质财富收入，那么物质财富的生产部门主要只有两个，即农业和工业。今年的农业生产虽然可能比去年水平略高，但是由于农产品提价和农业税调整和退赔支出，国家从农业中所取得的物质财富收入，据我估计将不止降低44.9%（350亿比635亿低44.9%）。

更重要的是我们的财政收入主要来自工业而不是农业。今年工业生产估计至少要比去年减少30%~40%。在生产减少30%~40%的情况下，企业中有很多开支是很难减少的，因而工业能够不蚀本就已经不错，还要为国家提供很多财政收入是值得怀疑的。如果350亿元这个数字靠不住，而我们要照350亿元财政收入来安排财政支出和基本建设就必然会搞得很紧张，而且要降低人民生活水平。如果要维护人民今天的生活水平，那么按照350亿元财政收入来安排的支出和基建项目就会落空。

3. 我同意富春同志的说法，认为在我国条件下，如果不遇到特大天灾，不犯主观上的严重错误，国民经济的"大跃进"、高速度发展是完全可能的。问题在于前两年的速度过高，40%的积累率也过高（我怀疑前两年的积累率不止40%）。但是在会议发言中，有同志提出，正常的积累率只能像第一个五年计划时期那样，在25%左右。我认为不能笼统地说40%的积累率就一定太高，而不正常，25%的积累率就一定正常而不算多。问题在于：第一，生产增加多少，特别是收入（即国民收入或净产值）增加多少；第二，在增加收入的条件下，人民的消费水平能否有所提高。如果收入不增加，或收入增加很少，人民生活没有提高，甚至降低了，那么即使是25%的积累率也是过高的。反之，则40%的积累率也不一定就过高而不正常。

在1957年，我曾经给富春同志提供过一个资料，说明根据苏联资料的计算，积累率可以超过25%，不要被教科书上的框框限制死（因为1957年时我们的积累率已经到达25%的限度）。我至今认为这个看法还是对的。我们这几年的积累之所以过高而不正常，主要因为这几年的积累的增加是建立在虚假的收入基础上的。

总而言之，积累率是否过高，是否"正常"，不取决于积累率本身的高低，而取决于第一，国民收入（净产值）是否确实增加那么多，第二，人民生活水平是否有所改善。

4. 我相信在我们迅速克服了实际工作中的缺点和错误之后，我们在下一个五年计划期间就能够达到较高的积累率。但是要做到这一点，必须注意两点：

第一，不要以为我们只有回到第一个五年计划去才是唯一正确的道路。

第二，我们要敢于正视我们实际工作中的缺点和错误的严重性，而在这些缺点和错误之中，很不小的一个就是财政平衡和实物平衡的脱节，就是财政收入的浮夸虚假。我们的基本建设为什么不能像毛主席屡次谆谆教导的那样，按照留有余地的原则安排呢，关键就在于财政收入的浮夸虚假。

我这样说，丝毫也没有对我们的财政工作同志和计划工作同志做过多责备的意思。这些缺点都与我们的财经体制和计划体制（包括指标体系）有关，而我们的财经体制和计划体制是照抄自

对积累率问题的几点意见

苏联的。我们不要以为现在的毛病都与"大跃进"本身有关。财政收入的浮夸虚假，财政平衡和实物平衡的脱节在我们第一个五年计划时期就存在的。不过那时候，发展速度没有那么快，因而矛盾不那么突出尖锐罢了。又如苏联是不讲"大跃进"的，他们的速度很"稳"，但是这些问题，他们那里照样存在着。几天以前，《真理报》上发表了苏联建设银行副主席的一篇文章，内容也是说基本建设战线过长、建筑项目过多、物资分散使用，妨碍工程如期完成，妨碍了建设速度，等等。可见不是"大跃进"高速度产生了这些问题，而是别的问题（其中重要的一个，就是体制问题），拖住了"大跃进"的后腿。而苏联和所有社会主义国家所以采取这样的体制是与几十年来社会主义政治经济学中自然经济论思想有关的。

5. 富春同志曾经希望这次计划会议多务些虚。我因为北戴河住宿有困难，在听了报告之后就回了机关，没有听到大会的讨论。但是从会议简报看来，讨论中还是务实多，务虚少。有的小组对于"是财政问题还是计划安排问题"的讨论中，有人认为是"财政限制过死，各省无机动，许多事情不好办"。我不同意这种说法。财政体制和计划体制上的问题是分不开的。二者都有限制过死的方面和放松过多的方面。总的来说，是由于我们没有把"大权"和"小权"、扩大再生产和简单再生产的界限划清的缘故。但是，我认为如果要把财政管理和计划安排中的实物平衡分开来说的话，那么财政管理是放松过多了，财政收入上的虚假性的来源一部分也是由于此。在计划会议上，大家很可能对财政收入的落实问题关心得少，对于财政收入的分配问题比较关心得多，这是要加以注意的。

关于积累和消费比例安排的报告

富春同志的报告，我已经根据你们的指示，向经济研究所处级以上干部做了传达，并且组织了学习。现在把我个人的一些体会和意见说一说，请批评指正。

1. 富春同志报告中关于当前形势的估计和经验教训的分析非常好。我认为这是报告中最重要的部分。全党对这个问题没有统一认识，就不能同心同德克服当前的严重困难。我觉得现在在干部中间有两种思想状态值得注意：一种是对于造成当前严重困难的原因以及我们的缺点和错误的性质认识不清，因而对党的总路线动摇怀疑。但这种思想在目前一般是不暴露的。另一种思想状态是对当前紧张经济局势的严重性认识不足。后一种思想又分为两种性质，一种是属于脱离实际、不关心实际的死官僚主义脑筋；另一种，实际上也是对党的总路线信心不足，因而不敢面对现实，不敢正视我们在实践中所遇到的困难和缺点错误。但是不论上述各种思想性质如何，对于维护党的总路线和毛泽东思想，对于克服当前的严重困难都是有危害的。因此，我认为富春同志报告的第一部分和第二部分（指主要内容而不是指那些具有机密性的具体数字）有向全党干部，特别是财经部门实际工作者和经济理论研究工作者做广泛教育之必要。

2. 富春同志在报告中提出，去年财政收入 635 亿元，今年财

---

* 这是作者于 1961 年 8 月 2 日写给李富春等同志并国家计委党组的一份内部研究报告。

政收入能否有350亿元，尚无把握，我对这两个数字，尤其是350亿，都是怀疑的。我不掌握很多的实际资料。但是第一，所谓真正的收入，应该不是指纸票子，而是指物质财富的收入。从这意义来说（也只能从这意义来说），我们的财政收入原来就有很大的虚假性。因为按照我们的财政制度（实际这是照抄苏联的），不管企业是否赚钱（即不管它是否为国家增值了物质财富），只要它在生产，照样要给国家上缴税收、利润（企业开支不出工资，没有钱进原材料就可以向银行借款）。去年不仅很多中小企业赔本，很多大企业也赔本，然而他们是照样向国家缴纳了税和利润的。（此事很值得研究——富春）

第二，即使去年的635亿元收入并不虚假，都有物质财富做保证，那么今年的财政收入有否350亿元也是靠不住的。如果说，财政收入不是指纸票子收入而是指物质财富收入，那么物质财富的生产部门主要只有两个，即农业和工业。今年的农业生产虽然可能比去年水平略高，但是由于农产品提价和农业税调整和退赔支出，国家从农业中所取得的物质财富收入，据我估计将不止降低44.9%（350亿比635亿低44.9%）。

更重要的是我们的财政收入主要来自工业而不是农业。今年工业生产估计至少要比去年减少30%～40%。在生产减少30%～40%的情况下，企业中有很多开支是很难减少的，因而工业能够不蚀本就已经不错，还要为国家提供很多财政收入是值得怀疑的。如果350亿这个数字靠不住，而我们要照350亿财政收入来安排财政支出和基本建设就必然会搞得很紧张（今年基建70亿元也值得研究——富春）。而且要降低人民生活水平，如果要维持人民今天的生活水平，那么按照350亿财政收入来安排的支出和基建项目就会落空。

3. 我同意富春同志的说法，认为在我国现有的条件下，如果不遇到特大天灾，不犯主观上的严重错误，国民经济的"大跃进"、高速度发展是完全可能的。问题在于前两年的速度过快，40%的积累率也过高（我怀疑前两年的积累率不止40%）。但是在会议发言中，有同志提出，正常的积累率只能像第一个五年计划时期那样，在25%左右。我认为不能笼统地说40%的积累率就一定太高，而不正常；25%的积累率就一定正常，而不算多。问题在于：第一，生产增加多少，特别是收入（即国民收入或净产值）增加多少；第二，在增加收入的条件下，人民的消费水平能否有所提高。如果收入不增加，或收入增加很少，人民生活没有提高，甚至降低了，那么即使是25%的积累率也是过高的。反之，则40%的积累率也不一定就过高而不正常。

1957年，我曾经给富春同志提供过一个资料，说明根据苏联资料的计算，积累率可以超过25%，不要被教科书上的框框限制死（因为1957年时我们的积累率已经到达25%的限度）。我至今认为这个看法还是对的。我们这几年的积累率之所以过高而不正常，主要因为这几年积累的增加是建立在虚假收入的基础上。

我算了一笔账（详见附表），假定以消费占国民收入的80%，积累占国民收入20%作为起点。在工业的净收入每年平均增加25%，农业的净收入每年平均增加5%，消费基金每年平均也增加5%的条件下，把每年增加的净收入的余下部分全部用于积累，那么经过一个五年计划之后，消费基金总额可以增加27.5%；如果假定人口每年平均增加2%，那么除去人口增加因素之外，全体人民的消费水平每年仍能增加2.94%，在一个五年计划之内仍能增加15.5%。但在这样条件下，积累率将能从20%增加到52.8%。

从现在的观念来看，52.8%的积累率的确是惊人的，但是现在消费基金增加27.5%，平均消费水平增加15.5%的条件下，这样的积累率是不用害怕的，人民在生活逐年略有改善的情况下不会反对这样的积累率。反之，在农业净收入每年平均只能增加

5%的条件下，消费基金增长速度再要提高，积累基金再要下降，反而会造成市场紧张局面。因为在粮食未过关、人民生活水平很低的条件下，增加消费基金，首先就意味着增加了对农产品的需求，而在农产品的年平均增加速度只有5%的条件下，对农产品的需求增加速度超过5%就会造成供求不平衡（除非出口生产资料换回消费品）。

总而言之，积累率是否过高，是否"正常"，不决定于积累率本身的高低，而决定于两点：第一，国民收入（净产值）是否确实增加那么多；第二，人民生活水平是否有所改善。

4. 我相信在我们迅速克服了实际工作中的缺点和错误之后，我们在八年计划期间就能够达到甚至超过40%的积累率。但是要做到这一点，必须注意两点：

第一，不要以为我们只有回到第一个五年计划才是唯一正确的道路，不要把三年"大跃进"中的所有东西都否定了，而高速度的经济发展和高速度的积累是"大跃进"时期许多好经验中重要的一个。

第二，我们要敢于正视我们实际工作中的缺点和错误的严重性，而在这些缺点和错误之中，很不小的一个就是财政平衡和实物平衡的脱节，就是财政收入的浮夸虚假。我们的基本建设为什么不能像主席屡次谆谆教导的那样，按照留有余地的原则安排呢？关键就在于财政收入的浮夸虚假。

我这样说，丝毫也没有意思对我们的财政工作同志和计划工作同志做过多的责备。这些缺点都与我们的财经体制和计划体制（包括指标体系）有关，而我们的财经体制和计划体制是照抄自苏联的。我们不要以为现在的毛病都与"大跃进"本身有关。财政收入的浮夸虚假，财政平衡和实物平衡的脱节在我们第一个五年计划时期就存在。不过那时候，发展速度没有那么快，因而矛盾不那么突出尖锐罢了。又如苏联是不讲"大跃进"的，他们的速度很"稳",但是这些问题,他们那里照样存在着。几天以前,《真理报》上发表了苏联建设银行副主席的一篇文章,内容也是喊基本建设战线过长,建筑项目过多,物资分散使用,妨碍工程如期完成,妨碍了建设速度等。可见不是"大跃进"高速度产生了这些问题,而是别的问题(其中重要的一个就是体制问题)拖了"大跃进"的后腿。而苏联和所有社会主义国家之所以采取这样的体制是与几十年来社会主义政治经济学中自然经济论思想有关的。

5. 富春同志曾经希望这次计划会议多务些虚。我因为北戴河住宿有困难,在听了报告之后就回机关,没有听到大会的讨论。

关于积累和消费比例安排的报告

但是从会议简报看来,讨论中还是务实多,务虚少。在第28期简报中看到中南小组对于"是财政问题还是计划安排问题"进行了讨论。有人认为是"财政限制过死,各省无机动,许多事情不好办"。我不同意这种说法。财政体制和计划体制上的问题是分不开的。二者都有限制过死和放松过多的方面。总的说来,是由于我们没有把大权和小权、扩大再生产和简单再生产的界线划清的缘故。关于这问题,我在上月初给你们的关于体制问题的意见中已经提到,不再重复。但是,我认为如果要把财政管理和计划安排中的实物平衡分开来说的话,那么财政管理是放松过多了,财政收入上的虚假性的来源一部分也是由此。在计划会议上,大家很可能对财政收入的落实问题关心得少,对于财政收入的分配问题关心得比较多,这是要加以注意的。我看到会议简报上富春同志的报告摘要已经把明年投资额从口头报告时所说的40亿至50亿元改为60亿至70亿元了。很可能我对于明年财政收入的估计是过分悲观了。请给予批评指正,并请原谅我写得如此啰唆累赘。

1961年8月2日

附 表

假定基础期的工农业国民收入比重相等,消费所占比重为80%,积累比重为20%,那么在工业国民收入平均每年增加25%,农业国民收入平均每年增加5%,人口自然增长率为2%,消费基金每年增加5%,消费水平每年平均增加2.94%的条件下,在一个五年计划期间,消费基金、消费水平以及积累和消费在国民收入中所占比重变化见下表。

	生产			分配				消费基金增长(%)	消费水平增长(%)
	工业(亿元)	农业(亿元)	合计(亿元)	消费		积累			
				绝对量(亿)	比重(%)	绝对量(亿)	比重(%)		
基础期	50	50	100	80	80	20	20		
第一年	62.5	52.5	115	84	73.04	31	26.96	5	2.94
第二年	78.1	55.1	133.2	88.2	66.2	45	33.8	10.25	5.96
第三年	97.6	57.9	155.5	92.6	59.55	62.9	40.45	15.75	9.08
第四年	122	60.8	182.8	97.2	53.2	85.6	46.8	21.5	12.21
第五年	152.5	63.8	216.3	102.1	47.2	114.2	52.8	27.5	15.5

关于编写社会主义经济论有关问题的一封信

伯达同志：

送"社会主义经济论"初稿的讨论意见和二稿的初步设想一册，请审阅。今年年初，你曾经要我们把我们编写的社会主义政治经济学初稿送审阅。那时，我们自己对各执笔人写出的初稿也还没有看过，油印字迹模糊，所以未曾给你送去。

现在给你送去的这个初稿讨论意见和二稿初步设想，对我们的初稿的面貌和我们今后改写的计划作了一个大概的介绍。我们希望你能够帮助我们翻一遍，并且给我们一些指示。如果你觉得还需要看看我们的原稿分组分篇审改后重新打印的约一百几十万字，请即告知，我们就给你送去。

我们懂得，要写出一本社会主义政治经济学是很不容易的。我们一开头，就决心至少用五年的工夫来探索。因此，这个初步设想与其说是我们的写书提纲，毋宁说是我们学习和研究的提纲。我们充分知道我们所面临的任务是艰巨的。中宣部和学部有些同志劝告诉过我们，实践中尚未解决的问题，理论研究工作者不要妄图去解释以至解决。我也相信，社会主义政治经济学中许多重大理论问题要靠党中央来解决，但是我们如果现在不去探索，那么即使在中央解决了这些问题之后，我们也不懂得如何去

---

* 孙冶方写于 1961 年 8 月 18 日。标题为编者后加。

解释。我们即使为了跟得上党的步伐，也必须在现在就密切注意当前社会主义建设中的一些重大理论问题。

虽然我们把自己写的初稿全部推翻了，但是我们通过这次初稿的编写，不仅让参加编写的同志考试了一遍，知道了自己的水平的确很差。因而对进一步的学习研究提出了较具体的提纲，而且我们在摸索中也提出了一些问题。例如，《资本论》的体系和方法是否适合社会主义政治经济学，全民所有制内部生产关系有没有流通过程，等等。

我们的初稿是遵照你的指示，按生产过程、流通过程、总过程的顺序写的。（我个人以及所内不少同志也一向认为应该如此写）。但是在写作过程中，有些同志感觉到在社会主义社会中，只有在商品关系的范围内，才有流通过程，从全民所有制内部关系的角度来说，就没有流通问题，而只有调拨问题。同志们对这个问题的提法使我联想起30多年前在莫斯科学政治经济学时以及后来做课堂翻译时，几乎所有政治经济学教员关于社会主义成熟阶段生产关系性质所作的解说。他们把这个关系看作是工厂车间内部的关系一样，或是比之于原始共产社会和封建庄园经济的内部关系（即"自然经济"关系）一样"简单明了"的。

三十年代广义经济学、狭义经济学的论争中，反对社会主义政治经济学的一派就是从上述"自然经济论"出发的。列宁的对布哈林的过渡时期经济学的批判语发表以后，大家一致承认社会主义政治经济学存在的必要了。但是实际上大多数经济学家仍然是从自然经济的角度来看社会主义计划经济的内部关系的。他们不仅把劳动的两重性、产品的两重性与商品联系起来，甚至把经济核算、成本、利润、流通等范畴也与商品联系起来的。他们认为到了只有一个全民所有制的时候，不仅没有价值、利润，也没有核算、成本等概念了（苏共纲领草案就是如是写的）。就在我们写书的时候，苏联"共产党人"杂志就发表了一篇文章，认为商品不再是商品，而仅是产品的时候就没有流通，"产品流通"是不通的。我们现在的全民所有制内部的物资调拨关系（不是等价交换的流通关系）就是根据这种自然经济思想建立的。因此，我认为无论从经济学理论角度，还是从财经管理体制（特别是物资供应体制）的实际工作角度，社会主义经济有无流通，如何流通是必须加以研究的问题。

总之，在过去一年编写社会主义政治经济学的探索过程中，我们遇到一连串的理论问题和方法问题，很希望你和理论小组在看了我们的"初稿讨论意见和二稿初步设想"以后，能听取我们一次汇报并给我们一些指示。

敬礼！

8月18日

关于在理论刊物上发表论述资本主义国家或民族主义国家有关经济问题的文章的请示报告[*]

陈毅同志并报哲学社会科学部分党组、中央宣传部：

最近，陈翰笙同志告诉我们，一周前，他曾向您谈起他对所写《印度农村阶级》一文没有能够发表的意见，并说，您曾指示：学术讨论的文章，可以发表，必要的官方数字可以引用，现在特将对陈翰笙同志所写文章的处理经过以及有关涉外文章发表时的掌握原则汇报并请示如下。

翰笙同志的文章是在今年1月寄给我所主办的《经济研究》杂志的。文章的中心论点是，指出印度尼赫鲁政府进行的"土地改革"，最大利益属于大地主。并指出，封建地主仍然是当前印度社会最反动的阶级；同时文中提到当前印度农村中在经济上、政治上占优势的已是新兴的农村资产阶级。他们是由经营地主和富农构成的。文章的很大篇幅是从历史上分析了印度农村各阶级的发展和变化。

《经济研究》编辑部为了慎重处理，当时曾将原稿打印后，送请中联部熊复同志等审阅，熊复同志指示：这篇文章对印度土地问题的分析和结论，是从印共1958年关于农村问题的决议出发

---

[*] 标题为编者后加。

的，这个问题在印度共产党内有不同意见。熊复同志认为：从理论上和实践上说，认为印度当前农村的主要问题也不再是农民和地主阶级之间的矛盾，而是雇农和农村资产阶级之间的矛盾。这个结论对印度革命具有头等重要的意义，而这个看法是否正确值得怀疑。由于文章涉及印度革命的根本问题和印共的政策及其党内分歧，因此提出不宜发表。此后，编辑部曾将熊复同志的意见转告翰笙同志，翰笙同志即对原稿做了修改，删除了文章中涉及农业资本主义化程度问题的有关部分。熊复同志对修改稿再次审阅后指出，文章既然修改，政治上已无害处。但印度农村经过尼赫鲁的所谓"土地改革"，情况变得极为复杂。文章引用的材料有一些根据官方统计，还值得研究；有一些分析也还需要深入一步；因此，建议翰笙同志继续深入研究这个问题。文章暂不要忙于发表，编辑部遵照熊复同志指示的精神，也就没有发表这篇文章。

最近，翰笙同志向我们提到这件事情后，我们又重新考虑了这个问题。感到今后在经济理论刊物上公开发表论述资本主义国家或民族主义国家有关经济问题的文章，还需要进一步明确一些掌握的原则，以利于划清政治问题和学术问题的界限，积极开展百家争鸣。我的意见是：

第一，凡是涉及兄弟党内部有争论的问题，特别是关系这些国家革命的根本问题，如果发表文章将影响我党同兄弟党的关系的，只能内部研究，不宜在刊物上公开发表文章进行讨论。

第二，除此之外，对这些国家的经济问题从理论上进行学术探讨。以至发表不同意见，是可以允许的。历史性和资料性的文章，更可以发表（翰笙同志的文章经修改后，属于这一类）。

第三，分析资本主义国家的经济问题，运用资料应当有所选择。但在必要情况下，引用资产阶级政府官方的某些统计资料，只要有分析、有批判，也是可以允许的。

我的这些想法是否妥当，请指示。

此致

敬礼！

孙冶方

1961 年 8 月 22 日

附　转抄陈毅同志的批示[*]

  关于在理论刊物上发表论述资本主义国家或民族主义国家有关经济问题的文章，经济研究所孙冶方同志曾就这个问题于 1961 年 8 月 22 日提出三点意见请示陈毅同志，现经陈毅同志于 8 月 29 日批示同意。现将批示及原报告抄送给你们，供参考。

  附：陈毅同志的批示及孙冶方同志的请示报告

中国科学院哲学社会科学部分党组

1961 年 9 月 13 日

陈毅同志批示：

"同意，八月廿九日"

---

[*]《孙冶方同志关于在理论刊物上发表论述资本主义或民族主义国家有关经济问题文章的请示报告》全文同本文的前面部分，此处省略。——编者注

就"以最少费用取得最大效果"问题研究给秦柳方等的信[*]

柳方同志并请转斐文、江冬、尚清诸同志：

柳方同志两次来信，江冬、尚清诸同志前后各来一封信均收到。柳方同志来信提及的今冬三个研究题目中，社会主义再生产一题内容是很明确的。经济效果和经济核算两个题目如果是独立地来看也没有问题，但是如果两个题目并立地提出，似乎是经济核算以外还有独立的经济效果，或者离开了有用效果来谈经济核算，那就不仅很费解，而且容易发生误解。柳方同志最初来信提及此事还没有引起我十分注意，后来江冬同志第一次来信（给赵效民同志的）也把两个问题同时独立地提出，她第二次来信（也是给赵效民的）更具体地说明，经济核算一题归工业组负责研究，经济效果归财金贸组研究。这样就更使我对这两个题目疑惑不解了。据在这里的同志们猜想，经济效果可能是指使用价值，指产品的质量，如一双鞋子的质量好，可抵三双用，反之，三双只能抵一双用等；至于经济核算则指成本或费用的降低，指价值云云。不知道同志们的猜想是否合乎你们所指的内容。如果确是如此，那么我认为这两个题目交给两个组研究，而且如此割裂开来研究是不好的。如果离开了效果来谈费用，那么费用越少越好，

---

[*] 标题为编者后加。

只有大洋群最合算。如果离开了费用（经济核算）光谈"效果"，那么在过去我们已经见过了不惜工本追求产量，现在我们也在这里听到了不惜工本追求质量的事例，把产品当作艺术品做了。如果一双鞋子由于质量改善抵上三双穿，但是成本仍是过去一双的成本，或虽高于过去一双的成本，但仍低于过去三双的成本，则不仅是有用效果增加了，而且也更合乎经济核算的。如果说，以过去六双的成本来改善鞋子质量，使一双达到三双的效果，则依我这个算账派的观点，宁可不要有这样的"效果"，因为最不会算账的人也宁可花六倍成本取得六双低"效果"的鞋子，不愿花了六倍成本去取得一双只抵三双用的高"效果"的鞋子。总之，依我看来，费用和效果必须在相互比较中看经济效果的高低或经济核算的高低。

  恩格斯在他的第一篇经济论文中就说过价值是费用和有用效果（或译作"效用性"也可）的关系，而资产阶级经济学者却想"强制地"但是"徒劳地"把以上两个因素（费用和效果）分裂开来。苏联经济学者说恩格斯写此论文时还是人道主义者而不是地道的马克思主义者。几个月前的《经济学》副刊上还发表了一篇文章如此污蔑恩格斯。可是恩格斯自己都并不以为他这见解是人道主义者的见解，他在四十年之后，还在《反杜林论》中特别指出，他这见解在马克思写了《资本论》后已经得到充分论证。因此，我们切勿再"强制地""徒劳地"把经济核算（费用）和效果分开来研究。

  但愿我们对这两个题目的理解是无根据地猜想错了。

  但有一点，请千万注意，不要让这些题目的研究妨碍了你们两个组的原有任务的完成。结合得好，则不论经济核算也好，经济效果也好（如果不是"强制地""徒劳地"分开而且对立地提问题），都可以研究，因为不论"工企管理"或流通篇都有经济核算问题，都有以最少费用取得最大效果的问题的研究题目在内的。

敬礼！

孙冶方
1961年10月11日

就『以最少费用取得最大效果』问题研究给秦柳方等的信

关于社会主义政治经济学若干理论问题[*]

早就知道上海学术界的讨论比北京活跃，很想来参加，这次到上海来调查，是一个很好的机会。但这里的负责同志要我做一个报告，做报告不敢当，感想倒是有一点。到上海来了两个月，参加了一些调查工作，接触到一些问题。因此，这里能谈的，也就是一些问题的感想，扯到哪里就哪里，信口开河，作为同志们批判的对立面。

一、我们的感想的楔子

我的感想是从恩格斯一段话开始的，这似乎有些教条，历史学方面有对曹操等历史人物翻案，我也想对恩格斯这段话做做翻案文章，不过说"翻案"也许不太妥当。恩格斯在23岁时（1843年）有了第一篇文章——《政治经济学批判大纲》，在这篇文章中，恩格斯说："价值是生产费用对效用的关系。价值首先是用来解决某种物品是否应该生产的问题，即这种物品的效用是否能抵偿生产费用的问题。只有这个问题解决之后才谈得上运用价值来进行交换的问题。"（《马克思全集》第一卷P605）恩格斯这段话指价值是解决生产费用与物品效用的关系问题，价值能否抵偿费用，解决了这个问题，才谈得上商品比价交换、市场问

---

[*] 本文是作者1961年在上海调查期间，应上海经济学会邀请于10月17日下午，在南昌路科学会堂所作报告。

题。所以价值首先是生产的问题，值得不值得生产，然后再研究效用的问题，在商品关系中，没有它是不行的。现在往往倒过来，把价值只当作交换的问题。在这篇文章中，恩格斯还指出："在私有制消灭之后，……价值这个概念实际上就越来越只用于解决生产的问题，而这也是它真正的活动范围。"（P65）有些人认为这是恩格斯年轻时写的，当时还不成熟，不足为训。

今年6月19日光明日报刊载了石再同志介绍恩格斯的《政治经济学批判大纲》的文章，文章指出："在价值论上，恩格斯反对李嘉图与萨伊的学说。但是这时科学的劳动价值论还没有建立起来，所以恩格斯认为'价值是生产费用对效用的关系。'竞争使价格脱离价值而波动，因而就不可能基于道德准则的交换。后来，恩格斯抛弃了这一观点，与马克思一道创立了严格的科学的价值学说。"

我的感触是要替恩格斯这篇文章翻案。因为我翻了这本书，并没有看到恩格斯有什么道德观，恩格斯只是说重商主义学说公开主张商业上的欺骗，重商主义等于天主教公开的赤裸裸的不道德。亚当·斯密主张自由贸易，不是那么赤裸裸的（较隐蔽些），这里我认为恩格斯只是说资产阶级的虚伪。而石再同志认为恩格斯开始是建立在道德观点上，是不科学的，后来与马克思一起才建立了科学的价值论，这个帽子似乎太大。当然恩格斯不是天生就是完全的马列主义者。马克思主义是发展的，但作者认为恩格斯的价值论是建筑在道德论的基础上，竞争基础上，这是不能同意的。恩格斯在40年后，在他的著作《反杜林论》中讲到价值时，也提到费用与效果的关系，并且还加上一个注，指出"在制定生产计划时，上述有用效果和劳动花费的比较正是应用于政治经济学的价值概念，在共产主义社会所能遗留的全部东西。我在1844年时已说过，可是读者可以看到这个见解只有《资本论》出版后，才能真正理解。"（见《反杜林论》第527页）所以恩格斯并没有认为自己以前是错了，而且在他晚年时还没有放弃这个想法，他提出了，但没有科学的论证，马克思替他论证。这就是我感想的楔子。我把这个问题提出来和在座同志商榷。其实他这个论点也并非新的，在以前早就有了。这种观点就出在这篇文章的附注中，注中指出：《政治经济学批判大纲》是弗·恩格斯的第一篇经济学著作，在这一著作中，恩格斯用社会主义的观点研究了资产阶级社会的经济制度和资产阶级政治经济学的基本范畴。马克思后来对恩格斯的这一著作给予了极高的评价，称它为"批判经济学范畴的天才大纲"（见《〈政治经济学批判〉序言》，1859年）。这一著作证明恩格斯已彻底从唯心主义转向唯物主义，从革命民主主义转向共产主义，但是他还没有完全摆脱伦理的"哲学的"共产主义的影响。很多地方恩格斯还是根据一般人类的道德和人道的抽象原则来批判资产阶级社会。（见《马克思恩格斯全集》第一卷第178页）

理论界在对恩格斯这句话的认识上有分歧，因而有不同的观点和争论，恩格斯当时讲这句话是针对李嘉图和萨伊的争论，现在对价值问题的争论都与此有关。下面就要谈谈生产费用与效果、经济核算与经济效果的问题。

二、生产费用与效果，经济核算与经济效果是一回事还是两回事

什么是社会必要劳动？什么叫社会？什么叫必要？必要是指什么？我们说，这个杯子的必要劳动是30分钟，为什么30分钟是必要的，35分钟就不是必要的，"必要"是对什么而言的呢？离开了物品的使用价值，能不能谈必要劳动呢？杯子上刻上花可能要3小时，这才是形而上学。"必要"是对一个具体的使用价值而言，这不是生产费用与效用的关系，又是什么呢？恩格斯当

时的文章也是感想性的，是为了批判当时经济学家萨伊和李嘉图关于价值概念的争论。李嘉图认为价值是由生产费用决定而不是效用决定，萨伊认为物品的价值由效用决定。恩格斯说："这个争论从本世纪初就开始，后来就不了了之。"（P603）恩格斯批判他们谈的抽象的价值是竞争和市场等问题抽掉，他说一旦竞争被放在一边，也就是没有任何保证使生产者恰恰按照他的生产费用来出卖商品，难道经济学家连这一点都没有想到吗？多么混乱呀！（P604）他又指出："假若某人花了大量的劳动和费用制造了一种谁也不要的毫无用处的东西，难道这个东西的价值也要按照生产费用来计算吗？"经济学家回答说，绝没有这样的事，谁愿意买这种东西呢？于是我们立刻不仅碰到了萨伊的臭名远扬的效用论，而且还碰到了随着"购买"而来竞争。（P604）同时，恩格斯在分析萨伊的效用论时，又指出："根据这种理论，生活必需品较之侈奢品该具有更大的价值。"（P604）归根到底，恩格斯认为效用离不开费用，离不开竞争，什么都不能抽象。"不管愿意不愿意，在这里对立的一面就要转化为对立的另一面。""让我们设法来澄清这种混乱吧！物品的价值包含两个要素，争论的双方却硬要把两个要素分开，但是不为我们所看到的，双方都毫无结果。价值是生产费用对效用的关系。……如果两种物品的生产费用相等，那么效用就是确定他们的比较价值的决定性因素！"（P605）

关于社会主义政治经济学若干理论问题

我是崇拜恩格斯的，我认为价值，时刻在共产主义第一阶段，它首先用来解决生产问题，这个范畴是生产费用与效用的关系。为此，把经济核算与经济效果作为两个范畴公开来提是不妥当的，现在理论工作和实际工作中都存在着把生产费用与效用分割开来的情况。据说所谓经济核算就是讲效果。一般来讲经济核算是指算细账，算成本，如果说"现在的事不讲效果，三双鞋子抵不上一双用"，这就是指经济效果。我们就从鞋子说起吧！研究经济效果，就是如何改良物品的质，做一双鞋抵得上三双鞋的效用。怎样使一双鞋抵三双鞋用，这是纯技术性问题，为什么要经济学来研究呢？当然经济学并不是要研究这些技术问题，我们要研究的是："一双鞋子抵三双用，但费用要低于三双或大于一双。"把效用与费用联系起来，就是经济学所要研究的问题。有人认为政治经济学不要研究这个问题，我的想法则不同，生产费用与效用的关系问题正是我们经济学要研究的问题，这不仅是一个理论问题，而且是现实问题！

八字方针提出后，反对不计工本，不计盈亏，盲目追求数量。不计工本，不计盈亏，盲目追求数量就是将费用与效果分离开来，据说现在又出现另一种情况，不计工本，追求质量，把工业品当作工艺品那样来做，同志们应该承认这个问题有实际意义了吧，把这个问题提到理论上，那就是对价值范围的提法问题，几十年来理论界把社会必要劳动量作为价值概念的全部内容，我是不感兴趣的。

离开了效果与费用是不行的！反过来只讲效果不讲费用也不行。曾有一度只讲费用越省越好，不讲效果，经济核算规定了许多制度，经济核算为节约而节约，却不是为了生产。这样必然会对我们大、中、小结合的看法有所抵触。因为大、中、小是具备一定的产量、一定的需要、一定的效果来谈的。我们还要生产一些费用大一点的，费用和效果与当时当地生产水平、社会需要有关，以最小费用取得最大经济效果，不是一个技术问题，而是社会主义建设总路线问题。只讲费用不讲效果是违反总路线的问题，其根源还在于我们经济学界把费用与效果截然分开，甚至把恩格斯的观点列入什么人道主义。以最小费用取得最大的效果，不仅仅是技术问题，它要通过两方面进行。一方面要工程技术人员努力，在这方面我们的职工同志已尽了很大的努力，但要多快好省地建设社会主义单靠他们不行；另一方面还要改善上层建筑、生产关系以促进生产力的发展。对于政治经济学的对象，我也有兴趣。现在我的同行中对生产力有人像瘟神一样地怕它，我不理解为什么。基本矛盾离开了生产力□□，谁是"矛"呢？政治经济学的任务就在于通过分析客观经济过程，揭发矛盾，从而改进生产关系、上层建筑以促进生产力的发展，要处处不忘记政治经济学的目的是以最小费用取得最大效果，多快好省地为建设社会主义服务。归根到底是不断提高劳动生产率。列宁指出："劳动生产率归根到底是保证新社会制度胜利的最主要、最主要的东西。"我们的提法是多快好省地建设社会主义。这难道不是以最小费用取得最大效果吗？这个提法不在于它是否技术问题，而是要我们从不同角度达到以最小费用取得最大效果。

最近解放日报有篇经济核算的社论，它给了我很大的启发。毛主席指出："一个工厂内行政工作、党支部工作与职工会工作，必须统一于共同目标之下，这个共同目标，就是以尽可能节省的成本（原料、工具及其他开支）创造尽可能多与尽可能好的产品，并在尽可能快与尽可能有利的条件下推销出去。这个成本少、产品好、推销快的任务是行政、支部、工会三方面三位一体的共同任务，各顾各地把三方面工作分裂起来的做法，是完全错误的。"（毛泽东《经济问题与财政问题》1948年11月版第94—95页）我想，它既然是我们的共同奋斗目标，为什么我们政治经济学就不能研究呢？问题是从哪方面来研究，我们就是不断改进生产关系、上层建筑来适应生产力的不断发展。

三、社会主义社会的劳动与产品是否有两重性

产品有无价值和使用价值，劳动有无具体劳动与抽象劳动的两重性，现在争论的人不多了。几十年来流行着一种说法是：社会主义条件下只有具体劳动没有抽象劳动，只有使用价值没有价

值。说是社会主义不能讲一般、只能讲特殊。从哲学的观点看，只有个别没有一般，只有具体没有抽象是不可想象的，而经济学家却认为社会主义没有劳动一般，奇怪的是此观点也被哲学家所"证明"在经济领域是特殊的，可以成立。人类劳动没有共性是形而上学观点，经济学上多年来的弯路就是形而上学观点在作祟。目前经济的观点也是从此而来。

这个问题不仅在理论上，而且在实践上也有重要的意义。如果社会主义的劳动只有具体劳动没有抽象劳动，那么，不同企业的劳动就不能比较，社会主义的经济总体就不存在，就谈不上以最少劳动争取最大效果问题，马克思在《经济学手稿导言》第三章"政治经济学方法论"中说："亚当·斯密的巨大成就就在于他否定了创造财富的任何规定性。在他那儿简单地就是劳动，不是手工工坊劳动、商业劳动，也不是农业劳动，而既是这一种又是另一种与创造财富的那种活动的抽象的共性相联系着。同样也承认了被规定为财富的那种对象物的共性。这就是产品一般或劳动一般，然而这又是过去物化了的劳动。这一种过渡是多么艰巨、多么伟大。从这一点看到亚当·斯密还要走到重农学派的老路上去。"（《马克思恩格斯全集》12卷 P754）

不承认劳动一般，怎样把社会主义看作是比资本主义更进一步的社会的主体，在分工、协作上比资本主义更复杂呢？如果没有劳动一般、没有交换、不承认劳动共性，如何比较各种部门各个生产者的劳动？又如何进行劳动竞赛呢？又如何算人账、算政治账呢？过去对共性就有点像害怕瘟疫一样。当然只承认劳动一般、不承认劳动的具体性是不对的。但否认劳动的共性，就会否认价值、价格利润、地租等一系列经济范畴的存在。因此就要承认劳动两重性。以前对社会主义企业的生产不为利润的看法，我认为是大大的曲解。

自斯大林的《苏联社会主义经济问题》问世以后，经济学界中否认商品、价值、价格、成本、利润、经济核算等范畴的人是没有了。但我不赞同目前流行的把价值、成本等范畴存在的原因挂钩在社会主义所有制的两种形式，甚至还挂在人们觉悟不高因素上。把它们当作旧社会的残余，说是最后要消失的。这种说法我不能领教。我同意在目前商品、价值及与之有关的各个经济范畴都是很重要的。但今后是否会逐渐消失呢？双重性不是空的范畴，它反映了生产关系。费用与效用、按劳分配等都与价值有关，为什么自己的计划规律不能说明价值、价格，而一定要借助于商品生产呢？社会主义全民所有制的内部关系不能从外部关系、从社会主义的全民所有制与集体所有制的交接点上去找。

四、物化劳动是否有可比性

活劳动有共性，是可比的。无此共性，社会主义的竞赛就不存在。物化劳动是否有可比性呢？譬如说，长春汽车制造厂生产的"解放"牌汽车，成本大概在10000元以下，卖价10000多元，而上海生产的三轮卡卖价也差不多，成本相应也高，对比之下，人们马上就会意识到上海的活劳动效率不行。而以劳动的熟练程度说，上海不会差于长春。老工业基地的上海工人技术往往还是较高，因而不能贸然说上海的工人不行。显然这里还有生产条件因素，上海是半手工操作，长春是机械化的流水作业。目前长春厂的材料还未吃饱，否则效率还将更高。因此，不能光比活劳动效果，还需将设备效率合在一起进行比较，因而要计算资金利润率，公式是：产值/全部资金。公式中不仅考虑了流动资金，还需考虑到固定资金因素，不只是成本利润，而且是资金利润，这样计算结果，可能效率还是上海低，但上海生产还是需要，因全国生产的汽车还不多。现在国内外已承认这本账，要算资金利润。

五、政治经济学中最近几年来提出的另一个问题是社会主义社会中有无生产价格

这也是少数派,希望大家研究,国外承认资金利润的还多,承认有生产价格的只是少数派。不过我想想很奇怪,既然承认有资金利润,又为什么承认有生产价格呢?那么,我就来标新立异一下,算是"资金利润效果价格"。从国家来说,就是准备许多生活资料,请工人来生产,这不是物化劳动?就是说叫作"物化劳动效果价格"。社会主义社会为了计算资金利润,就要有"资金利润效果价格",其实就是生产价格。这是从形式来说的。既然要计算投资效果实际上就是承认有生产价格。为了避免与资本主义的概念相混淆,就叫它为"资金利润效果价格"。

有人认为:同一生产部门,要算投资效果,可以比较,而不同部门生产不同的使用价值,因此就不能相比。我不同意。举几个例子来谈谈吧!首先劳动生产率就可比较。如有农业人口2亿人,生产2亿吨粮食,每人一吨,这是吃的部门;在穿的部门,如有棉农800万人,纺织工人200万人,共1000万劳动力,生产100亿公尺布匹,每人1000公尺。有人就会说,这两个方面如何比较呢?我想想不大服气,怎么不能比呢?如不能直接比,间接比总可以吧。比如说,先比劳动生产率,如按过去的设备计算,五年内可提高20%,则农产品是2400万吨,布是120亿公尺。这样,每人粮食为1.2吨,布为1200公尺。两个部门这样比较的结果,我们知道它们的劳动生产率水平是一样的。不仅如此,还能直接比较。比如说,国家觉得五年内提高20%不行,而要每年提高20%,怎么办呢?现在假定,穿的部门,一个劳动力,资金有机构成是10000元,即1:10000。1000万劳动力的固定资金装备是1000亿元。它原来每年可以提高4%,还有16%不能解决。怎

么办呢？有两种办法：第一，不增加职工增加设备，提高劳动生产率，特别是高效率的设备；第二，不增或少增加投资，而大量增加劳动力。一般来说，在社会主义下，就业问题解决后，提高劳动生产率，只有增加新设备，或是由别的部门提高劳动生产率，而将其节约下来的劳动力，拿来补充其他部门或新建部门。穿的部门，除原来每年能提高4%外，其余16%的解决，先按第一种办法来进行，按原资金构成，要增加设备160万（元）。在吃的部门，技术构成是100元，2亿人，就是200亿元。它也要一年提高20%，假如现在只有160万（元）的设备，这样，就只能给一个部门，而另一个部门就成问题。因此，现在的问题是将这160万（元）设备投在哪里最好。农业部门说，给我增加160万（元）设备，这样我不仅可以不要增加劳动力，还可以解放出1000万劳动力。纺织部门说，好，给我10万（元）设备，拿来修修补补，恢复了设备；再增加600万劳动力就行了。这样的结果，国家还是上算呢。它的效果好，而且多400万劳动力，正好有新的部门需要劳动力，这说明了马克思的劳动力节约规律，这就是我们政治经济学要研究的问题。20世纪30年代有人说，不要政治经济学了，列宁说不行，两大部类的比例关系……就要政治经济学来研究，所以，这些不是技术问题，同时，不仅是费用与效果的问题，而且是许多比例关系的问题，这是活的和死的劳动两方面的节约，这种计算和研究，怎么就成了资产阶级及其学说了呢？大家不是说劳动创造世界吗？

六、什么叫计划经济

这个问题很大，几个规律不能说明问题，它涉及社会主义是什么的问题，我们讲的计划经济，不是印度尼赫鲁的计划经济，也不是南斯拉夫的商标，而是社会主义的计划经济，对于这个问题，我觉得要好好研究。大约在 30 年以前，我开始学习政治经济学时，听到老师讲，政治经济学研究生产关系，这是大家都同意的，研究什么生产关系呢？是研究被物所掩盖的商品生产关系，社会主义生产关系就像现在（指资本主义）企业内部的技术分工关系一样清楚。既是如此一目了然，就不需要再由政治经济学来研究，这就不需要政治经济学了。列宁反对这种说法，他说还要政治经济学，至少它要研究甲乙两大部类的比例关系，30 年来的政治经济学，研究的是生产力的配置，最多是政策的汇编。

究竟什么是计划经济？它是否像车间内部及企业之间调拨关系那样一目了然呢？社会主义的计划经济，是否就这样简单呢？产品的调拨就不要算账，行吗？与自然经济一样，现在的许多经济学者，还是抱着自然经济的观点，来对待社会主义经济！后来斯大林的《苏联社会主义经济问题》出来了。他很谦虚，说是苏联的社会主义经济问题，实际上是社会主义国家的经济问题，当然，不能说这本书就解决了社会主义的一切经济问题。

至于说，一吨钢要多少煤和铁才能炼出来，一公尺铁轨重多少公斤，一吨铁轨能铺多少公里铁路，这些是技术学的问题，要是研究这些，那么，我劝我们的青年同志快去转业，现在还来得及。现在有些人认为，目前一些生产资料和生活消费品的凭证供应就是共产主义的计划经济，而不把它看作是解决目前暂时困难的问题，这些实际上是实物经验。一句话，计划经济绝不是自然经济，封建庄园经济……。自斯大林的《苏联社会主义经济问题》出来后，就认为要商品、价值、价格、成本、利润及经济核算等，但这是由于两种所有制的存在所致，好像是农民害了我们的关系。把社会主义的计划经济挂钩在这上面是危险的，至少在方法论上就有问题。因为不能从外部条件（原因）来说明全民所有制内部的关系，什么是计划经济？首先有两条，一条是不同于自然经济，另一条是不同于商品经济。

社会主义政治经济学的若干问题（续）*

上次报告后，听到一些反映。有人说：有些论点还不大明白。我想大概有两个原因：（1）本人对这些问题考虑得还不够周密。（2）表达不清楚。今日又来了一些新同志，所以有必要把上次讲的中心思想再讲一遍。

※ ※ ※ ※ ※

上次是从为恩格斯翻案讲起的。恩格斯在1844年写的《政治经济学批判大纲》中曾经指出："价值是生产费用对效用的关系。价值首先是用来解决某种物品是应该生产的问题，即这种物品的效用是否能抵偿生产费用的问题。只有在这个问题解决之后，才谈得上运用价值来进行交换的问题。如果两种物品的生产费用相等，那么，效用就是确定它们的比较价值的决定性因素。"❶ 几十年来人们都认为这句话是恩格斯还不成熟的时候讲的。我不同意这种说法。恩格斯在1878年初版、1885年再版、1894年出过第三版的《反杜林论》中都重申了这个论点。恩格斯说："在制定生产计划时，上述有用效果和劳动花费的比较，正是应用于政治经济学中的价值概念在共产主义社会中所能余留的全部东西，这是我在1844年时已经说过了（德法年鉴）可是读

---

* 本文是作者10月17日报告的继续，时间是1961年10月24日下午，地点同前。

❶ 恩格斯：《政治经济学批判大纲》《马克思恩格斯全集》第一卷第605页，人民出版社1956年版。

者可以看到这一见解的科学证明，只在《资本论》出版后，方才成为可能。"❶

恩格斯在23岁时写的那篇论文是马克思极力赞扬的。恩格斯在1894年把这句话重又提出来，这能说这是恩格斯在不成熟的时候讲的吗？难道恩格斯到了晚年还不成熟吗？如果这篇文章还不成熟，那么以后就不值得再版了。

我不懂德文，在俄文中"比较"两字是用的"权衡""效用"，有时也译为"有用的效果"。"效用"和"费用"的权衡，也就是说效用能否抵偿生产费用，这在共产主义社会仍然存在。价值不是刺激生产，而是生产的真正的活动范围。

因此，我认为经济学界把经济效果和经济核算分开解释是不合理的。恩格斯当时说的价值是生产费用对效用的关系，是针对李嘉图只讲费用、萨伊只讲效用而提出的。离开费用谈效果或者离开效用只谈费用都是不行的。只有两者权衡才是价值。其实，社会必要劳动量的"必要"就是指物的数量和质量而言的。

※　※　※　※　※

三四十年来社会主义政治经济学只承认具体劳动，不承认抽象劳动；只承认使用价值，而否认价值，我认为这样是不对的。否认"抽象"有什么好处呢？结果得出了劳动不可比的结论。那么节省劳动是为了什么呢？是为了节省而节省吗？活劳动可比，人们还容易承认。物化劳动可以比，很多人就不承认了。

这次出来搞调查，领导提出了一个问题：固定资产是不是要包括在经济核算中？有个搞成本的实际工作同志说物化劳动不可比，无须核算。他讲了三大理由。其中主要的一条是说：由于各个企业的生产任务不同，产品规格不同，生产设备也不同，而且要经常调来调去，因此考核的指标缺乏可比性，无法核算。但如

---

❶ 恩格斯《反杜林论》第327页（恩格斯注），人民出版社1956年版。

果各个企业的设备、生产任务、产品品种都定下来了，那又无所谓核算了。总之一句话，固定资产不可比，又无法核算。这是实际工作的情况。我们搞理论工作的，也不知道这些说法的根据何在？但是几十年来，理论界只讲具体劳动，不讲劳动一般。否定抽象劳动的结果，就是否定了劳动的可比性，否定了固定资产应该包括在经济核算中。

同一部门内劳动有可比性，需要核算，这大家容易承认。但不同部门之间劳动也可比较，大家就不容易承认了。

我认为吃和穿，即工业和农业两大部门之间的物化劳动也是可比的。当然，不可以在一丈布和十担米之间直接画上等号。这是因为效用是不可以直接比较的。这个恩格斯在批判萨伊的时候已经讲得很清楚了。这就是说，不可能只比较效用。我讲的是价值的比较。例如，拖拉机、织布机等都是人类物化劳动的产品，都把它们还原为抽象劳动就可比了。如果经济学家都提倡一下抽象劳动，为了提高劳动效率，把固定资产用到效果最大的部门去，只要把它们都还原为抽象劳动就可比了。

过去否认广义政治经济学的存在，说政治经济学只是揭露商品拜物教的。后来渐渐承认了。但是只看到有几条规劝，而忘记了经济核算。现在商品拜物教是不存在了。但是不是又产生了产品拜物教呢？当然，全民所有制的产品可以统一调拨，这是社会主义经济的优越性。但是不能由此而不要经济核算。只看到效用，而忘记了是劳动的成果，我认为就是没有脱离"产品拜物教"。"大跃进"中批判的"见物不见人"也就是产品拜物教。

※　　※　　※　　※　　※

上次讲到第六个问题，计划经济。什么是计划经济呢？它不是自然经济，也不是商品经济。马克思对价值没有下过像几何定律一样的定义，我们也不可能超过马克思。所以，我不想先替计划经济下个确定不移的定义。

说计划经济不是自然经济，这是因为社会主义的生产规模、复杂性、多样性远远超过最发达的资本主义。到了共产主义社会，生产部门肯定会大大超过现在的美国。这么复杂怎么能像自然经济那么简单呢？社会主义企业是独立核算单位，独立核算就要求等价交换。有人说等价交换只适用于集体所有制，不适用于全民所有制，这是不对的。全民所有制内部也是要等价交换的。例如，上海和东北的工业品可以调拨，但是可以任意调拨吗？工人要吃饭，机器要维修。要再生产 e 和 v，就要得到补偿。因此，也就需要处理甲、乙两大部类的关系，以及积累和消费的关系。拿全民所有制内部各行各业（农、工、交、商）来说，那么多企业不讲经济核算行吗？有人认为只需要流通，不要核算。这实际上就是把计划经济当作自然经济。我们不少经济学家就是在没有核算、没有抽象劳动中过日子。

说计划经济不是商品经济，这个问题很复杂。但是，计划经济绝不能用商品经济的规劝来解释，这是肯定的。

那么，什么是计划经济呢？

这还要从第一个问题谈起。好多人说马克思、恩格斯在很多地方指出在社会主义社会已经不需要价值了。恩格斯在《反杜林论》中的一个注释里所说的价值与马、恩的整个价值理论是有矛盾的。其实，这个矛盾是不存在的。

价值在生产中形成，但是社会必要劳动量在商品经济中无法直接表现，只能曲曲折折地表现出来。这就是恩格斯说的所谓"有名的"价值，有时也说它是"臭名远扬的"价值。这是资本主义商品经济的价值，即市场价值。这个价值在社会主义社会是用不着了。这是因为社会主义社会劳动量可以直接比较，用不着曲折地来表现了。但是，恩格斯在《反杜林论》的一个注释里所指的价值，即生产费用与效用的比较是仍然需要的。是它恢复了价值的本来面貌。

斯大林曾经提出计划经济也需要有价值、价格、成本等。但是他所要的还是为了形成社会必要劳动量，在资本主义社会通过交换、通过竞争形成的那个臭名远扬的资本主义商品经济的价值、价格……。用臭名远扬的资本主义的商品经济来解释计划经济，实际上是对社会主义经济缺乏信心。

有些人不要恩格斯所指出的共产主义的价值，而要资本主义那个臭名远扬的价值，这是一件很奇怪的事。我们不需要那由商品经济决定，并在不同所有制交换的基础上产生的价值。但是，在共产主义社会里，由于 e 和 v 需要补偿，因此仍然需要价值。这就是恩格斯的价值规劝——等价交换，经济核算。

在这个意义上我不能同意汪旭同志最近发表在解放日报上的那篇文章。那个价值还是三四十年来的传统看法，实际上还是那个臭名远扬的价值。计划经济不能靠它来起调节作用。也不是靠它刺激生产。我们需要的价值是"生产费用对效用的关系"。

※　　※　　※　　※　　※

下面谈谈"货币"和"利润"的问题。

货币。我同意共产主义社会不是用货币，而是用劳动券。问题在于货币和劳动券的区别在哪里呢？货币是通过市场表现的价值的镜子。劳动券是计划价格尺度（因为计划经济是计划价格）。但是，我认为只能说基本上是劳动券。这是因为计划价格并不能保证绝对准确。

理论界把货币作为价值镜子，还死抱着金本位不放。我们搞实际工作的同志始终弄不懂这到底是什么缘故。但是，我们不要黄金做准备仍然可以过日子。归根到底，他们死抱着的那个金本位还是那个臭名远扬的货币。

利润。资本家生产的目的是追求利润。我们生产的目的是满足人民的需要。但是我们不讲费用。而且我们还要使生产的比消耗的多，这就是还要积累，这也就是利润。否认计划经济需要利润、需要积累的观点，实际上还是自然经济的观点。斯大林反对了自然经济的观点，但又有一些人跨过了一步回到了那个臭名远扬的商品经济的利润。

※　※　※　※　※

社会主义经济的红线。有人说，我强调费用和效用，强调算账。但是要算账总是算不过资本家的。并提出了这样一个问题：社会主义经济和资本主义经济的红线又怎么划分呢？社会主义的核算和资本主义的核算是有区别的。资本家讲效果是通过剥削。我们讲效果是通过大搞群众运动、政治挂帅，是通过上层建筑不断地变革生产关系，促进生产力的发展，使规章制度能充分发挥各级的积极性。但是，我们强调社会主义的个性，把共性也不要了，那不行。我们绝不能把恩格斯所讲的那个价值抛掉。账，是要算的。

七、关于财政经济管理的体制问题

自从中央提出十大关系的问题后，业务部门都很重视并研究它。但是没有引起理论界的重视，以为它是属于技术学的，或者是部门经济研究的，不是政治经济学研究的，因此，不谈它，忌讳谈管理体制，至多也只能由部门经济来谈谈它，我认为这碗饭，不能让部门经济独吃，而是要大家都吃吃。

这个问题，斯大林在《苏联社会主义经济问题》中讲得很清楚，生产关系的三个方面，体制问题属于所有制方面。对于这个提法，我有点感想。最近，看了黑格尔的《法学哲学》与《小逻辑》有很大启发，苏联法学界也在讨论这个问题，原来他们是作为民法问题来讨论的，例如，企业有权使用"一千卢布"等，后来他们认为这又不是一般的民法，因而，称之谓经济法，他们认为这是所有权的。所有权包括所有权、支配权、使用权与管理权等。我原以为体制是包括不进去的，从生产关系几个方面来看，在第二方面，是指直接生产者的相互关系，但它又不是所有制与分配方面的。后来得到了以上的启发后，既然所有制包括占有权、支配权、使用权与管理权，那么体制问题就该包括在所有制方面。企业由中央管理，还是由地方管理，就有不同。总路线规定的调动一切积极因素，就是群众路线，明确企业各级的责任，就可以发挥各方面的积极性，既然体制问题是属于所有制方面的，政治经济学就是要吃这个"饭"。

只解决全民所有制、集体所有制问题，所有制问题远未解决，怎么明确各级的责任？基层企业的职责和权限是哪些，主管部门管哪些问题，都必须搞清楚。社会主义经济就是计划经济，与部门经济很相近，那么，是不是说部门经济中的计划经济可以取消了呢？这可以考虑。企业的责权，主要表现于中央与地方的关系。中央曾提出："大权独揽，小权分散。"苏联的"一千卢布"也是这道理。关于"管而不死"和"活而不乱"，现在是"一管就死""一活就乱"，这是什么道理呢？我看这也与那个"臭名远扬"的价值问题的道理差不多。

因为没有价值，经济核算就不可比；就不能管，各级企业怎样发挥积极性呢？一个企业，经营什么、管什么，都要很好明确。一些人，对于简单再生产与扩大再生产也搞不清楚。在打破规章制度中就有这么一条，说是多产一个零件，就会打破平衡。究竟什么是"大权"？什么是"小权"？什么是"简单再生产"？什么是"扩大再生产"？很多文章中都没有讲清楚。这些是政治经济学吃的"饭"呢，还是部门经济吃的"饭"？该给谁吃，会不会吃到隔壁去？这是实际问题，就要研究。

八、关于社会主义政治经济学的技术性问题

讲政治经济学的研究对象与方法，扯得太远不谈。就谈谈技

术问题。企业内部的管理，是部门经济的范围。猪养得多大，拖拉机怎么用等，这是技术问题。那么企业之间协作，企业内部的各车间之间的协作，是属于什么方面的问题呢？我在人民日报上看到一篇小文章，讲的是"高级龙车"，内容是从抚顺运煤到鞍钢的事情。"大跃进"后，抚顺的煤一下子就运到直接的用煤单位。节约了劳动，这能说是技术问题吗？这里火车、轨道都没有变，就是协作关系变了。政治经济学与部门经济不同，是部门经济研究的东西比较具体些。

有人说，马克思所谈的协作，是为了揭露商品拜物教，马克思在《资本论》中讲协作，很详细，就没有人说他是技术学，是资产阶级学说。在社会主义中，车间的协作有什么规律，这究竟应该由哪个学科来研究呢？光讲对象与方法是讲不清楚的。

马克思在固定资产的大修理中讲铁轨的磨损问题很详细，靠近火车站的铁轨，磨损得要快一些，……这个问题，我仔细想了一想，是 C 和 V 的关系问题，如何补偿，固定资产怎么折旧。这为什么不值得研究呢？固定资产的折旧，大修理，小修理……不仅是积累与消费的关系问题，而且也是两大部类补偿的问题。如果这个问题搞不清，那么把老本也吃掉了。还算在积累中，这个问题难道还不重要吗？这是该谁吃的"饭"呢？马克思在给恩格斯的信中讲到，你不要讲大道理，只要讲这个折旧，究竟是怎么提的。而我们现在很多人都把它当作技术学，不值得研究，对于创造新价值，还是吃老本的关系都搞不清楚，这怎么能算是把政治经济学搞清楚了呢？

在这次调查中，碰到实际部门的同志谈的东西很丰富，会计学也不简单，社会主义有社会主义的会计学，资本主义有资本主义的会计学，现在潘序伦的破了，苏联的太烦琐，也破了，现在弄得不伦不类，凭单据实际记账，就是分类加总数，上级只要看报表，因此报表很多。企业与企业间往来搞在一起，银行是总会计,没有分会计,一笔糊涂账,这不是成了自然经济了吗?因此会计学也离不开政治经济学。

这几年来,我们搞的政治经济学是太空了,把许多具体东西都说成是技术的东西。只把几条规律翻来覆去,是解决不了问题的。有人把会计、统计等说成是不能登经济学的大雅之堂,不能进经济学的象牙塔。

对象不对象不要管,多把具体问题研究清楚是必要的。

30年来,自然经济学把政治经济学这门科学给窒息了,这是我们的敌人。现在我们政治经济学还停留在20世纪30年代的水平,我们必须走出象牙塔,不能从一个极端走向另一个极端。

最后,谈谈要好好研究理论问题。

什么是计划经济,不要以为已经搞清楚了。

干实际工作的人责备理论界只有几个条文,理论界又说实际工作者不重视理论。自从主席提出要学些政治经济学后,实际工作者对理论也很有研究,如管理体制等问题就是他们提出来的。研究规律的到底为实践解决了些什么问题呢?怎么叫联系实际呢?就是要多调查,多研究。我觉得搞实际工作的,少读些书是情有可原的,我们理论工作者对实际也了解不多。这要双方帮助解决,而不应该双方埋怨。但是如果实际工作者对实际不了解,理论工作者对概念、范畴也弄不清,这样,问题才大了呢。然而,哪方面的责任更大些呢?30年来不讲抽象劳动是哪里来的,不是根据那个自然经济方面来的吗?这个问题,谁负责呢?少责备些业务部门,先问问自己,哪些是从自然经济来的,多考虑考虑我们自己的研究范围吧。

对社会主义政治经济学中若干理论问题的感想[*]

我讲话的题目叫作"对社会主义政治经济学中若干理论问题的感想"。在讲这一题目以前,先有几句说明。一个多月以前,我在上海就这个题目讲过一遍,也是临时促成的。上海学术界很活跃,百家争鸣也贯彻得比较好。我在上海参加了他们的一些活动,在参加会议过程中引起一些感想。经济学界要我讲话,我就谈谈社会主义政治经济学若干问题的感想吧!什么叫社会主义政治经济学?我没有系统研究,只是一些感想。我讲以下8个题目。

1. 从恩格斯的一句话谈起和现在人们对这句话的评价。

2. 费用和效用可否分离开研究?经济核算和经济效果是两回事还是一回事?

3. 社会主义产品的二重性。

4. 社会主义社会的活劳动要不要比较效果?物化劳动要不要比较效果?

5. 不同生产部门之间的经济效果好不好比较?或者说,社会主义社会有没有"生产价格"?

6. 什么叫计划经济?

7. 财政经济管理体制问题在社会主义政治经济学中的地位。我们讲的财政经济管理体制,主要是计划体制、物资管理体制、

---

[*] 本文是1961年11月21日、22日在南京经济学会议上的讲话记录稿。

物资供应体制这三大管理体制。

8. 社会主义政治经济学如何研究社会主义生产关系。

一、从恩格斯的一句话谈起和现在人们对这句话的评价

在1843年发表了第一篇马克思主义经济学文章，即恩格斯写的《政治经济学批判大纲》。他在这篇文章中讲了这样一句话："价值是生产费用对效用的关系。价值首先是用来解决某种物品是否应该生产的问题，即这种物品的效用是否能抵偿生产费用的问题。只有在这个问题解决之后，才谈得上运用价值来进行交换的问题。如果两种物品的生产费用相等，那么效用就是确定它们的比较价值的决定性因素。"❶ 恩格斯又说：在私有制消灭之后，"价值这个概念实际上就会愈来愈只用于解决生产的问题，而这也是它真正的活动范围"。❷ 这句话的意思很明白，价值就是生产费用对效用的关系。从这一观点出发，恩格斯认为价值这一范畴首先是用来决定某一物品该不该生产的客观标准，就是说这个产品生产出来以后它的效用能不能抵偿这个产品生产过程所消耗的费用。只有在这个问题解决之后，价值这个范畴才用之于交换。因此，价值这个范畴首先用之于生产领域，然后才用之于商品的交换。恩格斯进一步说到私有制消灭之后，就是我们今天，价值这个范畴越来越用之于生产。也就是说，它不是交换价值，而是价值的实体。

从斯大林《苏联社会主义经济问题》这本书出来后，大家都注意研究价值规律问题了。在我国，特别自郑州会议以后，研究

---

❶ 恩格斯：《政治经济学批判大纲》，见《马克思恩格斯全集》，第1卷，第605页，北京，人民出版社，1956。

❷ 恩格斯：《政治经济学批判大纲》，见《马克思恩格斯全集》，第1卷，第605页，北京，人民出版社，1956。

等价交换问题、价值规律问题成为时髦的问题了。可是现在大家提的价值,是指在流通交换中的价值,而不是恩格斯说的首先是用之于生产领域中的价值。恩格斯说,在私有制消灭之后,价值这个概念,实际上是越来越用之于解决生产的问题,而这也正是价值真正的活动范围。这说明价值活动的真正范围是生产范围,而不是流通交换的范围。可是我们经济学界注意的还是流通范围内的价值概念。

对于恩格斯的这句话,国内外的理论界一直有个不公道的看法。认为恩格斯写这篇文章的时候,只有23岁,还不够成熟,他说的这句话是不科学的。苏联编的《马克思恩格斯全集》,对恩格斯的这篇文章有个注解,说那时恩格斯还没有脱离道德观念、人道主义。今年6月19日《光明日报》"经济学"副刊上,刊登了一篇介绍恩格斯这篇文章的文章,作者是石再。我对石再同志这篇文章有些不同看法。石再同志说:"当时马克思主义还没有最终建成,所以其中一些观点和后来马克思主义政治经济学观点有些距离,因此恩格斯曾经在1871年拒绝李卜克内西把它重新出版。"石再同志又说:"这时科学的劳动价值论没有建立起来,恩格斯认为价值是生产费用对效用的关系,竞争使得价格脱离价值而波动,因而就不可能有基于道德准则的交换。后来恩格斯抛弃了这一观点,与马克思一道创立了严正的科学价值学说。"

其实相反,马克思很称赞恩格斯的这篇文章——《政治经济学批判大纲》,认为这篇文章是对政治经济学范畴批判的天才的提纲。恩格斯对过去的政治经济学范畴是一个一个来批判的,他首先从私有财产讲起,第一个范畴是讲价值,他批判了李嘉图和萨伊。从重商主义到古典经济学,到庸俗经济学,对价值这个范畴一直争论不清。他们都把自己的学说看成是最人道的。恩格斯说,在私有制度下,人道这个问题是没有客观标准的。商业比中世纪的强权,即公开的拦路行劫要人道些了,但是,重商主义主张便宜的买进，贵的卖出，主张不等价交换，主张黄金只能进来不能出去，黄金是唯一的财富。这些实际上也是不道德的。亚当·斯密标榜自由主义经济学，反对保护关税，主张自由贸易。他认为自己的自由主义的政治经济学才是道德的。恩格斯挖苦他们说：你们是半斤八两。你们一个是旧教的坦率（就是便宜买进，贵的卖出，黄金只能进不能出，黄金是财富的一切），亚当·斯密无非是以新教的伪善代替旧教的坦率。实际上，私有财产不废除，就没有什么道德标准。恩格斯指出："只有超出这两种学说的对立，批判这两种学说的共同前提，并从纯粹人类的一般基础出发来看问题，才能够给这两种学说指出它们的真正的地位。"❶在私有制社会，道德标准是相对的，唯一的客观标准就是竞争。大概就在这里，人们给恩格斯戴上了人道主义或者道德观念的帽子。

石再同志认为，恩格斯的这篇文章之所以不科学，就是由于恩格斯说"价值是生产费用和效用的关系"这句话。假如就是因为这句话，那么，我认为这种批评是不公道的。我的理由就用恩格斯自己的话来论证。恩格斯这篇文章是在1843~1844年写的（当时他23岁），到1878年（即34~35年以后），他出版了《反杜林论》，1885年出第2版，1894年出了第3版，1895年恩格斯逝世了。恩格斯在逝世的前一年亲自再版了《反杜林论》这本书，总不会有人说这本书是不成熟的了。恩格斯在这本书里有一段文章❷，并为这段文章作了注解（关于本文我在下面再讲）。注解说："在制定生产计划时，上述的对有用效果和劳动花费的衡量，正是政治经济学的价值概念在共产主义社会中所能余留的全部东西。"恩格斯这里的意思是说：价值概念所包括的内容，别

---

❶ 参见恩格斯：《政治经济学批判大纲》，见《马克思恩格斯全集》，第1卷，第599页，北京，人民出版社，1956。

❷ 参见恩格斯：《反杜林论》，第339页，北京，人民出版社，1974。

的东西随着商品经济的消亡而丢掉了,可是这一点直到共产主义还保留下来:即对有用效果与劳动花费的衡量。恩格斯在1844年的文章中讲的是生产费用与效用的关系,在《反杜林论》中是讲对有用效果和劳动花费的衡量。恩格斯接着说:"这点我在1844年时已经说过了。可是,读者可以看到,这一见解的科学论证只是由于马克思的《资本论》方才成为可能。"❶ 恩格斯在这一注解中特别提出他在1844年讲的这一观点,说明这一观点非但没有错而且是重要的。石再同志跟着人家的说法,给恩格斯戴了道德论、人道主义的帽子,说恩格斯当时的思想还没有科学化,后来放弃了这一论点。这是不对的。恩格斯并没有放弃这一论点。

我在上海讲到这里,有人认为我是标新立异,是以恩格斯的左手打恩格斯的右手,以一个小小注解来推翻马克思恩格斯关于价值学说的全部。他们说,马克思恩格斯价值学说认为价值是社会必要劳动量决定的,到共产主义就不要价值了。恩格斯只是在那未成熟时代的文章中,只是在注解中才说仍然保留着价值。

我先来说说以恩格斯的左手打恩格斯的右手这一问题。恩格斯的注解的确与本文相"矛盾"。恩格斯在本文中说:"一旦社会占有生产资料,并以直接社会化的形式把它们应用于生产之时,每一单独个人的劳动,无论其特殊用途是如何的不同,总是一开始就成为直接的社会劳动。"❷ 所以在上述前提下,社会就不需要再使产品带上什么价值了。在商品经济社会,在私有制社会,价值是无法计算的,价值只有通过产品与产品的交换比较出来。一个产品的价值要在另一个产品上表现出来,正如在化学与物理中,科学还无法直接测量物质的绝对重量,只有通过比重来表示一样。到了社会主义社会,在计划生产的条件下,直接的活劳动与间接的物化劳动都可以计算了,就不需要用这个商品与那个商

---

❶ 参见恩格斯:《反杜林论》,第340页,北京,人民出版社,1974。

❷ 参见恩格斯:《反杜林论》,第339页,北京,人民出版社,1974。

品来比较出价值了（这里是指交换价值）。但是，在这个场合上，社会也应当知道某种产品的生产需要多少劳动，才能制订自己的生产计划。因而还要测定产品的社会必要劳动量，产品的社会必要劳动量与它的效用还要比较，各种产品的有用效果还要相互比较。当然，这很简单了，比商品交换简单了，再不要通过价格迂回曲折地、通过千万次商品的交换来确定产品的价值了。

　　到底是我以恩格斯的左手来打恩格斯的右手呢，还是我们现在许多经济学家对恩格斯在两种场合下讲的"价值"没有分清呢？一是讲交换价值，二是讲随着商品经济消亡而遗留下来的，回到生产领域中起作用的价值。如果这都没有分清，那么对马克思在《资本论》中所讲的他与古典经济学的分界不在劳动价值学说，而在价值形态，就难理解了。在《资本论》中也有很大一个注解，马克思说古典经济学家可以讲劳动价值学说，可是分析到价值形态就分析不下去了。这价值形态正是私有制形成的。在私有制社会中，是私有制决定了每一产品的价值要迂回曲折地通过另一个产品来表现。为什么亚当·斯密不能分析下去呢？正是因为他不能说明私有制决定商品的交换。他是私有制的代言人。而我们许多经济学家把价值实体同价值形态也分不清。恩格斯、马克思说到将来不要价值，这是讲的交换价值、市场价值、价值形态，可是马克思、恩格斯从1844年讲到1894年，从最初讲到最后，这个意义上的价值即费用与效用的比较，一辈子还要有，而我们却把这个"价值"忘记了。

二、费用和效用能不能分开？经济核算和经济效果是两回事，还是一回事？

　　我们的生产，算了费用，是否还要讲效用？离开效用谈价值行不行？大家都知道，价值是由社会必要劳动量决定的。那么，什么叫"社会必要劳动量"？什么叫"必要"？离开了效用，哪里还有什么"必要"？社会必要劳动量是对一定的效用一定的使用价值说的，离开了一定的使用价值（一定的效用），就没有所谓"必要"。有人说我是讲效用论，是中国的马歇尔（马歇尔是英国庸俗政治经济学派代表）。庸俗经济学派的"边际效用论"的确要不得，但是我们不要因为批判了"边际效用论"，一提到"效用"就害怕起来。

恩格斯在《政治经济学批判大纲》这篇文章中说：价值是生产费用对效用的关系，这说明费用与效用是不能分开的。恩格斯的这句话是在批判英国古典经济学派李嘉图、麦克库洛赫和法国的庸俗经济学派萨伊的场合讲的。关于价值的本质，这两个学派进行了长期的争论。英国古典经济学派认为生产费用决定价值，法国庸俗经济学派认为效用决定价值，即使用价值决定价值。但是，争来争去，争到最后，他们都从对立的一面转化为对立的另一面。结果什么问题也没有解决。英国人（李嘉图等）主张物品的价值是由生产费用决定的。恩格斯说：如果是费用决定价值，那不是生产水平最低、费用最多，价值就变成最高了吗？李嘉图就说：那还了得，谁叫你搞那么多的无用劳动呢？无用劳动是没有结果的，是没有效用的呀！恩格斯说：那么效用论不就来了吗？谁决定有用劳动无用劳动呢？出卖！一说到"出卖"，那不是商业竞争又来了吗？私有制也来了吗？……几个问题一问，李嘉图就把效用论抬出来了，走到自己的对立面去了。恩格斯也驳斥了萨伊。萨伊主张物品的价值是由效用决定的。恩格斯说：如果是效用决定价值，那不是生活必需品的价值比奢侈品的价值更大吗？萨伊说：那怎么行啊？奢侈品的价值怎么能比生活必需品的价值低呢？金刚钻、黄金怎么能比小麦便宜呢？金刚钻和黄金怎么能够低于其生产费用出卖呢？恩格斯说：你不是又跑到"费用决定价值"那一头去了吗？他们两个的争论，最后就这样不了了之。恩格斯说："让我们设法来澄清这种混乱状态吧。物品价值包含两个要素，争论的双方都硬要把这两个要素分开，但是正如我们所看到的，双方都毫无结果。价值是生产费用对效用的关系。价值首先是用来解决某种物品是否应该生产的问题，即这种物品的效用是否能抵偿生产费用的问题。只有在这个问题解决之后才谈得上运用价值来进行交换的问题。如果两种物品的生产费用相等，那么效用就是确定它们的比较价值的决定性因素。"❶ 恩格斯不仅反对英国古典经济学家李嘉图的观点，而且也正是反对庸俗经济学家萨伊的观点。怎么能说恩格斯的这个观点同马克思的劳动价值学说（价值由社会必要劳动时间决定）不同呢？恩格斯在这里强调了劳动二重性、商品二重性。离开二重性来讲社会必要劳动时间决定价值的量，这叫作形而上学。

最近，北京经济学家提出研究经济效果问题。我很赞成。前三年，在生产中，只追求数量，不计工本，不讲费用，不讲效果，质量太低。有人说：一双鞋抵不了一双鞋穿，一块肥皂抵不了一块肥皂用，一个马达抵不了一个马达用。这就要提高产品的质。那么，如何提高质呢？如何使一双鞋抵一双以至抵两双鞋穿呢？经济学家要研究这个问题，要研究经济效果问题。当然，鞋子的物理性能、化学性能，这不是经济学家研究的，而是工程师研究的。经济学家是要研究从改善劳动组织、改善生产关系的角度来增加鞋的产量和质量，是要研究怎样使一双鞋的费用不是高于两双鞋，而是低于两双鞋。我出一个题目：如果现在百货公司有一种新发明的鞋子，耐穿，一双能抵两双，但价钱两倍于一双，你们考虑要不要买？我想可能有一部分人愿意买，也有一部分人不愿意买。他宁可穿两双新鞋子。又如有一双鞋能抵两双穿，而它的价钱两倍半于一双，那么我想一定百分之百的人不去

---

❶ 恩格斯：《政治经济学批判大纲》，见《马克思恩格斯全集》，第1卷，第605页。北京，人民出版社，1956。

买。因此，经济学家首先应该把效用和费用联系起来看，并且不是从改善技术上，而是从生产关系的角度来看费用与效用的关系，研究怎么样既增加鞋子的效用又减少鞋子的费用。

我们反对算账派。算账派只算死账，不算活账。认为费用越小越好，不注意产品的规格、品质。这是要批判的。我们不仅要讲速度，而且要讲产品品质，这才是多快好省。多是量，快是速度，好是质，省是成本低。"多快好省"的口号就是要把费用和效用联系起来。过去算死账的人，正是把费用与效用分离开来，只注意"省"，而不注意"多快好"。最近大家注意质了，可是又出现另一问题，就是不计盈亏，不计工本，单求质。过去只讲产量层层加码，现在品质标准加码，成本也随之层层加码。这就是离开费用，片面地追求质，它仍然不能达到多快好省。

经济学家对很多范畴、概念弄不清，几十年来没有清理一下。他们认为社会必要劳动可以离开使用价值来谈；费用和效用可以分离开来谈；经济核算和经济效果可以分开来研究，似乎经济核算尽是讲费用的节约，经济效果则尽是讲使用价值的量与质。这些问题弄不清，其危害不轻。在实际中已经有了后果了。

我认为，在研究社会主义政治经济学问题时，应该把恩格斯关于"价值是费用和效用的关系"的价值理论贯穿在全书内。因为在私有制消灭之后，恩格斯的"价值是费用和效用的关系"，更要回到生产领域中去起作用了。有人说：这不是政治挂帅，不是总路线挂帅，而是技术经济挂帅，至少是部门经济学的问题。我说，费用与效用的关系，就是以最少的劳动消耗（活劳动与物化劳动的消耗）取得最大的效果，这不是政治挂帅吗？什么是社会主义建设总路线？总路线就是鼓足干劲，力争上游，多快好省，其目的是要达到"多快好省"。那么，离开了以最少的活劳动和物化劳动的消耗来取得最大的效果，怎么能达到多快好省呢？如果说政治是经济的集中表现，那么我们鼓足干劲增加效果就不是政治挂帅吗？我认为社会主义建设总路线就是费用和效用的统一，就是以最少的费用取得最大的效果。列宁曾经说过，社会主义之所以能够战胜资本主义，归根结底是由于社会主义创造了比资本主义更高的劳动生产率。什么叫很高的劳动生产率？就是劳动者在单位劳动时间内取得更多的使用价值量或实物量。这也就是恩格斯讲的价值范畴。在一个单位产品中价值量越少越好，费用越少越好，效用越大越好，也就是劳动生产率越高越好。所以，劳动生产率与价值是一件事的两面，是从两个角度来解释。总而言之，到了社会主义社会，价值范畴就是用来比较效果的（包括活劳动与物化劳动）。恩格斯讲的生产领域内保留下来的价值规律同商品价值规律的差别也就在这里。如果说我对总路线的精神解释得不正确，我再引一段毛主席在《抗日时期的经济问题和财政问题》中的一段话，他说："一个工厂内行政工作、党支部工作、工会工作必须统一于共同目标之下，这个目标就是以尽可能节省的成本（工具、原料及其他开支）制造尽可能多尽可能好的产品，并且在尽可能快尽可能有利的条件下推销出去。"这个成本少、产品好、推销快是党政工三位一体的共同任务。他又说："有了严格的核算制度之后，才能彻底考察一个企业的经营是否是优越的。"毛主席的这段话，也说明了价值范畴在生产领域中的作用。

三、社会主义产品的二重性和劳动的二重性

几十年来，许多经济学者认为，商品的两重性和产品的两重性，是资本主义的产物；到了社会主义社会，商品变成了产品之后，它就不再有二重性了，从而生产这种产品的劳动也不再有二重性了。就是说，到社会主义社会只存在单一的全民所有制之后，产品就只有使用价值而没有价值，从而劳动也只有具体劳动

而没有抽象劳动了。因此我想说一说，社会主义社会变成单一的全民所有制之后，产品是不是没有价值和使用价值的二重性；劳动是不是也没有抽象劳动和具体劳动的二重性？这个问题好像有点学究气。但是我觉得社会主义政治经济学的一连串问题以及我们社会主义建设中一连串实践问题的分歧都是从此开始的。

我对于反对二重性的一性论，深恶痛绝。社会只有具体劳动而没有抽象劳动，或没有具体劳动而只有抽象劳动。这是不可想象的。一离开了抽象劳动怎能谈具体劳动？离开了具体劳动又怎能谈抽象劳动？几十年来，经济学家认为社会主义社会没有抽象劳动，只有具体劳动。这似乎是天经地义的。打个比方说：这就是没有人的概念，只有张三李四的概念。连最概括的概念都没有了，劳动一般都没有了，我们倒退到哪里去了。这在哲学上看来，是不能想象的。可是几十年来竟为哲学家所默认。

为什么要讲抽象劳动的范畴呢？否定抽象劳动，怎样搞社会主义竞赛？开展竞赛，就要有共性。既然没有劳动一般，劳动不可比，就不好搞竞赛。社会主义经济最大的问题，就是只讲费用不讲效果，或只讲效果不讲费用。产生这个问题的罪魁祸首，挖其思想根源，就是我们的经济学家否定抽象劳动，否定劳动一般，否定劳动的可比性，认为只有活劳动有可比性，物化劳动不可比，因而不计工本，不计盈亏，便成为天经地义的。抽象劳动与具体劳动，费用与效用，这两样是形影不离的，现在分开了，怎么好比呢？思想的根源就在这里。

马克思在《〈政治经济学批判〉导言》中说道：亚当·斯密（资产阶级古典政治经济学派的老祖宗）的伟大成就表现在：他否定了创造财富的活动的一切规定性，在他那里，简单地就是劳动，既不是工业的劳动，又不是商业的劳动，也不是农业的劳动，而既是这一种劳动又是那一种劳动。他把劳动的具体性抽象掉了。亚当·斯密提出了劳动一般。随着创造财富活动的抽象一般性,同时也提出了被规定为财富的物品(或对象物)的一般性,就是商品的一般,物品的一般。这个过渡,使亚当·斯密向前走了一步,这一步是多么伟大。但是,亚当·斯密对抽象劳动是承认得不彻底的。他提出了劳动一般,商品一般,即提出了抽象劳动,这是亚当·斯密莫大的贡献。但这一步却是非常艰巨的。亚当·斯密在发挥他的经济理论时,讲讲就把这个东西忘掉了,走到重农学派的老路上去了。讲到农业劳动时就忘掉了劳动一般。所以,马克思说:承认劳动一般是不简单啊!"劳动一般"这个概念,好像很早就存在着的,但是,真正承认劳动一般,没有商品经济的发展,没有交换已经成了可能的生产关系,就不可能有这样的认识。劳动一般本身是社会生产关系发展的产物。马克思说:真正的劳动一般,在美国才是真正的典型,才能产生这样的范畴。现代资本主义经济最繁荣的英国还不怎么样,在那个地方劳动的转移还是偶然性的,在俄国也不能产生这样的范畴。亚当·斯密生长在当时的英国,所以他承认劳动一般还不彻底,弄来弄去就回到具体劳动上去了。对马克思的这段话,我的感想是:我们的社会主义经济学把资本主义生产关系丢掉了,把资本主义生产关系中的范畴丢掉了,可是,把抽象劳动也丢掉了,认为社会主义社会没有抽象劳动。我们社会主义的生产更一般化,劳动的社会性更明显,虽然是更有组织、更直接了、更自觉了,难道劳动一般就不存在了?不要了吗?劳动的可比性就不要了吗?不要了怎么讲经济,怎么讲效果?马克思认为抽象劳动不是脑子的产物,而是社会发展到一定水平的结果。我们社会主义经济学却要否定抽象劳动,以表示和资本主义划清界限。我看这不是前进,而是倒退。承认不承认抽象劳动,这不是概念之争。这个范畴不清楚,遗毒不消,就要退到亚当·斯密之前,回到重农学派去。

四、社会主义社会的活劳动要不要比较效果？物化劳动要不要比较效果？也就是说，社会主义经济学要不要研究投资效果问题？

活劳动是可比的，是要比较的。这样提法已没有人反对，因为要搞劳动竞赛。可是，物化劳动（就是资金、设备、原料等不同使用价值）要不要比较效果？也就是说，社会主义经济建设要不要讲投资效果？这还是个问题。几十年来，社会主义经济学家有一个传统的观念，认为计算投资效果是资本主义经济学，社会主义经济学不要算投资效果。因此，在社会主义经济中，也就不要计算资金利润率了。这是个现实问题。在实际工作中，特别是领导经济工作的同志中间，曾经对这个问题有过讨论。很多同志认为，我们要考虑国家投资投到哪里去，怎么能不算投资效果呢？我们要订重工业产品价格、轻工业产品价格（我们的价格不是市场自发的，而是国家定的），如不计算效果，那又怎么定呢？这就发生了具体问题：要不要计算资金利润呢？有人说计算资金利润就是资本主义思想。他们认为，像我们用大量资金建成的鞍山炼钢企业，在进行经济核算时，那笔巨大的投资，可以不要算利润，只要算已经转移到产品中去的那点成本就行了。如果这样，当然鞍钢公司的成本最小，不要说是小土群，就是你们南京附近的马鞍山的钢铁公司的炼钢成本也不能和它比。不仅设备比不了，就是煤矿等各方面的条件都比不了。它们虽然同样是钢铁公司，但是它们的投资、设备不同。

鞍钢的效果之所以比马鞍山高，比小土群、小洋群高，很难说是由于活劳动的效果比其他各地炼钢工人的效果高；可能高，也可能低，或者差不多，主要的是因为鞍钢的设备、装备比其他炼钢企业好。它的设备为什么这么好呢，是我们全国增产节约，积累资金，搞了许多粮食、布匹、其他土特产品，去与其他国家换来的先进的炼钢设备。建设鞍钢的时候，投入了大量的资金。它用了那么多资金，怎么能不要为国家创造利润呢？只计算成本利润，不计算资金利润，这怎么行呢？人家说：算资金利润就是资产阶级思想，资产阶级投1元钱就要算1元钱的利润。这是一顶帽子。我还他一顶帽子。我说：你连劳动创造世界都忘了。物，都是过去的活劳动创造的，是工人、农民用落后的生产工具，花了许多活劳动创造的物化劳动——轻工业品和粮食，才换来了许多物化劳动——机器设备，叫作资金，请问，我们怎么能不计算资金利润呢？

五、不同生产部门之间的经济效果好不好比较？或者说，社会主义社会有没有"生产价格"？

前面讲劳动二重性时，是讲活劳动好不好比；讲投资效果时，是讲物化劳动好不好比。现在，我讲"生产价格"问题，是不同生产部门之间的经济效果好不好比的问题。

理论家认为"生产价格"是各个生产部门的资本家竞争、争夺高额利润的结果。我们没有竞争，因此，没有生产价格。这个"因此"，"因此"得太快了。当然，那样的"生产价格"，通过市场的自由竞争，为了追逐利润而转移资金，这是资本主义经营思想。社会主义经济与它不同，我们是有计划的投资。但是，有计划投资也应该算账，也要算算费用与效用。

有人说，我们不应该算账。有一种假象：好像社会主义计划经济是决定了要办就办，蚀本也要办，可以不计工本。因此，我们不要计算效果，那里投资多少，不是取决于利润。不同部门之间不好比较效果。

我在上海一个纺纱厂调查，和他们座谈，他们认为纺织厂不仅不能和冶金工业比，就是同别的纺织工厂也不能比。因为各厂的设备不同，有的设备新，有的设备老，有的英国造，有的美国造，有的中国造。同时各厂的任务也不同，有的任务多，有的任务少；有许多生产任务本身就决定了利润的高低。他们从这些表面现象上认为，这一切决定了不仅纺织工业和冶金工业的效果不能比，就是这个纺织厂与那个纺织厂也不能比。是的，由于几十年来否定了抽象劳动，这种比是不可能的。但是既然世界是劳动创造的，作为劳动一般，为什么不同部门的劳动不能比？鞍钢那么大的设备是劳动创造的，最落后的手工纺纱织布也是劳动创造的，为什么不能比呢？我主张不同部门之间的物化劳动是可比的；一切投资还原到劳动一般，就可以比。

再说，计划工作要不要计算投资效果的账呢？如水利建设，到底先建设 10 年见效的水利建设？还是先建设 5 年见效的或当年见效的水利建设？还有大、中、小配套？建设重点放在哪里？中央指示我们要着重当年见效的。因为我们资金没有那么多。10 年见效是长远利益打算，总的来讲目前利益要服从长远利益，但一切都 10 年以后见效，如何"多快好省"呢？"多快好省"还有时间因素。

我们计委对投资投到哪里，是不能不计算投资效果的。经济效果就是节约劳动，一切节约就是劳动的节约。比如，国家规定了某种生产任务，完成任务的方法有两种：一种方法是多投物化劳动，少投活劳动；另一种方法是多投活劳动，少投物化劳动。多投物化劳动，就是多搞设备；多投活劳动，就是多投人力。搞"小土群"，就是多用人力。究竟哪种办法好呢？这就要算大账，也就是要讲究经济效果。并不是越小越好，越土越好，事实上小土群是要不断提高的。几年前，劳动的潜力很大，还有空闲的劳动力。但自"大跃进"以后，就业问题解决了，而且出现了许多新的生产部门，劳动力就紧张了，大家都与农业、与粮食争劳动力，结果把农业上的劳动力抽出来大搞小土群。这个问题就是不算账。把劳动力抽出来搞小土群，而让粮食烂在地里是否合算？还是去搞小土群合算？要调动粮食生产岗位上的劳动力来大炼钢铁，哪怕这是为了制造拖拉机、农具，但也应计算计算效率，哪个高？在这种情况下，归结一句，就是要算算怎样最节约劳动。

比如，现在有100万吨钢，用来制造设备，改进生产工具，提高劳动生产率。那么，这100万吨钢怎样分配呢？这就要算账：假如100万吨或50万吨钢用于农业上，可节约劳动多少，投到工业上，可节约劳动多少，提高效率多少；在工业中，用在这一项目能提高多少劳动效率，用到那一项目能提高多少劳动效率。劳动生产率增长的相对速度，各行各业都是可比的，节约的活劳动是可比的。这样可比，却不叫"生产价格"吗？我不争名称，如不要"生产价格"，也可以叫作"投资效用核算价格"，反正就是不仅同一部门内部要比较效果，而且不同部门之间也要比较效果。我看，要同资本主义经济范畴划清界限，不在于这许多地方。如一定要划清，我看能不能叫作"广义价值"和"狭义价值"，叫作"广义生产价格"和"狭义生产价格"呢？

六、什么是计划经济？

计划经济，我们已经搞了12年，苏联已经搞了40多年，现在还提出"什么是计划经济"这个问题，好像是小题大做了。其实，什么是社会主义，还有很多问题没有搞清楚，如什么是社会主义经济，什么是按劳分配，什么叫有计划按比例，什么叫基本规律，许多教科书写了不少规律，然而还是各有各的说法，还没有共同语言。几十年来，从理论到实践，许多人把计划经济看成是自然经济——计划经济等于自然经济；又有人把计划经济看成是商品经济——计划经济等于商品经济。

要说明这些问题，看来必须把价值范畴弄清楚，把价值实体同交换价值、价值形态分清楚。对于社会主义社会的商品二重性、产品二重性、劳动二重性这些问题，不能小看它，不能认为与实际工作无关、与自己无关，由理论家去研究吧。我要向大家呼吁一下，不仅理论工作者，而且实际工作者也要重视它。对计划经济的不同看法，归根结底是从刚才讲的这些基本经济范畴看法这个分水岭开始的。我们中国经济学界，这12年来，对价值规律的讨论比较热闹，但还只是从商品价值规律角度来讨论，除此以外，对产品二重性、劳动二重性没有什么讨论。我们现在对计划经济的看法、做法，在毛主席的思想指导之下，从中国实际出发，已经从新的工作中提出了许多新的问题，已经不是照搬苏联的一套，而是有所不同。但是，我们在许多地方是否已经跳出40年来经济学者看法的圈子呢？我认为没有，就是没有跳出自然经济的圈子。

什么是自然经济？我小时在苏联读书时，教员讲了许多遍。他们如何说的呢？关于资本主义部分，和现在教科书上的基本观点相同。对于社会主义部分，他们如何说的呢，这就要先讲到资本主义。他们说，资本主义生产关系是在商品拜物教掩盖之下，人与人的关系是通过物与物的交换发生的。两个独立的生产者通过他们的产品相交换，便发生了关系即生产关系。资本家与工人也一样，他们各不相识，我买你劳动力，你为我做工，这个买卖的结果，劳动力就变成商品。资本家对工人的剥削关系，是通过劳动力的买卖表现出来的。所以它是被物与物的关系掩盖的。资本主义社会只看到物与物的关系，看不到人与人的关系。马克思的伟大贡献，就是把物与物的关系揭开来，把人与人的关系、资本家与工人以及其他各阶级之间的关系，向广大劳动者揭露开来。这就是教员对资本主义政治经济学概括的结论。

那么，社会主义社会如何呢？他们说，社会主义劳动是有计划的,一开头就不是私人劳动,而是社会化的劳动,集体劳动。我们的生产关系是直接的,是不通过物的,因此我们的生产关系是一目了然的。资本主义社会的生产关系实际是社会分工,这个社会分工是通过物来表现的。我们的社会分工,实际上等于资本主义社会的技术分工一样。那时老师讲分工有两种,一种是社会分工,一种是技术分工。资本主义企业内部、车间内部的分工,是技术分工最明显的典型。那么,我们社会主义社会中,整个社会分工也就同资本主义企业内部分工一样,简单明了,一目了然。这个话,你说不对?倒也对。我们是社会主义社会,尤其到将来,尤其是全民所有制内部的分工,派你到炼钢厂,纺织厂,或到农村生产,都是有计划的分工。生产什么,生产多少;你供应我什么,我供应你什么,都是统一规定的。这种关系,就同一个车间内不同的工序或同一个企业内不同的车间一样。在将来高度社会化的条件下,行业的改变更容易了,今天派你去按这个电钮,明天派你去按那个电钮。这就叫技术分工。社会主义社会生产关系就同这种技术分工一样简单明了。那时,老师还说,社会主义社会的生产关系,也像资本主义以前各社会的人与人的关系一样。石器时代,原始部落酋长或部落长,带了百把人早上出去狩猎或捉鱼,回来一起吃掉了。这种分工、协作,也是一目了然的生产关系。后来,到了奴隶社会。虽然有了剥削,但也很明白。奴隶是被剥削者,奴隶主是剥削者。在奴隶主的庄园里,有各种生产,首先有农业,后来有各种手工业(酿酒的、做衣的、木匠、铁匠),他们是替奴隶主、管家干活的,也很明白,这就叫自然经济。这里没有商品,没有货币,没有劳动二重性,没有社会必要劳动,它的劳动就是个人的。奴隶主庄园里生产的产品,无须计算社会必要劳动量。这个奴隶主与那个奴隶主发生关系,也只是互相赠送礼品而已,无须计算社会必要劳动量。到了封建社会,剥削关系不同了,地主通过地租剥削农民,这也是自

对社会主义政治经济学中若干理论问题的感想

然经济，它也无须计算社会必要劳动。老师说，社会主义生产关系就像企业内部的技术分工一样，也像过去资本主义以前各社会内部的分工一样，直接、明确，一目了然。

我想，我们的社会主义是不是自然经济呢？能把我们社会主义经济比作自然经济那么简单吗？对这个问题。1929年有过争论。当时，很多马克思主义者，认为社会主义社会不要经济学。资本主义生产关系复杂，不通过对商品的解剖是不行的，因为商品不仅是物，而且是生产关系的担当者。社会主义生产关系是统一的调拨、分配，很简单，没有抽象劳动，所以不要经济学。经济学是专门研究商品经济、资本主义生产关系的。这种说法的老祖宗，一位是德国的卢森堡，另一位是苏联的布哈林。布哈林认为不要理论政治经济学，不要以一门专门的科学来研究社会主义社会的生产关系。他说：将来如果还要一门科学，那就是叙述性的科学。这个叙述性的科学就是叙述社会主义社会生产力的合理分布，是经济地理学。还加上政策的汇编，政策的解释。就是根据当前生产力的分布，说明国家经济建设的政策应当怎样。有人不同意这种看法，但这是少数，而大多数人则是这样看的。布哈林的这些见解都写在《过渡时期的经济》一书里。列宁看了布哈林这本书，认为这种见解不对。列宁说：到共产主义还要政治经济学，那时第一部类和第二部类的关系，积累和消费的关系，还要政治经济学来研究。1930年，发表了列宁的这个批语。从此，就说要有社会主义政治经济学了。

后来，苏联奥院士主持编了一本社会主义政治经济学，我们看看有了什么样的政治经济学呢？说了半天还是布哈林不要政治经济学的政治经济学。是技术科学，是政策汇编，书中讲了许多机械化、电气化、自动化、化学化，还讲了很多规律，但是规律从什么地方产生的？通过什么客观存在产生这些规律呢？那本书上没有解释清楚，书中还讲了许多工业化、集体化的政策，我说这本书实际上是布哈林的阴魂。它很像布哈林所说的政策汇编加经济地理学。这本书，作为体系来说，还是自然经济学的体系，没有跳出这个圈子。它根据"社会主义生产关系一目了然论"，认为社会主义劳动没有两重性，产品没有两重性，没有价值，没有流通，一切都是有计划的统一调拨，等等。

斯大林总结了几十年的经济建设经验，写了《苏联社会主义经济问题》。这本书最大的贡献是提出社会主义经济有客观规律，要好好研究客观规律，人们只有掌握了客观规律，才能从必然王国走向自由王国。斯大林这本书的贡献还在于提出要研究价值规律及其他规律。就在此以后，商品、价值、价格、成本、利润、经济核算等问题的研究，在经济学家中流行起来了。过去人们受自然经济论的影响，认为这些范畴是暂时存在的，现在觉得这些范畴要好好研究，便将一切都和商品挂上了钩，和不同的所有制挂上了钩，就从这一极端偏到了另一极端。这几年来，大家都这样说："社会主义社会存在两种不同的所有制，于是就有商品；有了商品，也就有价值规律，也就有货币、价格、成本、利润、经济核算这些范畴。但是，到了共产主义社会，商品消灭了，价值规律等也都不要了。"对经济规律的认识，都是从商品说起的，都把它看成是商品的价值规律。《解放日报》10月20日有汪旭庄同志一篇文章，题目是《怎样认识和利用价值规律的作用》。这篇文章很扼要地概括了十多年来中国和外国对价值规律的看法，都是典型的传统性的看法。我是这种看法的对立面。那篇文章有几个小题目，第一个小题目是"价值规律是商品生产的客观规律"，第二个小题目"在社会主义制度下价值规律仍然发生作用"。为什么呢？文中说："社会主义的经济制度，包括全民所有制和集体所有制两种经济形式。集体所有制和全民所有制不同，其生产资料和产品是农民集体所有的财产，只能由他们自己来支配，而不能由国家直接加以调度。他们只愿以商品的形式把自己

对社会主义政治经济学中若干理论问题的感想

的农产品转让出来，愿意以这种商品换得他们在生产上和生活上所需要的工业品。"一句话，就是因为存在两种公有制形式，所以要有商品交换。我完全同意这些看法，列宁早说过，农民能够接受的是商品交换，不是产品交换。毛主席在人民公社化初期就提出反对无偿调拨，对农民不能剥夺。这是不能动摇的马列主义原则。那么全民所有制内为什么存在商品、价值规律呢？文中说："在全民所有制内部的各个企业之间，亦有必要保持商品关系，以便于在国家的统一领导下发挥各个企业的经营积极性与责任心，促使他们关心生产成果与劳动消耗，厉行经济核算，提高经济效果。"这就是说，全民所有制的商品尾巴还没有割掉，还有商品。全民所有制还要价值规律，因为还有商品。

该文第三个小题目是"价值规律在生产领域中的作用"。其中写道："价值规律对生产的作用，首先是国家可以利用价值规律作为实行经济核算的有效工具。"这是说，没有价值规律，就不可能经济核算。要经济核算就要利用价值规律。文章中还说："既然现阶段工农业生产品基本上还是作为商品来生产的，为商品生产所固有的价值规律就不会没有它的作用余地。""价值规律在这里实际上起着保证贯彻国家计划的重要杠杆作用。""为了保证农业生产计划的实现，国家除采取一系列的政治工作、经济工作以及各种技术措施外，还必须正确运用价值规律，适当规定农产品价格水平以及比价、差价等，以刺激某种生产或限制某种生产，使农业内部发展的比例与国家计划的要求基本相适应。"这就是说，通过价格、比价来刺激生产，这是价格在生产中的作用。

下面一个小题目是"价值规律在商品流通领域中的作用"。那就更不用说了。在生产领域中价值规律还起保证、杠杆作用，还要靠它来影响生产呢，更何况流通领域？

最后一个小题目是"价值规律在分配领域中的作用"。说：

"价格决不是如有的人们设想那样,只不过一种简单的'符号',而是具有重大的政治经济意义的问题。""在社会主义条件下,价值规律的作用完全有可能被我们所认识、估计并自觉地利用它作为加强计划管理的驯服工具,为发展社会主义经济服务。如果把价值规律看成是资本主义的范畴,或者把价值规律和计划经济摆在水火不相容的地位,而不加以利用,这是不正确的。"

介绍这篇文章,很有意义。汪旭庄同志的这篇文章是代表了现在中国和外国最传统,或者说是最正统的看法,有代表性。但是,我要提个问题。斯大林在《苏联社会主义经济问题》那本书中说,价值规律不起调节作用,起影响作用(影响,调节是修辞学上的问题),他的意思是:我们的经济是计划决定的,不是价值规律决定的。这个价值规律,就是指通过流通领域中间的价格的掌握,来刺激生产或限制生产的价值规律。可是大家讲价值规律对生产的作用,总是讲的这个价值规律的作用。还不是恩格斯所说的价值范畴回到生产领域中发生的作用。讲来讲去,还是商品价值规律。所以,汪旭庄同志开宗明义讲了价值规律是商品生产的客观规律。

这样,社会主义政治经济学在44年中,走了一个"之"字形,先说社会主义经济和自然经济、技术分工一样,否定刚才讲的一切概念,即商品、价值、价格、利润、成本、经济核算,等等。回过头来,又说仍要这些范畴,要的就是商品价值规律。似乎全民所有制经济也是商品经济规律决定的了。虽然社会主义经济中除了商品经济规律外,还有有计划按比例规律等,可是保证有计划按比例规律的实现,还要靠商品价值来做重要杠杆哩。那就是社会主义有计划按比例规律要靠价值规律了,而价值规律是要靠商品的。说来说去,最重要的还是商品。这样就把计划经济从自然经济变成了商品经济。

我要提出一个问题:处于计划经济领导地位的全民所有制经

济，自己有什么规律？是不是也像两个所有制之间的关系一样，一切要向商品挂钩？两种所有制要发生经济关系，只能靠商品交换，这是对的。那么全民所有制内部为什么也要靠商品交换才能发生关系呢？这不是说全民所有制的内部的经济规律要依靠它的外来的关系即两种所有制间的关系来解释吗？因为他说，商品之所以在社会主义社会起作用，是因为两种所有制之间要发生经济关系。而这对全民所有制来说，是外在的影响，不是内在的规律。社会主义社会起领导作用的全民所有制的内部规律，要靠和另一种所有制的相互关系的外在的规律来说明，经济学家创造这种理论逻辑，是因为他对说明全民所有制内在的规律失去了信心。

我认为这样的价值规律，是商品的价值规律，它的中心问题是通过价格的涨落对生产发生刺激和限制作用。把价值规律解释成商品经济关系，解释成价格和价值的背离，那就只能是物质刺激的规律。我们的生产不能光靠物质刺激。刺激，这是外来的因素，不是内在的动力。经济学家以商品交换规律、以物质刺激规律来说明全民所有制的内在规律，以全民所有制和集体所有制相互关系来说明全民所有制的内在规律，这在逻辑上是说不通的。到了单一的全民所有制的时候，全民所有制，计划经济的内在规律是什么呢？经济学家怎样回答这个问题？在过去的原始公社，能不能对原始公社的内在关系，以这个公社与那个公社相互交换中的商品关系来说明呢？这显然是不能的。

在我看来，我们社会主义政治经济学，就要在研究社会主义经济的客观过程中，才能分析清楚社会主义经济规律。客观经济过程就是生产、流通、再生产。社会主义经济是高度社会化的经济，它不同于自然经济，因而它除了商品流通以外，还有产品流通；同时，社会主义经济也不同于商品经济，它的生产不是靠商品价值规律、物质刺激规律来"影响"的，而有自己的内在规律。我们只有首先把社会主义经济、计划经济同自然经济、商品经济划分清楚，才能把社会主义经济、计划经济的内在关系分析清楚。过去，很多同志受"自然经济论"的影响，认为社会主义经济没有流通，只有有计划的分配和调拨，企业与企业之间的关系，只是调拨关系，好像用吊车把工作物从这个车床调到那个车床的机械移动一样，这里没有什么经济关系。这种看法是不对的。把社会主义经济看成同自然经济或车间内部分工一样简单，是不能把社会主义经济规律分析清楚的。事实上，社会主义生产是社会化的生产，这种社会化，是超过资本主义的社会化。我国今天的生产，还未赶上资本主义先进国家。但是，即使以今天来说，我们大大小小的独立核算企业，恐怕有十万、几十万。这些企业之间的相互关系怎样呢？过去是强调调拨，资产、资金不固定。这种"吃大锅饭"的办法不好。于是便提倡要经济核算。不仅全民所有制与集体所有制之间要等价交换，全民所有制内部企业之间也要等价交换。为什么要经济核算呢？很多经济学家解释道：因为商品还存在，要靠它来刺激。这就又向商品挂钩了。我说，这种看法，大大不对。核算不是为了这个。共产主义社会还要经济核算，是因为还有两大部类关系，要不断再生产。怎么能够不断再生产呢？设备要不断更新，原材料要不断补偿，工人生活资料要不断提供；设备不更新、原材料不补偿，生产就要停顿，工人得不到生活资料，生产也要停顿。为了实现不断再生产，各个企业就要独立核算。讲核算就要算账，算算物化劳动和活劳动如何补偿。为社会新增加的财富，社会可以调拨，但也要算账。要算算用了多少物化劳动？用了多少活劳动？活劳动中多少是劳动者为自己劳动的？多少是为社会劳动的？要算这个账，那就不能无偿调拨，而要等价交换。不等价交换，账怎么算得清楚？不等价交换，怎么能够知道这个企业搞得好坏？怎么能知道恩格斯所说的产品效用能否抵偿它的费用？要这一切，就要使价格的计算标准和它实际所花的活劳动、物化劳动相符合。这种符合，是社会主义内部规律所要求的，就是恩格斯所说的到共产主义社会还要的那个价值规律所要求的，而不是物质刺激的价值规律通过价格与价值的背离来发生作用。恩格斯所说的价值规律，要求说明产品的效用能否抵偿它的费用，这就一定要通过价格和价值相符合来表现。那么，为要研究产品的价格和价值是否符合，就要承认产品有二重性，劳动有二重性，即它有实物效用一面（使用价值的质和量），也有抽象劳动的一面（社会必要劳动量）。我们要从这两个方面的相互关系中来研究：每一个企业单位，它为国家创造的财富能否抵偿它的费用（过去劳动和现在劳动的费用），在抵偿之后，它能创造多少利润？而且怎样来提高劳动生产率？怎样来节约劳动？如果我们把劳动的双重性、产品的双重性都否定了，而把等价交换、经济核算这一切都同"商品"挂钩，结果就不能从计划经济的内在规律来说明，而是从计划经济中的两个所有制的交界上来说明问题。这就错了。

那么，什么是计划经济？什么是独立经济核算？就是要有价值规律——恩格斯所说的到共产主义社会还留下来的价值规律。这个价值规律的作用，不是通过流通来实现，而是通过价格与价值的符合，通过劳动费用的计算来实现的。这就是我前边所说的广义价值规律。我的这个看法，就是要用广义的价值规律来说明计划经济。全民所有制内部之所以要等价交换，不是为了所有制不同、觉悟不高、要物质刺激，而是为了研究生产过程中物化劳动和活劳动的补偿，以及研究它的积累和消费。

对于什么是计划经济，我是讲一些感想，把问题提出来，和大家研究，并不是作答案。

七、财政经济管理体制问题在社会主义政治经济学中的地位

财政经济管理体制，具体说，就是计划体制、物资供应体制

和财政体制。不少经济学家认为财政经济管理体制问题不是生产关系问题，因而不是政治经济学研究的问题，有的人认为这个问题是技术性问题。有的经济学家认为它是上层建筑中的法律学问题，现在国外的法律学家在研究企业管理职权问题。我认为，体制问题首先不是法学问题、上层建筑问题，而是生产关系问题，我们先要从政治经济学的研究对象，作为生产关系的角度，或生产方式的角度来研究它。规章制度的订立，它本身是反映生产关系的或生产方式的。社会主义计划经济的生产关系，在规章制度和条例上固定下来，就成了体制。所以，体制问题首先是经济学家研究的问题。然后根据经济的客观规律，经济学上的分析，法学家再来订成条例。这个学科，两家要共同研究，但各人角度不同。

现在一般人研究经济管理体制问题，总是强调中央与地方的关系。我认为财政经济管理体制，首先不是中央与地方的体制问题，那是属于国家政体的问题，那是法学家管的问题，是从民主集中制组织原则的角度考虑的问题。从政治经济学上来考虑，所谓管理体制，首先是作为国民经济的细胞，作为独立核算单位的企业的管理体制。这就是，作为一个独立核算企业它应有多大责任，国家才能调动其积极因素，全面地把国家交给它的担子挑起来？为了使企业管理人员，以至全体职工把全部担子挑起来，应该给它多大的职权？首先是明确责任，即各级的责任，作为独立核算企业的责任；然后是交权力。生产什么，生产方向，就是明确责任；然后交给它多少固定资金和流动资金，这是权力。有了责任，有了权力，才能调动积极性。交了责任，就要有权力。要他生产多少，就要给多少资金。

现在实际工作中，往往是给了生产任务，而原材料缺乏，生产不能保证，或只保证一部分。怎样保证原材料的供应呢？是否集中到北京，然后再分下来？这就是物资管理体制的问题了。据我了解，1958年以来，企业的流动资金并不是少了，而是多了。可是，怎么又说不够供应呢？问题在于产品的品种规格不对路。为什么产生这种情况呢？这是管理体制的问题。过去，人们把企业与企业之间的关系、企业内部的生产关系，看作和原始公社、奴隶主庄园的自然经济一样简单。以为各地区、各企业可以独立自给，只要统一调拨就行了。事实上，这样庞大复杂的社会经济，样样都要自己搞，都要自给，这是不可能的。同时，只是调拨，而不管企业原材料的补偿，工人生活资料的补偿，这也是不行的。难道这个企业不要不断再生产了吗？现在，为了保证企业再生产的不断进行，中央指出：各大区、各省、各地之间要建立经济协作关系。企业管理体制中重要的一条，就是要固定协作关系。

那么，协作关系固定之后，地区之间、企业之间的协作关系怎样搞法呢？是否可以像自然经济那样呢？不能。应当考虑企业的物化劳动和活劳动的补偿问题。这就是说，这种协作关系，必须是等价交换。那么能否从商品经济的角度来看待这种协作关系呢？更不能。我们不能在这两个极端内绕圈子。我们的协作关系，应该做到管而不死，活而不乱，能够调动各级和各企业的积极性。

对于财政经济管理体制问题，我们需要好好研究。我们做实际工作的同志，在第一个五年计划时期就开始摸索这个问题。我们计划管理的一套体制，是第一个五年计划时期从苏联搬来的。几年来我们从实际出发，虽也有了一些新的经验，但是还在摸索中。我们还要继续学习、研究。现在，关于财经管理体制问题，中央提出要管而不死，活而不乱。究竟怎样做到管而不死，活而不乱呢？许多做实际工作的同志是议论纷纷，莫衷一是。所以，这是个需要研究的问题。

八、社会主义政治经济学如何研究社会主义生产关系

我们讲这个问题是从批判了苏联那本《政治经济学教科书》以后提出的。对于这本政治经济学教材，大家都不满意。有的认为这是政策汇编。有的讲，除了介绍社会主义改造这一部分外，其他就没有生产关系了，因而技术性很大。既然政治经济学是研究生产关系，不是研究技术措施和生产力本身；可是为什么这本书除了社会主义改造以外就没有生产关系了呢？我们应该如何研究社会主义生产关系呢？我提出自己的几点看法：

第一，不承认人民内部的矛盾的学说，就不会深入地研究社会主义内部的生产关系。机械唯物论者和主观唯心论者都把政治经济学研究的生产关系看窄了，除了社会主义改造以外就没有生产关系了，讲生产关系就是讲所有制。当然，社会主义改造、所有制的变革是要讲的。但是如果说，除此以外就没有生产关系的话，那么，当所有制的变革到了底，就是说全社会都变成一个全民所有制以后，社会主义生产关系就不再变化，没有改进的必要，从而社会主义政治经济学也没有必要了。这种观点是不对的。为什么所有制之外就没有生产关系了呢？是不是矛盾仅仅表现在所有制方面呢？所有制到顶后，人民内部就没有矛盾了吗？事实上，还有领导与被领导的矛盾，还有三大差别问题，等等。毛主席提的十大关系，不正是人民内部矛盾吗？这些问题在中国特别在外国都没有考虑到。他们只看到《资本论》中分析的社会化生产和私人占有之间的矛盾，好像生产关系只有社会化生产和私人占有之间的矛盾，当私人占有变为公有之后，生产是社会的了，占有也是社会的占有了，矛盾就没有了。在人们的心目中，生产关系就是所有制，所有制解决了，就没有矛盾了。

把政治经济学的内容，放在物质技术基础上面，是不对的。

对社会主义政治经济学中若干理论问题的感想

这是机械唯物主义。但是，我们只从上层建筑、政治学范围提出问题，而不从经济基础、生产关系上来分析这些政治问题，也是不对的。例如，我们讲按劳分配与政治教育相结合，讲"两参一改三结合"，讲党的总路线、一整套"两条腿走路"的方针等，都还限于上层建筑、政治学范围内，而没有分析清楚这些问题反映了哪些经济关系。政治是经济的集中表现。政治不建筑在经济基础上面，不建筑在生产关系上面，不建筑在物质生产方面，就是主观主义了。在这里，我们当心不要从这一极端走到另一极端，把生产关系也看窄了。

第二，研究生产关系要联系着研究上层建筑。国家财政体制、企业财政体制、企业管理体制，不仅是上层建筑，而且是生产关系。我们经济学家对规章制度、管理体制研究不够，认为这是技术问题，而不知道这些问题都是反映了经济关系、生产关系的问题。实际上，我们的生产关系，企业与企业、领导与被领导、条条与块块、中央各部与省、直辖市，这一系列关系都是在规章制度中固定下来的。因此，研究社会主义生产关系，就要研究规章制度。

马克思的《资本论》是有血有肉的，它将资本主义社会的整个生产关系，甚至于家庭生活都做了描写分析，所以不是那么干巴巴。我们现在的书就是干巴巴的，要么就是政策汇编，要么就是规律汇编，只是下定义。到底在生产过程、流通过程、再生产过程中反映一个什么样的经济关系呢？没有分析。这个生产关系怎么反映在上层建筑上呢？也没有分析。你如果要详细研究那许多规章制度，人家就要讲：这是把政治经济学技术经济化了。我最近在研究固定资产折旧问题。马克思过去对这个问题的那种写法，如果按我们现代的经济学家的口径，都会说：这种写法是技术经济论，是要用技术经济学来代替生产关系的经济学。在《资本论》里，马克思很具体地分析了固定资产（物化劳动）如何一步一步地转移到产品中去,还列举了英国铁路公司的规章制度,把这些规章制度一条一条地、原原本本地写出来。他写道:车辆运输及机器设备,各种不同构成都是过去物化劳动,其转移的速度、情况、过程都不同,房屋、车厢、铁轨的磨损是一种规律,火车的磨损是一种规律,铁轨的磨损速度与车速成正比例,等等。你说,这不是技术经济是什么呢?实际上,马克思在这里是说明物化劳动如何转移,在说明资本主义的基本矛盾:私人占有与社会化生产的矛盾。他分析资本主义的固定资产、流动资金、固定资金的具体过程,是为了研究资本主义生产关系。我们现在是研究社会主义社会的客观经济规律,是研究生产关系,怎么能不研究这些具体问题呢?而且党中央也提出要研究这些规章制度。这些规章制度,反映了我们社会主义全民所有制的内部矛盾,全民所有制内部矛盾是物质生产中的生产关系问题,是政治经济学要研究的问题。

第三,研究生产关系要联系研究生产力。这里有一个具体问题:经济效果是生产力问题还是生产关系问题?我认为经济效果不仅是生产力问题,而且是生产关系问题。对如何使一双鞋子能抵几双穿或如何使纺纱锭子的转速加一倍,我们不是从化学和机械学的角度来研究,而是从生产关系的角度来研究。我们要研究费用与效用的关系,各企业、各部门之间的关系,条条块块之间的关系,积累与消费的关系,甲乙部类之间的关系,等等。这些就是生产关系!我们把这些关系安排好了,搞好了规章制度、体制,生产力当然会提高。我们研究政治经济学的最后目的就是增长生产力,从这个角度讲,经济效果也是生产力问题。因此,经济效果不仅是生产力的问题而且是生产关系的问题。

第四,劳动组织是生产力问题,更是生产关系问题。我原来的提法是劳动组织不是生产力问题而是生产关系问题。有些同志劝我不要那么死,为了灵活一些,我才改为这样的提法。如果称我的心的话，我还是按原来的讲法。有人认为，车间的布局，好像是生产关系问题，但在生产技术改变以后，车间组织、劳动组织改变了，这好像完全是技术问题、生产力问题。我认为，这种看法不对。技术改变以后劳动组织的改变，这是生产关系问题。恩格斯在《反杜林论》中说明生产关系与生产力的关系时，他讲，在军队的技术改变以后，即从刀枪改为火器，步枪改为机枪以后，军队整个队列也就改变了。他把军队的队列作为生产关系，武器作为生产力，以此说明生产力改变后，就会引起生产关系的改变。可见，我们现在把由于生产技术改变引起劳动组织的改变，看成是生产力问题，不是生产关系问题，这是不对的。毛主席讲的"两参一改三结合"是生产关系中三大部分的第二部分即劳动过程中人与人的关系，这是直接生产过程中工厂内部、车间内部、这一部门与那一部门的人与人之间的关系。

党中央一再提的体制问题，也是人与人在生产中的关系，是部门与部门、条条与块块、企业与企业之间的关系。不过，不是讲的车间与车间直接生产过程中的关系，而是（我认为）所有制关系。法学家告诉我们，所有制本身包括所有、占有、使用、分配四权，我国农村人民公社的三级所有制，也提出包括所有权、使用权、分配权和经营管理权。同样每个国营企业，均属全民所有，但属哪一个部管，或属哪一个司管，在调动积极性上就不同。这里有个体制问题。这说明，从私有到公有，从集体公有到全民公有，所有制问题好像解决了，再没有问题了，实际上这才解决了苏联法学家讲的所有制中的一个问题——所有，还有占有、使用、分配问题没有解决，如属于所有制的体制问题就没有解决。此外，在所有制问题解决以后，如何组织管理生产，这也是社会主义生产关系问题。因此，这些问题都是经济学要研究的问题。

第五，社会主义政治经济学怎么研究社会主义生产关系？根据马列主义和毛主席思想的指导，结论是：要通过客观过程的分析来研究生产关系。但表述时要从抽象到具体，从个别到整体，从简单到复杂。就是要用抽象法。要讲概念，要讲范畴，不要概念不清、范畴不清。

最后，我的结论是：政治经济学要研究社会主义生产关系，就要打破自然经济论和商品经济论。这两者是社会主义政治经济学即恩格斯所讲的价值范畴的对立面。我们如果不向这两个对立面开火，社会主义政治经济学的体系就不能建立起来。我的基本观点就是要打破自然经济论和商品经济论，按照恩格斯的价值范畴来研究社会主义政治经济学。自然经济论使我们政治经济学的发展推迟了30年到40年，还停留在卢森堡、布哈林当时的经济学水平上，即自然经济学的水平上。我们党对计划经济的认识，不是自然经济论，毛主席在我国第一个五年计划建设开始时，就从哲学上、从党的领导角度告诉我们：社会主义生产关系不那么简单，要从人民内部矛盾来研究社会主义生产关系。因此，我们要跳出40年来的自然经济的圈子，不要认为我提出的二重性等范畴与实际工作没有关系，事实上，在实际工作中的某些提法就是上了"自然经济论"的当。

我讲的只是一些感想。把感想讲出来，是想同大家一起来研究。

无锡早期工人运动和党支部建立时期的情况[*]

一、关于工人运动的问题

无锡的工人运动我没有参加过。那时自发性的有一些，但是不多，没有党的领导，党领导无锡工人运动是在工人夜校开始。我们那时在太堡墩办了工人夜校，是派人进去的，究竟派谁？据杨锡类讲是周启邦，这可能性大些。因此要了解无锡工人运动唯一线索，即是通过杨锡类了解工人夜校的情况。

看来做科学工作是非常艰巨的，要得冤枉工夫，张三，李四没有什么关系，但要搞清楚，好像是考古学界对"北京人"一样。无锡那时有一口钟，这是不是我们办工人夜校后办起来的？如果是在工人夜校后办起来的，那就更有意思，这文物现在没有，就要追踪。

在我印象中，杨锡类形踪有些反动，所以我好几次说上海派人来不要通过杨锡类，杨不一定靠得住。现在看起来，杨锡类这个人脑子不清楚，但人是热情的，帮我们做了不少工作。

---

[*] 资料来源：档案馆281—2，第15—19页。根据1961年11月23日孙冶方在江苏省哲学社会科学研究所召开的座谈会上的讲话记录整理，会议地点在南京饭店。

至于周启邦这个人说是失业了，没有饭吃，这靠不住。他派到无锡来是上海派来搞工人运动的，还是我几次到上海去要求派来的。因为在我一封信中，说到无锡有的生病，有的蜡店做老板没有空，我亦不自由，更是没经验，在1924年我只有16岁，小孩子怎么能领导，因此那时要求派人来领导，我不知道怎么办，在"五卅事件"后，我还到上海取经。

据我的印象，那时开始工人运动是自发的，到后来通过党员、知识分子到工人中领导工人运动。共产党领导工人运动的结果，是使工人运动发展了起来。知识分子从无产阶级外面把马列主义输送进去，这就是一方面中国共产党产生是工人运动的结果，另一方面，从无锡罢工来看是外来因素，工人运动不会自发产生马列主义。

那时我们在团支部时，张效良曾拿了两本S·Y小册子，是《社会主义青年团章程》和"二七罢工"的小册子。那时，我们知道要搞工人运动，因此办了工人夜校，到上海去取经等，看看上海工人运动是怎么办的。事实上，我那时在高小时已不搞功课，而是搞革命了。

无锡的工人夜校是在1925年上半年，还是1924年下半年记不得了，但最早不会在1924年下半年以前。在"五卅"后，工人夜校捐献的铜钱装了肥皂箱，那时我们感到真了不起，工人真好，没有多少天就捐了这么多钱。

这里提到周启邦上海派来做书记，但是五月八日决定的，到卅日就留党察看。看来周又不像是来搞工人夜校的。周来无锡，杨锡类、陈明尙还不服，究竟是怎样，他是否来做书记，要研究。搞历史凭想象推测那是不行的。对什么东西都要打个问号，即使是档案亦好，记录亦好都要打问号，应多方面来证实。

我们经济史组搞明、清和近代经济史，到档案馆去，翻了几千件，但只有得到一二句材料。科学研究样样都要打个问号，当

事人亦要打个问号，亦有的会有意识地夸大。

二、无锡党支部建立时期的情况

无锡支部的建立我考虑是在 1924 年，不是在 1925 年，至于是 1924 年上半年，还是下半年，现在看起来是下半年，但我是倾向于上半年。1924 年我高小毕业，这是靠得住的。到五卅后出国我是中学二年级，1924 年进入中学一年级，因此，支部还是在高小时候可能性大些，我入党是在 1923 年冬 1924 年春，这是 43 年回忆，但亦值得怀疑。

张效良来无锡代课了一个时期，大约半年，到 1924 年春季就走了没有来，无锡的团的责任就在我身上，而党是在他走后成立的，我们是团员转党员的，亦不是由谁发展的，那时讲你们就是党员，现在说是候补党员，这记不清了，不过我没有经过转党。那时经过青年团考察，董亦湘告诉我们，你们即是党员，要成立支部了。

在建立支部时，有我、徐萼芳、唐光明。其中没有周启邦。支部书记是推的。唐光明入党是比我们早，我与他认识是在成立 S·Y 时，唐光明是在我老家的隔壁一爿店里做朝奉的，原来不认识，到成立 S·Y，由张效良介绍认识的。徐萼芳入党同我差不多，他在五七团时就可能与唐光明认识。至于杨锡类，入党是在我们之后，建立党支部时还没有他，但我离开无锡时，他已是党员了。陈明岿是与杨锡类在一起，是艺芳小学的教员。

张效良走后，孙中山北上，号召开国民会议，因此，我们首先的工作是改组国民党，而觉得无锡只有几个团员不行，因此成立党。成立党不是在学校里。党支部成立后，首先是搞建立国民党，成立国民党区分部、县党部，开群众大会，通电拥护孙中山北上。当时就是搞这些国民军革命运动，而不是搞工人运动，无锡国民党是我们去建立的，成立了两个区党部，本来还想建立一个，后来没有成立，而国民党县党部我离锡时没有成立，在我走后才成立起来的。

当时搞工人运动我们是办了工人夜校班。

当时还有一个无锡青年团，那是外围组织，成立的时间与S·Y差不多。因为S·Y不好活动，因此公开组织这个组织作为掩护。

党和青年团的关系，我记得是我一身兼二职。在三师那时还有黄祥斌亦参加过党，是我找他谈话的。

就"双季稻"种植经验数据问题给何匡并《人民日报》理论版编辑部信[*]

何匡同志并理论版编辑部：

读了11月18日人民日报理论版登的于明等同志的"桐城县种双季稻的经验"一文，觉得文章所举的几个主要数字与文章要宣传的基本论点双季稻的好处未必有利。文章说：桐城耕地面积的89.2%是水田，其中50%左右种双季稻，所生产的粮食占该县粮食总产量的50%～60%。问题在于双季稻以外的耕地有多少是种粮食的。全部耕地去掉种双季稻的44.6%（89.2%的50%左右），尚余55.4%。如果其中种蔬菜、油料或其他非粮食作物所占田地在15%左右，那么耕地面积中44.6%的双季稻田生产粮食总产量的55%，占耕地面积40.4%的非双季稻粮食地生产粮食总产量的45%，种双季稻是否有利已值得怀疑，而且要考虑到双季稻用人工多，如果把这些人工用到单季稻和其他粮食作物上去，那么单季稻和其他粮食作物的产量还可能提高的。如果该县非粮食作物耕地的面积超过15%以上，那么文章所举数字反将证明种双季稻是不利的。因此，只有在非粮食作物所占面积不超过10%的条件下，才能证明该县种双季稻的确是有利的。以上数字同文章所举单位面积产量也不相符合（一季早稻就比单季晚稻多产24斤）。

---

[*] 标题为编者后加。

我完全不了解桐城情况，但是对这个问题的研究颇有兴趣，所以写信向你们请教，不知是我的推论错了，抑或是文章所列举的数字搞错了，抑或是种双季稻是否有利，即使在桐城也还是一个值得研究的问题。希望你们能告诉我桐城县的非粮食作物所占面积占总耕地的多少。

敬礼！

孙冶方
1961 年 12 月 20 日

就"双季稻"种植经验数据问题给何匡并《人民日报》理论版编辑部信

关于等价交换原则和价格政策*

几年来，特别是去年 11 月中央发出了关于农村人民公社的 12 条紧急指示以后，中央和毛主席一再强调必须尊重等价交换的原则。正在这时候，出现了"高级"消费品的高价政策和"自由"市场的暴涨价格。理论工作者似乎是碰上了一个难题：一方面是中央和毛主席强调的等价交换的原则，另一方面在实践中碰到的是工农业产品价格的"剪刀差"的扩大，是根据不同税率和利润率规定的工业品价格。这里似乎是规律是规律，原则是原则；而我们的政策，客观的实践则是另一回事。

对于这个难题，理论界有以下 3 种比较流行的解释：

第一种说法是把政治和经济截然分开，认为等价交换，价格同价值相符是经济原则，而价格背离价值则是政治挂帅。这种说法，在中国还没有见之于公开的文章，但是在日常讨论中是最普遍的。在苏联，则有一位院士很明确地说过，没有价格同价值的背离，便没有价格政策。[1]

第二种说法实质上是调和论：一方面强调等价交换的意义和必要；另一方面又加有"但书"，说在实践中，执行这个原则还

---

* 本文写于 1961 年，原载《社会主义经济的若干问题》，北京，人民出版社，1979。

[1] 斯特鲁米林："价格的完全符合价值的法则，对于现在生产的比例的改变是不能产生任何特别的刺激作用的，这等于放弃了一切价格政策。"转引自布列也夫：《国民经济计划教程》，北京，人民大学出版社，1954。

要照顾政策。这实际上还是说原则是原则，实践是实践，党的政策同原则仍是两件事，价格和价值是不能相符的。

第三种说法认为在社会主义制度下，价格是国民收入再分配的杠杆，是社会主义积累的手段，因此价格必然要背离价值，农产品的采购价格应该永远低于其价值，工业品的销售价格应该永远高于其价值；认为在社会主义制度下，工农业之间，全民所有制经济和集体所有制经济之间不等价交换是客观规律，等价交换原则只适用于农产品与农产品之间，即集体所有制内部。❶

尽管主张这种说法的同志，主观上是要维护党的价格政策，而且认为主张价格和价值相符是违背党的价格政策的。然而结果是"搬起石头打自己的脚"，把党的价格政策同等价交换原则看作是两回事，甚至是相互矛盾的了。我认为等价交换原则不仅适用于集体所有制内部，而且也必须适用于全民所有制经济和集体所有制经济之间的交换。

但是如何解释在实践中可以出现的价格同价值在一定范围和一定程度上的背离，以及由此产生的不等价交换的现象呢？

使价格同价值背离的原因，大致有以下3种：

价格与价值背离的第一个原因。单位产品的社会必要劳动量是随着劳动生产率的变化而每时每刻都在发生变化的，但是计划价格却不可能天天调整，时时调整，从这个意义上说，价格同价值的一定程度的背离是永远存在的。但是因为各种产品的劳动生产率都在增长着，而且从长远来说，增长速度是相等的，因此，各种产品的价格和价值背离的程度也大致相等，各种产品之间的

关于等价交换原则和价格政策

---

❶ 主张这种观点的经济学家说的是：农产品价格低于价值，工业品价格与价值相符。但这是对商品交换的比价关系没有深入考察的说法。例如，一批农产品和一批工业品互相交换，二者的价格各为10亿元，但工业品的价值为10亿个劳动小时，农业品的价值是15亿个劳动小时。在这不等价交换关系中与每1小时价值相符的价格不是1元，而是8角；因此，工业品价格是高于价值2角，而农产品价格是低于价值1角3分多。——作者

交换比例则总是等价的。

价格与价值背离的第二个原因是由历史上遗留下来的。在旧社会,由于帝国主义和官僚买办资本对殖民地半殖民地农村的剥削关系,存在着工农业产品价格间的"剪刀差"。新社会建立以后,由于种种原因这种价格差异不可能立即完全消除,而必须有一个逐步消除的过程和时期。在这个时期内,国家可以有意识地利用这种价格"剪刀差",作为国家取得积累和再分配国民收入的一个杠杆。问题在于我们如何看待"剪刀差"这个杠杆,把它利用多久,利用到什么程度。

普遍认为,通过价格"剪刀差"来动员农民的积累,农民比较容易接受,而用别的形式,如农业税的形式,就不容易接受。这是一部分财经工作者和理论研究工作者认为在社会主义社会必须保持"剪刀差",即不能彻底实行等价交换原则的主要理由。但是马克思主义经典作家一向认为直接税同间接税相比较,前者是比较合理和进步的一种负担形式。这种看法即使是在社会主义社会也是对的。工农业产品价格"剪刀差"是一种隐蔽的间接负担形式。财政工作者认为用这方式来动员农民积累最方便,实不知这种负担形式的缺点,也正在于它的方便,在于它的隐蔽性。这种负担形式使国家和农民双方都不能清楚知道国家到底从农民哪里取得了多少积累。例如,解放后十多年中,农民对社会主义建设所提供的资金始终是不少的,但由于主要是通过价格杠杆取得的,直接税(农业税)数额往往还不及当年的银行贷款和国家对农业水利的投资。因此长期间曾经形成一种错觉,低估了农民对社会主义资金积累的贡献,甚至以为农民从国家取得的多而国家从农民取得的少。价格杠杆的再分配形式还有一个缺点,就是它对于收入不同、贫富不一的地区、公社和阶层不能分别对待。

当然,如前面所说的一样,工农业产品价格"剪刀差"是旧社会遗留给我们的。因此,要消灭这个"剪刀差"需要有一定时间，而且要有步骤地进行，首先，在工农产品比价调整过程中不要引起市场物价混乱，其次，要照顾到社会主义建设资金的来源。但是这是具体步骤的做法问题。我们不能同意这种矛盾的想法：一方面把社会主义的农民的觉悟估计过低，以为他们对社会主义建设的资金积累不愿意有任何负担，如果这种负担完全以直接税形式征收的话；另一方面把农民看得太好说话，以为只要采取了价格杠杆"剪刀差"这个隐蔽形式，那么，过重的不合理负担他们也能忍受得了。

总之，社会主义建设资金的积累不能成为社会主义社会价格必须和价值背离，因而不能贯彻执行等价交换原则的理由。

在社会主义社会的实践中，发生价格和价值背离现象的第三个原因是在社会主义建设初期，计划工作经验不足，主观认识同客观实际往往会产生比较大的距离，出现了供求不平衡。这在物资储备缺少的条件下，或者就需要我们主动地利用价格杠杆来调剂，或者就会出现自由市场自发性的涨价。随着我们的经验的积累，尤其是在社会主义社会经常保持一定的物资储备之后，价格和价值背离的这一原因也就消失了。

因此，我们应该认为等价交换的原则必须贯彻执行，价格应该以不背离价值为原则，党的价格政策必须以等价交换的原则为依据。在统一了这些基本认识之后，理论研究工作者的任务就应该进一步去研究和解决"等价交换"等的是什么价，是价值，抑是"生产价格"。社会主义社会的农业和采掘工业中，有无级差"地租"（级差收入）存在，如何通过对工农业产品的成本计算，来计算社会必要劳动量和"生产价格"（如果我们承认存在"生产价格"这一范畴）。关于如何计算成本的问题（所谓成本，归根结底是物化劳动和活劳动的消耗量），特别在农业中，还存在着不少理论上的和技术上的困难。

但是如前面所说的一样，到目前为止，在理论界还只有前3

关于等价交换原则和价格政策

种看法的文章才能被认为是正确地解释了党的价格政策，而这些说法实际上是直接地或间接地否定了党的等价交换的原则。相反的解释反而被认为是违背价格政策，是政治不挂帅，甚至曾被认为是有修正主义味道的。

我建议就这一问题组织一些理论讨论。

"关于维持简单再生产的资金补偿问题"给计委党组的意见书*

吕克白同志并国家计委党组：

　　经济研究所送上杨坚白、江冬、刘国光三同志关于维持商业再生产的投资管理问题的意见，料你们已经看到。那几天我因感冒，未曾参加他们的讨论。在讨论中有不同意见的同志（他们赞成第一方案）也未将自己的意见写出来。不知计委从各部搜集到的意见和材料如何，已经开会讨论过否？

　　就我个人而论，我基本上是赞成第一方案的，而且认为第一方案中对企业职权没有明确规定是一个缺点。我认为应明确规定，凡是属于补偿原有固定资产磨损的折旧资金，除了应报废和停办的厂矿以外，一般应规定为这是企业经营管理权范围以内的资金，中央、地方均不应移做别用。如果国家在某种不得已的情况下，要移用这笔资金，应视作对原有固定资产更新，即对简单再生产欠下的一笔债，迟早应该偿还。这是原有固定资产的补偿更新问题，而不是新的投资。因此，文件上用"投资"二字不恰当，会引起错觉（误认为这是扩大再生产范围的事）。

　　至于坚白、江冬等同志所顾虑的，由于折旧提取和固定资产更新在时间上的差异，而引起的折旧基金利用的问题，这是银行对这些资金的管理问题。从社会来说，应该利用折旧提取和固定

　　＊ 题目是日记中的记录《"关于维持简单再生产的资金补偿问题"给计委党组的意见书》。

资产更新在时间上的差异,来作为扩大再生产投资的资金来源之一。运用社会闲置资金在资本主义社会是银行的重要职能之一,在公有制的社会主义计划经济中,应该可以把这工作做得更好、更合理。但不要因此去牵制企业在固定资产更新工作中的积极性和主动作用,从而放松了企业的职责(企业受国家委托而保管并以最经济合理的途径不断更新固定资金的职责)。至于什么样的厂房和机器应修理,什么样的厂房机器要拆除重建用新的来代替,主管部门应根据不同部门和不同地区的具体情况做些原则性规定,并监督企业严格执行,但是固定资产更新的责任应交给企业自己办,不要当作新的投资处理。我这次在上海调查企业经济核算问题时,再次看到了由于现存制度的不合理,主要是由于大修理和基本建设的机械划分,而引起的资金浪费和妨碍技术进步的事实。我希望不久可以向你们提出一个专门的报告。

但是我认为,坚白、江冬、国光三同志报告中提出的另一点意见,即关于划分简单再生产和扩大再生产的界线应从资金和生产规模的价值量来看,而不应该从实物量来看,这个意见是正确的,而且是十分重要的。"方案"把增加原有生产能力或扩大企业原有设计能力一律看作扩大再生产是不对的。马克思的再生产公式是把技术进步抽象掉讲的,因此再生产的实物量和价值量是一致的。但是实践中,不仅机器在不断更新,工人的熟练程度也在不断提高,劳动组织也在不断改进,因此,即使企业不换新的设备,企业生产的实物量规模也是不断扩大的。关于这一点,我在去年6月2日就给党组的"关于全民所有制经济内部的财政体制问题"的意见中已经谈到过,此处不再重复。

孙冶方

1962年1月30日

关于党内生活的一封通信

龙桂、日安、秉珊、裴文、柳方、贺笠、耕漠、坚白、公然、江冬、一真等同志并转君辰同志：

今天上午在计委又听了一遍主席讲话的传达之后，我感觉到，我们在学习这次传达报告的时候，应该在上次西颐轮训班学习的基础上，把如何在经济所党内生活中贯彻民主集中制原则，加强集体领导的问题好好讨论一下。西颐轮训班的学习对我们大家都有很大帮助。但是我认为美中不足的地方是末一阶段太局促了一些（由于时间局限），有些问题还没有研究透彻。我对第一单元学习情况不知道，第二单元的学习，我基本上都参加了。我觉得我们在学习中虽然是本着以实带虚、虚实并举的精神进行的，但是实际上还是实多虚少，而且"实"，主要的也还只限于两次整风运动中的一些问题。这些问题不论它多么重要和突出，总不是我所党内生活的一切，而且这些问题之所以重要而突出，也是因为它们具有一般意义。这就是说，我们要从这些问题中得出些"虚"，来指导今后的工作。我们在学习中是向这目标努力的，也收得一些效果，得出了一些经验教训以指导今后工作。但是还做得不够。

例如，我认为从学习过程所提出来的一些问题之中，首先应该解决的一个问题是如何贯彻民主集中制原则，建立我所党的领

---

* 标题为编者后加。

导核心（不仅指领导小组，而且包括党员组长在内的"扩大会"同志和总支委）对全所的集体领导，不是领导小组组长、副组长，或者再加上领导小组成员等个人的领导，而是集体的领导。在学习过程中，君辰同志曾经告诉过我，他在同一些同志谈话中，曾经有人向他提出，如何改进领导小组的领导方法，以及这个领导核心的组织形式。也曾经有同志向他提出，领导小组成员与非成员是不是一级领导（以此类推，我觉得还可以提出组长与副组长，以及组长、副组长对组员是不是一级领导等问题）。也有同志提出过去领导小组曾经一度提出，后来并未实行的领导小组正副组长和成员对各组分片领导的方法是否妥当。我在西颐宾馆时，听了小组会上同志们的发言之后，特别是君辰同志同我个别谈话中给我的一些启发之后，我觉得，我们应对经济所如何建立党的集体领导（包括个人作风、领导机构组织形式、领导方法）问题，在以"实"带"虚"阶段过去后，好好议论一下。但是我这想法因为时间不允许而未能实现。听了主席在扩大工作会上讲话的传达后（特别是他关于当好班长和对于分片包干的领导方法的意见以后），我觉得我们在这次学习中，应对这一问题趁机补一课。

又例如，从西颐宾馆学习时相互提意见的过程中可以看出，我们平时的党内生活不是很正常的。平时互相客客气气，实际上互相之间有不少意见。因为平时没有正常的或经常的党内生活，没有提意见的机会，因此一有相互批评的机会，就有些像倾盆大雨、近乎总算账的气势。提意见且带有义愤或气愤的情绪，就证明平时民主生活不是很正常。在学习中（主要是后期，因为那时大家的意见提得差不多了），我曾说过，对于整风中的动机和责任问题主要靠个人自我检查，别人不要多追问（因为后来已经弄明白，整风中有不少事情处理错了，但都不能说是有意陷害或捏造）。但是对于思想作风、"意识"等问题，是可以在总结整风运动中的问题之后，专门开一两次会补补课的——补过去党内生活之课。但是后来主要也是由于时间不够，没有开成。

在轮训时，我也曾建议过，为了建立正常的党内生活，避免平时互相不提意见，到整风时下倾盆大雨算总账，今后领导小组扩大会的同志，定期（每个月，或每二三个月）过一下党内生活，即定期开些党内的批评与自我批评会（应是自我批评与批评会）。但是时间又过了一个多月，没有开起来。我听了主席讲话的传达之后，深感不能再拖延。现在许多同志要出发，可能二三个月以后，我们才能"大团圆"，因此，我建议在同志们出发之前，结合对于中央扩大工作会议传达报告的学习，对于如何建立我所的集体领导做些既有原则又有具体办法，即虚实并举的讨论，并且每一个人做自我批评和批评。时间不宜过多，但少也不行，计划两个半天（如果事先做些准备，大概两个半天够了）。我请求给我一个小时的发言时间，保证绝不超过，但太少恐怕不够。上次轮训学习的最后几天，我以为只是一般学习总结，所以未出席。后来听说又做了一些很有价值的讨论，特别是对我又提了一些很好的意见。可惜的是当面未听到（但回过头来说，可能也是好事，因为我不回避，可能同志们也不提了。这是值得我警惕的）。我应该做些自我检讨，也愿意对别的同志提些意见，更想对集体领导问题讲些话。鉴于我讲话很啰唆，少于一小时不行，但下决心不超过。

另外，我建议，对于这次传达报告中的经济建设部分的问题也学习三两次（即三两个半天）。

这个学习会的范围如何，请你们考虑。经济建设部分以听过这次传达的同志为限，即你们加上李云同志。如到那时，十七级的同志也听了传达则可再考虑扩大。至于党内生活部分，如以参加上次学习的同志为范围，龙桂同志当然应该参加，我一定参加，但李云同志不参加似也不好。绍飞参加了上次学习，这次他

关于党内生活的一封通信

如参加，则其他副组长同志参加不参加须加考虑。希望你们提出意见，并请写在附纸上。

我建议，关于党内生活问题的学习会请秉珊同志负责考虑一个办法，并主持会议，并希望她以总支书和行政政治工作副所长、副组长身份负责多考虑建立我所领导核心的集体领导和保证今后正常的经常的党内生活问题；关于经济建设问题的学习会如何安排和准备，请日安同志负责，并主持会议。

敬礼！

今日下午写完以上一信，晚上读一遍觉得没有写清楚，而且很啰唆，想改写和重誊一遍，不料不断有客人来谈问题，到11：00才有空，明日有事来不及了，对不起。

孙冶方
1962年2月14日

在科学院党员轮训班上关于社会主义经济建设几个问题的讲话提纲[*]

1. 开场白

（1）真正懂得社会主义并不容易；所谓真正懂得，就是具体地懂得，不是仅仅原则地懂得。

（2）为什么马、恩、列、斯、毛都讲过的东西，我们实际工作者还会犯错误——就因不真正具体地懂得：

A. 事非经过不知难；没有直接经验。

B. 骄傲了，不学习——经验主义抬头。

（3）我们的许多问题不是"大跃进"带来的，但"大跃进"扩大了矛盾，如农业问题……

（4）尽可能讲具体。

2. 路线性的错误与工作中的错误

（1）我们自己改正了，不是人家来改正。

（2）我们的错误在于好事做过了头，真理跨过了一步以至几步，走到了反面。（引列宁话）（《列宁全集》31卷中文44页、85页，俄文44页、83页）

（3）不能以成败论"英雄"。

3. 人民公社问题

（1）"一大二公"哪里去了？

---

[*] 讲话时间为1962年7月10日。

A. "大"

全　国　5.9万社

　　　　75.1万大队

　　　　536.6万队

每　社　2 209户

每大队　176户

每　队　25户

B. "公"

(2)"包产到户""借田渡荒"。

4. "大跃进"问题

5. 总路线问题

两条腿、并举。

6. 认识错误、克服困难的正确态度

全党团结、全国团结。

不怨天尤人，怪上怪下。

对一个《报告（草稿）》的意见[*]

一、报告要着重讲讲市场、物价工作以及整个流通环节对促进生产的重大作用

《报告》很强调生产是解决当前市场物价问题的决定关键或主要关键。生产决定一切，也决定了流通，一般说来这是对的。然而市场物价以及整个流通环节，不能只看作是消极被动的因素。当前的情况是：不合理的物价和市场管理往往鼓励了单干，而不利于集体经济的巩固；鼓励了投机贩卖而不利于生产；鼓励了三类物资的生产而不利于粮棉等主要农产品的生产。这个《报告》的目的是要解决市场和物价问题。因此，在这里应该强调市场、物价以及整个流通环节对于巩固集体经济、恢复工农业生产的重大作用；而不要造成一种印象，好像市场、物价问题的解决，本身还要等待生产的恢复和发展。

我在这里，提到了整个流通环节，因为我觉得社会主义国家

---

* 这是1962年8月，我对伪君子、阴谋家陈伯达起草的一个《报告（草稿）》所提的书面意见。当时，他伪装着虚怀若谷的样子，曾亲自召见了我，表扬了我的这个《意见》。然而，也正是我的这个《意见》，揭示出这个所谓的"理论家"的水平并不那么高，从而使他怀恨在心。在两年以后（也就是"文化大革命"以前两年），利用中国科学院经济研究所"四清"的机会，给我扣上了"中国最大的修正主义者"的帽子，组织了对我的"批判"，并且在"文化大革命"开始以后，又进一步对我施行政治迫害——作者。

在市场、物价方面出现的一些共同性的问题是与社会主义政治经济学中片面强调生产决定流通，因而轻视以至否定流通过程的论点不无关系的。例如，苏联经济学者甚至认为，全民所有制计划经济本身没有流通，流通只是商品生产的遗迹，因而不注意流通过程的理论研究，甚至想用行政手段来代替流通。我觉得，要解决当前的市场、物价问题，说一说社会主义社会的流通对生产的关系，说一说二者的矛盾和统一，是有好处的。

市场物价工作中过多地、不适当地采取行政办法，主要是由于不尊重等价交换这个流通过程的重要客观规律。第一个五年计划初期，我们面对着小农经济的汪洋大海和私营工商业资本主义的雄厚经济力量，不得不采取粮食统购统销的时候，我们是很谨慎小心的，我们的统购价格基本上符合或接近市场价格；因此虽则统购统销也是行政办法，但是当时贯彻执行统购统销政策并不像现在这样吃力。这是因为当时我们基本上没有违背等价交换这一客观经济规律。合作化了，全面公私合营了，我们的主观力量加强了，但是我们贯彻执行统购派购政策的时候远比过去感觉吃力了。主要是因为我们违背了等价交换这一客观规律。

经济行政手段总是要的，到了共产主义社会也不能没有经济行政工作。我们现在反对的是违背经济规律的，超经济的或单纯的行政手段；如果行政手段合乎经济规律，行政手段与经济手段合为一体，大家也就不会反对它了。

我不是说，要在这样一个报告里，大谈理论问题，而是希望不要像《报告》那样一面倒提问题，而要用几句话，说说市场价格对于巩固集体经济、流通对于生产的重要意义，在某种情况下，甚至是决定性的关键。

这几年来，国民经济中的问题，有的是生产环节中的问题（例如综合平衡和比例关系，企业经济核算等），有的是流通环节中的问题（例如国民收入的再分配和财政、信贷问题，市场、物价问题），很难说，哪一个环节上的问题多一些。更重要的是：流通和生产是互相影响的，例如财政收入的虚假性就会影响消费和积累的正确比例安排，而很多的无偿剥夺，对集体所有制的侵犯是通过不等价交换和过高的征购量发生的。

生产对于流通，好比生产力对于生产关系一样，是第一性的东西，不肯定这一点是不符合唯物论的；但是不指出流通在一定意义上对发展生产的决定作用，也同否定生产关系的积极能动作用一样，是不符合辩证法的；而生产关系的问题不仅存在于生产环节上，而且更多地存在或反映在流通环节上。现在大家都很重视生产关系，希望文件能提醒大家：市场、物价以及整个流通环节上的问题都是重大的生产关系问题。

二、货币发行量过多与否，不是相对于"商品供应量"说的，而只能是相对于整个市场的商品流通量说的

报告第2页上说："全国的货币发行量同商品供应量，特别是主要商品供应量相比，还是过多。"这个说法是不对的。货币发行量过多与否，不是相对于"商品供应量"说的，而只能是相对于整个市场的商品流通的需要量说的。尤其在商业工作人员的概念中，商品供应量指的仅是国营商业的商品供应量。这样就把货币发行的范围看得更窄了。货币是商品流通的媒介。这里需要强调的只是"流通"，而不是"供应"。公社内部自给的产品和国家向农民征的公粮，以及向国营企业调拨的产品都是供应社会需要的，然而都不需要货币做媒介。反之，凡是参加市场流通的，不论是国家掌握的，抑或是集体所有或个人所有，不论是主要商品，抑或是鸡毛蒜皮的小商品，都需要有货币做媒介。正因为如此，所以要解决市场和物价问题，不能只等待生产增加，而且要注意如何使已经生产出来的财富能够"货畅其流"。而在"画地为

牢""层层封锁"以及国民经济的自然化情况下,即使生产不减缩,货币流通量也会相对地过剩的,或者生产仅仅减少一分,商品流通量却缩减了二分,通货膨胀的速度超过了生产减缩的程度。

同时,还要指出一点,这就是:当市场物价看涨的时候,持有货币的人总是急于脱手,而持有商品的人则不急于脱手。这样,货币更是相对地多了,商品相对地少了,虽则商品的绝对量并未减少,货币的发行量并未增加。因此,流通中需要的货币量与货币流转速度也有直接关系。这一切都足以证明,市场对于货币的容纳量不仅仅取决于生产环节,而且也取决于流通环节自身,报告的提法有片面之处。

三、是不是继续提"回笼货币"的口号?通货膨胀和通货紧缩对流通、生产,都是不利的。重要的是财政平衡,不要再有赤字,不要财政发行(包括通过信贷形式的)

前些时候,通货膨胀未停止,中央提出"回笼货币"的方针以制止通货膨胀,这无疑是对的。但是当通货膨胀的趋势已经停止,而且已经紧缩了几十亿的时候,是否继续把"回笼货币"当作方针来提?而且"回笼货币"所指的具体内容是什么?

我们是一个农业国。商品和货币流通的季节性很大。旺季时国家收进物资,投放货币;淡季时,抛售物资,回笼货币。货币总与物资依照相反方向运动。如果"回笼货币"的方针是指这个,那么这是商业业务季节性自身的机制决定的。该投放多少就应投放多少,该回笼多少就应回笼多少,就不是"略有回笼"的问题,也不能算作是财政方针。

如果"略有回笼"不是指的这个,而是要在市场进一步活跃,物价不回跌,商品流通量增加,居民已经不是那么急于把货币脱手的条件下,减少货币流通量,那是对流通和生产两不利的。因为在过去货币发行超过了商品流通需要的时候，货币流通量已经通过物价上涨，在新的水平上，与商品流通量取得了平衡。在已经平衡之后，货币发行量即使不增加，在商品流通量增加，或者物价提高（《报告》还打算把某些亏损企业的产品价格再提高）的条件下，就会使货币发行量不能满足商品流通的需要，如果再要"回笼货币"，就会形成严重的通货紧缩。而根据货币流通规律的要求，货币流通量（发行量）应该与商品流通的需要量相适应，过多是通货膨胀，过少叫通货紧缩，对流通和生产都是不利的。

要"回笼货币"而不危害到流通和生产，只有在一个条件下是可能的，那就是有计划地降低物价，即国家贬价抛售工业品。（例如恢复到原有的低水平）但是《报告》已经指出，在目前不可能，因为经济实力不足。因此，我认为目前不能再提"回笼货币"。把"回笼货币"当作方针，执行的结果，必然会使工商企业周转不灵。目前应该坚持的财政方针是：财政平衡，不要再有赤字，不要财政发行，不要把用银行投放货币收购的农副产品当作财政开支。

四、计划供应与凭证供应之间不能画等号

草稿第三页上把凭票、凭证供应与计划供应等同起来，而与自由选购对立起来的提法不大妥当。凭票、凭证供应就是配给制。第一次世界大战时许多参战国都实行了的。我们的凭票、凭证供应同资本主义国家的配给制不同之处，仅在于我们国家是无产阶级国家，因而实行这制度时首先照顾工农阶级的生活水平。然而配给制总是配给制，它是生产衰退，物资不足的结果。把社会主义的计划供应同配给制等同起来，而与自由选购对立起来是不对的。社会主义的商业永远应该是计划供应而不是通过市场竞争进行的盲目自发

对一个《报告（草稿）》的意见

的供应。但是在物资丰富的条件下，在商业工作做得好的条件下，社会主义社会的消费者应该比资本主义社会中的普通居民有更广泛的自由选购的范围，因而保证他们有美满的生活。

这是个概念问题，然而是值得把它说说清楚的。因为在商业工作者中间，把配给制和计划供应混为一谈是相当普遍的。因而在不需要实行凭证凭票供应，或者不需要那么多票证的时候，过多地颁发了那么多的票证。据说，前两年有一个省的商业厅长从北京开会回去，把各地所推行的票证都当作社会主义"计划供应"的先进经验在他们那里颁行了；虽则当时该省供应情况还好，不需要颁发那许多的票证。

五、不要把集市贸易叫"自由市场"

把集市贸易，特别是把目前这种带自发性的集市贸易称作"自由市场"，把它作为计划市场的对立物，在生活中已经是很习惯的说法了。然而我还是不主张在正式文件中用"自由市场"这一含义不大确切的概念。自由是认识了的必然，恩格斯说人类只有进入了计划经济以后才算是从动物界进到了人类社会，从必然王国进到了自由王国。自发性的集市贸易之所以存在，正是因为我们的经济还没有完全计划化，还很不自由。很不自由不仅是对社会主义计划经济而说是正确的，而且对那些参加集市贸易，经常受价格摆弄的个人而说也是正确的。在"自由市场"上只有对自发势力才是真正"自由"的。"自由市场"是资本主义"自由竞争"时代的术语，因此，我主张在正式文件中，或者不要用"自由市场"这个概念，而直接称集市贸易，或者把"自由市场"这四字加上引号。

至于报告中对开放集市贸易所提的意见，我是赞成的。

六、要讲清目前只能"实行这个方案作为过渡办法"的原因，不要掩盖矛盾；同时要指出彻底解决矛盾的办法和前途。主张在条件许可时，征和购分开，以贯彻等价交换原则

我同意《草稿》提出的解决当前市场物价问题的基本方针，即以"低价对低价，高价对高价"这个方案作为过渡办法。但是如同《草稿》所已指出的那样，"采取这个方案，还不能彻底解决目前市场和物价方面存在的问题，而且很难避免产生一些副作用"。因此，我认为《报告》对于不得不采取这一过渡办法的原因应该说清楚，并指出可能产生的副作用，使大家心中有数，尽可能减少这些副作用。

然而《草稿》对于实施这一方案的前途的描绘，则使人产生一种错觉，似乎情况已经好转到可以采取较彻底的解决办法了。因为根据《草稿》的描绘，在实施这一方案的时候，在对农民的关系方面，"农民按低价向国家出售统购、派购的产品，国家也按低价向农民供应工业品"。农民通过供销社的议价提供的高价农副产品，供销社也按高价供应农民以工业品。这就好像工农之间、城乡之间已经实行了等价交换，都平衡了。在对职工关系方面，预备给低收入职工以适当补贴。这就是说，不仅平衡了，因而物价、币值也站稳了，而且还可以提高一部分人的生活水平了。

但是实际上，在国家对农民的关系来说，我们还只能"逐步地实现工农业产品之间的等价交换"，对农村的定量供应还要减低；在国家对职工的关系来说，还要继续精减职工，压缩城镇人口，除了十几类主要生活必需品以外的消费品还要提价；而压缩城镇人口，提高消费品的价格，既影响职工生活，同时又不能不挤了农民的生活，影响整个物价的上涨（低价对低价部分的工农

对一个《报告（草稿）》的意见

业产品的差价是逐渐缩小了，还是扩大了，也大可怀疑）。总之，就目前情况说，供求之间，生产和消费之间，最后是国家财政的收和支之间还不能平衡，所以我们现在还不能采取《报告（草稿）》所介绍的解决市场物价问题的第一、二方案，而只能采取高对高、低对低两种物价的第三方案。因此，报告必须把情况、把矛盾说清楚，才能动员全党、全国，努力增加生产，节省开支，争取财政平衡，迅速改变这种高低两种（现在实际上是好几种）物价的临时性办法。

如《草稿》所说，维持两种物价的办法是有副作用的。在我看来，这种办法的最大副作用是在于不能做到"货畅其流"，不利于生产，而且是为投机贩卖制造机会，不利于集体经济的巩固。因此，我们不能让这种过渡办法维持过久，而只要首先做到了财政收支平衡，其次是市场供求平衡了，生产和消费平衡了，那么，我们既可以采用第一种方案，也可以采取第二种方案。

实行第一种方案，即高价向低价看齐的方案，也就是降低物价以恢复原有生活水平。实施这一方案，必须精确计算国家的经济实力，不能一次降低到原有的低水平，可以分作几次降价。

实行第二方案，即低价向高价看齐的方案。在实施这一方案的时候，为使职工生活不受影响，应按物价上涨幅度给职工以补贴，或调整工资。

在彻底解决市场物价问题的时候，到底是采取第一方案好还是采取第二方案好，是可以研究的。但是不能说走涨价的办法是唯一的道路。在资本主义国家和社会主义国家的历史上，两种办法是都采取过的。

在第二次世界大战之后，斯大林是用降低物价的办法来解决问题的。苏联没有完全解决高低两种价格问题，也没有完全解决隐蔽的通货膨胀问题，这是因为它并没有完全解决平衡问题，苏联的例子正足以证明仅仅恢复甚至发展了生产，只要流通环节中的问题解决得不好,平衡问题,从而市场物价问题也未必能解决得了。

在资本主义国家历史上,英国资产阶级在18世纪末和19世纪初,拿破仑战争之后,也不是用继续贬低币值来解决通货膨胀的。在战争结束时,英国经济情况是危险万状的。但是为了维持英镑在世界市场的信用,也即是为了维持英国资产阶级自身的经济政治地位,英国资产阶级恢复了金本位制,采取了所谓"平价恢复法"来解决通货膨胀问题。

为了人民币的信用,为了我们党和国家的政治威信,我是倾向于在条件许可的时候,用第一方案来最后彻底解决问题的。

对于最后解决市场物价问题,我还有一个不成熟的建议提供参考:在那时(即在完全平衡之后)可否考虑把农产品的征和购完全分开。例如,在粮食产量达到1850亿公斤左右时,征公粮××%,即×××亿公斤左右。(并规定按这征收量今后多少年不动)国家除此以外所需要的粮食完全通过供销社按等价交换原则议价收购。到底是征××%或稍多、稍少一些,可以研究。原则是在不增加农民负担的条件下,把通过价格杠杆向农民征收的部分,直接用公粮形式征收。我认为农民不会如我们很多同志所想象的那样,只能通过价格形式向他们暗拿,而不能用公粮形式明拿。只有把征和购分开,才能真正贯彻毛主席提倡的等价交换原则,而使城乡间、工农业产品间的流通畅顺,流通才能很好地为生产服务。

就经济所建设要做好两件事给康生信[*]

康生同志：

　　经济研究所向中宣部和理论小组的汇报，因为你和周扬同志抽不出时间来而至今未汇报成功。上星期三和昨天本来已经确定要举行了，又因为周扬同志另有别的事情而临时取消了。同时，听说你近来不仅太忙而且身体很不好，因此可能不会出席我们的汇报会。如果这样，即对我们是很大损失。

　　我们那个书面汇报提纲和五年规划草稿写得不大高明。然而这不仅反映了我们（主要是我个人）的文字水平，而且更重要的是反映了我们研究工作的实际情况：不仅说不清楚问题在哪里，而且看不出在今后五年内到底经济所是在为什么重点著作而奋斗，中心工作是什么。而我们想急着向领导同志汇报并请求帮助我们解决或明确化的问题也就在这里。

　　我个人觉得很难确定现在我所10多个组之中，哪一个是中心；在我们的"关于1963—1967年研究工作规划（草案）的报告"中列举的7个方面的研究题目中，哪一个或哪几个是重点。如果勉强要提出几个重点方面，那么据我个人看来，作为一个中国科学院的经济所，应该以政治经济学组（它的中心研究课是政治经济学的基本范畴：产品、商品、价值、价格、成本、利润等，即反映最基本的生产关系，包括所有制关系、分配关系的基

---

[*] 标题为编者后加。

本范畴)、国民经济综合平衡组(再生产和计划方法的研究)和流通方面的两个组(财政金融组和商业、物资供应组)。但是这几个综合性的理论研究室组搞不出名堂来的。现在流通方面两个组最弱,问题也最难研究。两个组均无组长,有一个组新提拔了一个副组长。

至于我们在五年规划中提出的15种专著和几百篇论文中,到底哪几种是重点工作,更难确定,老实说,我现在对这些著作落实到多大程度,也无把握。

要使今后5年中,经济所的研究真能搞出些名堂来,在我看来,首先要抓两件事:一是理论与实际结合的问题,即与现实斗争(包括政治斗争、思想斗争和生产斗争)相结合的问题;二是个人研究与集体研究相结合的问题。只有抓好以上两件事以后,才能抓好研究规划或研究题目的设计。研究题目和研究规划本身是研究的结果,而不是起点,而我们现在的弱点就在于研究太少,基本功不足。

自从领导同志近年来提倡练基本功之后,大家很注意读书。经济所读书,尤其读《资本论》之风甚盛。这应该说是好事,然而出现了另一方面的问题:对现实问题,对调查研究很忽视(至少是重视不够)。我认为,经济研究的基本功应包括读书和调查研究两个方面;而读书不仅要读经典著作,而且要读资产阶级、修正主义著作,读现代作者的著作;调查研究不仅要注意典型调查,而且要注意综合性资料的搜集。今年春天我就向你谈起过,近来经济学文章有一种新训话学风气。这就是因为把基本功片面地看作只是读经典著作的缘故。但把经济学研究的基本功全面地做好,就我们现在绝大多数人(包括我在内)来说还差得很远。做好了这些基本功,按照现有的科学专题范围,大家分头去研究一些问题,总会做出一些成果来的,离开了这些基本功去抓专著项目是空的。

就经济所建设要做好两件事给康生信

在个人与集体的关系上，存在着各人埋头读自己的书，搜集自己的资料，而对别人的研究、对自己的专题以外的资料和学术动向漠不关心，或关心不够的倾向。这种倾向也不能简单地以个人主义、不关心集体等来解释。据我看，这里除了时间问题和个人精力问题以外，还有一个某一门学科内部的各个专业研究与整个学科的关系问题。我疑心现在我们的财政经济各系的课程的设置可能有问题。可能是恩格斯也可能是列宁曾经说过，形而上学机械唯物论的产生是与18世纪自然科学的发展和自然科学逐渐细分为许多独立的专业有关的（这是说除了社会阶级根源以外）。由于专业越多越细，使科学家的研究一方面是更深入细致了，另一方面却形成了不能全面地、在事物的互相联系中去看问题的形而上学的治学方法。但是使我奇怪的倒是据几位学医的青年告诉我，他们医学院直到最后一学年做临床实习的时候才分专业。而且他们做实习的时候仍是内外各科都实习，但自己所选的专业则相对多做一些。这就是说，自然科学家似乎不像从前恩格斯所说的一样只在自己的狭小专业范围内钻牛角尖了（据君辰同志说，他学医的时候，还是从一年级起就分专业的）。可是我们的财经学院，非但从一年级起就分为政治经济学、工业、农业、财政金融、商业、计划、统计、会计等专业各系，而且把所谓各部门经济学专业与政治经济学当作并立的学科看的，而不是把前者当作后者在国民经济各部中的具体运用看的。因此，我发现我所新接收的各部门经济学系毕业的学生都没有读过《资本论》，政治经济学修养很差，而且他们并不以此为怪。他们说，他们是读部门经济学的，而不是读政治经济学的。经济学各系中政治经济学的课程占那么少，似乎是学苏联的传统。但这样做法是否对，值得研究。这问题我并无研究，可能实际上并不如此，我是根据研究所内部发生的问题联想到的，可能是信口开河。

放在经济科学研究工作者面前的任务太多（方面多，问题多）太重，如果不分头去钻，不可能深透；但是如分头钻而不互相策应配合，那么各个专题既不能研究深透，更不能使经济学这门统一的科学发展起来。而解决这个问题仅加强集体主义教育之类还不够，还必须摸透学科本身的内在联系。对此，我自己就苦于了解不透。

我深感觉自己担任经济所长之职是不胜任的。要我集合三四个青年同志做些研究工作，我虽不敢说一定能有什么大成就，但至少总能写出些东西来（叫我专业做研究工作，5年内我可以写出一本经济学教科书来，当然不一定高明，但总能写出一本来，而且绝不写政策汇编式的或定义规律汇编式的东西）。而且即使写不出书来，或写出书来但很糟糕，顶多也不过浪费了自己及三四个人的几年时间。要我当所长，则当不好，不仅会影响到几百人几年的时间，而且会对一门学科的发展产生不良影响，想到这里，往往使我感到莫大惶恐。但要我担起所长的职责来，我想来想去首先必须对上述两个学术方针问题，即理论实践、专业与综合研究（或个人与集体）的结合问题解决得恰当。我觉得只叫青年同志去死读书也不太难，只叫青年同志去配合业务部门做些典型调查之类的联系实际，也不太难，但是要像我上面所说面面照顾到，可不容易。弄得不好，这样结合、那样结合会在三五年时间内一事无成，更何况在我考虑的规划中，就以打基本功为今后5年的基本任务，而不是以拿出中心著作为基本任务。

希望上级考虑我所提出的这个方针，如果认为可行，则请给予支持。

我要在汇报中口头补充说明的主要就是以上问题。至于其他一些问题，如百家争鸣政策如何在经济学研究工作中贯彻的问题，人员编制问题，党内文件（与经济研究有关的中央文件）的阅读范围问题等，在书面汇报提纲中提得比较明白，不拟多补充。

至于成立世界经济研究所的问题，希望专门汇报一次。

因为听说你可能不来出席我们汇报会，特别将我要口头讲的内容报告你。写得又是啰唆了一些，多费你的宝贵时间，请原谅。

敬礼！

孙冶方
1962 年 11 月 7 日

就固定资产折旧费问题致李富春同志信

富春同志：

十八日来信，我今午才看到，先将我对这个问题的看法简单报告如下：

把固定资产折旧费，打入财政收入在理论上是不能成立的，因为这是把老本当作了收入，当作了新创造价值，至于在实践中，主要有以下毛病：

1. 造成财政收入的虚假性。
2. 造成对老企业老设备的"欠账"。
3. 企业自己无法考虑设备的彻底翻新和大小修理如何统筹安排阻碍了技术进步，造成大修理费用的浪费。
4. 使上级特别是中央一级领导机关直接干预了许多应该由千千万万个企业自己去千方百计操心的——即 $C+R$，即固定资金和流动资金的——不断周转和补偿而放松了对于新建和扩建企业的管理，即放松了全社会综合平衡中最重要的环节，使年年的计委会议永远摆脱不了争资金的扯皮局势。

来信问："是否可以把折旧费作为财政收入，而把当年维持简单再生产费用不列入基建费，而另列财政项目……"我认为，只要折旧费作为财政收入就不能改变上述1、2两条毛病，而维持

---

* 此信写于1962年11月22日。标题为编者后加。

简单再生产必须每个企业根据各自的情况对设备的更新作较长远的考虑，不能逐年（当年）零星考虑，因而这办法仍不能去除上述3、4两条毛病。

折旧费必须存入各个企业在银行所开户头下，由银行和业务部门上级分头根据资金管理制度和技术政策监督支用。

前些时一波同志也曾要我研究这一问题。我已经搜集了一些资料。但是因为最近别的工作很多，把这个问题拖下来了。我希望最好将来能抽出时间把这问题比较详细地向你们写出一个报告来。

希望计划会议多讨论下计划体制和财经管理体制问题。

敬礼！

孙冶方

11月22日

附　李富春信的抄件

暮桥、英杰、思华、冶方、松令同志：

固定资产的折旧费用打入财政收入，而将维持简单再生产的费用设备更新的费用纳入基本建设投资的问题是否合适？

是否可把折旧费作为财政收入，而把当年维持简单再生产的费用不列入基建费，而另列财政项目，基建投资完全是为扩大再生产的。

如此做法在理论和实际上有无毛病，苏联经济如何？望研究。

敬礼！

富春

11月18日

关于办好经济研究所的意见报告

一、经济所的方针任务

分开成立的两个研究所很可能使一个研究所偏向于脱离实际的学院式研究，另一个研究所像现在有些财经业务部门的研究室一样，忙于配合日常工作，仍然无力从事系统的理论研究。学院式的研究对实际固然帮助不会很大，也建立不了有战斗性的科学理论，因而，并不能为思想斗争服务；但是如果不从事长期系统的理论研究，不从事经济学科学本身的建设工作，不能提到理论的高度来看实际问题，就不能抓到事物的本质，虽然天天处于实际中，也未必真正算是联系到了实际，因而也不能尽到理论为实际服务的目的，对实际部门的帮助也不会很大。

为经济建设服务，为思想斗争服务和经济学学科本身的建设工作，实际是一个任务的三个方面，而不是三个不同的任务。

不为实际服务，不是从实际中来的理论是空话连篇，是不能执行思想斗争的任务的；而要使理论又能够为实际服务，又在思想斗争中有战斗性，那么就得使理论有严密完整的体系，就得认真从事经济学学科建设工作。

根据以上认识，我们认为中国科学院经济研究所的任务应该

---

* 本文写于 1963 年 1 月 14 日。第一个问题缺页，题目为编者后加。

是：根据马克思主义政治经济学基本原理和毛泽东同志的马列主义普遍真理与中国实际相结合的思想，根据他在社会主义政治经济学方面的许多重要指示，在总结中国和其他社会主义国家经济建设经验的基础上，为建设社会主义政治经济学而进行长期的系统的研究，以自己的研究成果——理论著作和系统的资料——来为社会主义经济建设和思想斗争服务。以社会主义政治经济学为中心任务，但并不排除，而且必须除此以外，还要对资本主义政治经济学、经济史、经济思想史以至于会计、统计等学科进行研究。

二、经济学研究工作的"基本功"问题

自从近年来，领导同志提倡科学研究要练"基本功"之后，经济研究所的同志很注意读书，现在读书之风，尤其是读《资本论》之风甚盛。这比之于过去的不读书和怕读书（怕被人家说"白专"或不问政治），应该说是一件好事。但是有些同志对现实问题的调查研究注意不够，对临时任务和行政事务性的工作不是那么乐意接受。还有很多同志（从业务部门调来和刚从大学毕业的）深感自己过去读书太少，因此希望能够"脱产"读书，埋头读了半年、一年或几年书（或者叫"补完课"）之后，再接受研究任务。

我们觉得这样了解经济学研究的"基本功"是片面的。经济学研究的"基本功"应该除了读书之外，还要对现实经济问题做调查研究。就是以读书而论，也不能仅仅限于读马列主义的经典著作（尤其不能限于读《资本论》），要既读马克思主义的经典著作，又读资产阶级、修正主义的著作，既读古人的著作，又读今人的著作，既读外国人的著作，更要读中国人的著作。而且一个经济研究工作者不能只读经济学著作，除了经济学著作之外，还

应该研究哲学、历史学、政治学等社会学，应该懂得一些生产流通方面的业务知识，应该尽可能学一两门外语。

总之，要成为一个经济学者必须博览群书。我们的研究人员现在不是读书太多，而是太少，而需要我们去读的书实在太多了。正因为如此，等待读完了书，补完了课，再做研究工作的想法是不现实的，也不正确的。就以读《资本论》来说，没有系统地读完《资本论》的人，有必要系统地读一遍（不仅很多专业的干部，就是大学财经各系毕业的学生往往也没有系统地读过《资本论》）。然而这样的读一遍只是带有浏览性质的。像马克思主义经典作家的许多重要著作（包括毛泽东同志的许多著作）一样，《资本论》不是浏览一遍就可以懂得的，必须经常地读，而且主要是在研究问题时去读，才能体会深刻。

做研究工作必须读书，但是做研究工作不能只读书；还必须对实际进行调查研究，必须熟悉实际生活中问题的具体情况是如何的。有些经济学论文，在作者自己往往是针对现实问题，有所为而发的，但是给人家以一种晦涩，甚至无的放矢之感。就是因为作者对现实情况的了解是模糊的，在他自己头脑中就没有一个鲜明形象。因此，这样的文章即使具有某些有价值的见解，但是好像"雾里看花，终隔一层"，给人的感觉不深刻。

因此我们觉得今后除了必须继续鼓励同志们用功读书之外，还必须鼓励大家深入工厂和公社基层多做些调查研究，多列席些财经业务部门会议，参加一些实际工作，领导上要为此创造条件。联系实际是比读书更困难得多的事，尤其如今现成的总结性的资料不多，给研究工作带来很大困难。读书不得法会湮没在书堆中，联系实际调查研究不得法同样也会湮没在事物和现象中。既要读书，又要联系实际，而又不能湮没在书堆和实际之中，这就很不容易。但是不如此兼顾就决不能算是练好了经济学研究的"基本功"，就不能做好研究工作，产生不出有价值的科学的

关于办好经济研究所的意见报告

成果。

有些研究工作同志在进经济研究所之前,对经济科学研究工作的艰巨性认识不足,因而在研究过程中遇到了困难就有些畏缩,对于自己一时拿不出成果来感觉到压力很大,有的甚至想改行。我们认为,科学研究工作本来就是一项艰巨的工作。马克思就曾经对研究经济学的人说过:"在科学上面是没有平坦的大路可走的,只有那些在崎岖小路的攀登上不畏劳苦的人才有希望到达光辉的顶峰。"他又说过:"在科学的入口处,好比在地狱的入口处一样,必须提出这样的要求:这里必须根绝一切犹豫;这里任何怯懦都无济于事。"

我们希望所有研究工作者要以马克思的这些话来勉励自己。我们已经有了马克思主义政治经济学的基本原理作为出发点,只要不把这些原理当作教条,而是当作研究和解决实际问题的指针,使书本知识与实际密切结合,再加上肯在研究工作中付出辛勤的劳动,那么我们即使不能攀登像马克思所达到的那种高峰,也终会贡献出一定的成果来。

三、个人研究和集体研究

在研究工作中,不强调甚至否定个人钻研,也同不强调读书一样,是不对的。然而只强调个人钻研,不强调集体的分工协作,显然也是不对的。经济学包括范围很广,问题又很复杂,研究人员既要博览群书,又要联系实际,每个人的精力和时间又只有那么多,如果不在统一领导、统一计划、统一组织之下,既是分头钻研,而又互相密切配合,结成一个集体,那么大家都不可能有很大的收获。

近两年来,经济研究所的大多数同志在个人钻研这一点上是努力的,但是如何组织个人相互之间、各组相互之间的协作,还是做得很不够。绝大多数研究人员都是各自研究一个专题，专题与专题之间的内在联系也看不出来。因此整个研究所的研究规划，好像是许多个别研究人员和研究专题的简单加总，而不是一个有机整体。妨碍我们形成一个有机的整体的原因固然也由于个人主义思想作风的残余还未根除，这表现在一些研究人员一方面不愿意虚心求教别人，另一方面也不愿意帮助别人，个人研究个人的题目，个人念个人的书；在研究工作中缺乏互助协作；然而更多的原由是在于研究工作本身没有深入，水平低，这首先表现在题目出得不恰当，没有摸到题目相互间的内在联系，这样当然就不会很好地协作。

如何组织各研究组内部，尤其全所内部的协作，是一个繁重的任务。这里既不能放任自流，也不能依靠单纯的行政手段。由于我们在学术领导上没有经验；自己的学术水平也不高，对于研究题目的确定，对于组织写作，更需要走群众路线，通过民主讨论来确定，在不能完全取得一致的时候，必须允许各人按照自己所选定的题目去研究。这不是说全所和全组的领导人可以放松对于制定研究题目、研究规划，组织协作等方面的责任，而是说应该更认真地对待这一工作：不组织协作，不发挥集体的力量，就不可能以我们的薄弱的力量完成当前的重大任务。但是不遵守学术上百花齐放、百家争鸣的政策，也不可能达到统一领导、统一计划、统一组织的目的，不可能形成一个有机的学术研究集体。在制定研究题目、研究规划这一任务上，不仅研究所和各研究组的领导人要多想办法，全所同志，特别是较有经验、水平较高的研究人员都要多尽些责任，今后希望大家在钻研自己的专业之外，多多考虑一下全所和全组的研究任务和学术组织工作。

四、研究题目的稳定性和临时任务：需要和可能

没有长期研究和资料积累，是拿不出有分量的科学研究成果的。因此研究题目必须稳定。对此，大家的认识是一致的。问题在于如何求得稳定。据我们了解，在我们研究所，研究题目的不稳定，就是在过去也不完全由于外来的干扰或是由于执行临时任务，而往往是由于研究人员自己感觉到原来选定的题目不恰当了，需要改变。由于我们理论水平不高，对社会主义建设实际情况了解不多，对于社会主义经济的规律性没有摸透，因此就是现在，我们的研究题目也必然有很多是不恰当的。出好研究题目不是一件容易的事，它要求一定的研究水平，它是本身就是研究的结果，而又是进一步进行研究的出发点。研究选题计划只能在研究工作深入提高的过程中逐步完善，而且这种完善是永无止境的。由此看来，研究题目的稳定性只能是相对的，而不是绝对的。

我们认为要使研究题目相对的稳定，首先必须使研究题目适应实际需要；而适应实际需要的选题总是因为反映了客观实际事物本质的，因而也就是符合学科本身要求的。这样的研究题目就能有相对的稳定性。不能满足实际需要，不反映事物本质的选题，而要强求稳定不变，这样的稳定性即使勉强做到，也是可悲的，因为稳定的结果只是使研究者自己浪费光阴而已。

我们所说的适应实际需要这个标准不是资产阶级的实用主义，同大家说的"赶浪头""跟在实际后面跑"不是一回事。例如过去有些研究公社所有制问题的同志曾经做了些调查研究，想以此论证三级所有大队为基础的正确性，但是研究成果还没有出来，实际生活已经改成生产队为基础了。过去有些研究信贷问题的同志想通过自己的研究来论证用全额信贷来代替定额流动资金是先进经验，但是研究成果没有出来，全额信贷制度已经被否定了。然而这正是证明这种研究不适应实际需要而不是相反。

党和国家的具体政策是时间地点的具体条件决定的。研究工作的任务之一正在于论证党和国家的政策的这些客观根据，以便于预见到具体条件改变之后,就相应地改变具体的政策措施。科学对于实际工作之所以必要还在于帮助实际工作发现缺点和错误以便改正。如果认为"凡是现实的东西是合乎理性的"(这是受到马克思批判的黑格尔公式),因而科学研究的任务仅在于对现实存在的东西做论证,或是做些通俗说明,那么不仅科学研究是多余的,就是以宣传解释工作而论也不是高明的(顺便说一下,把学术研究同宣传工作对立起来的提法是不对的。最高明的学术著作,必然是最有力的宣传武器,而且不是晦涩难懂的,《资本论》就是最好的证明)。

关于办好经济研究所的意见报告

我们所说的适应实际需要不仅指的是当前的需要,而且指的是长远的需要,包括社会主义政治经济学、经济史和经济思想史的基本理论、基本范畴、概念的研究在内。狭隘地认为抽象的范畴、概念的研究选题就不是适应实际需要的看法是错误的,甚至是非常有害的。当前社会主义经济建设中许多重大问题,如果不提到政治经济学的基本理论的高度,不弄清楚经济学的许多重要范畴、概念是无法解释明白的,也不能得到实际解决的。因此,我们就不能说研究某些抽象的范畴、概念的题目就不适应实际需要。研究计划是否适应实际需要也不完全取决于研究题目,而且还取决于研究的立场方法对头不对头,马克思主义的立场观点的重要性是不用说的了。但是如果研究方法不对头,例如,脱离了当前的和历史的实际,仅仅从概念到概念来做研究,那么一个最现实、最具体的研究题目也可以研究的完全无助于实际工作。

请同志们阅读时考虑:以下两段是否不要或做附注。例如社会主义社会的劳动和产品有无二重性的问题(抽象劳动和具体劳动,价值和使用价值),人民币是原来意义的货币抑或是在本质已经是劳动券性质的问题,这都是学术上有争论的问题。这两个题目,甚至可以抽象了不同的所有制关系,而从全民所有制内部生产关系角度来观察,即是说当作共产主义社会的范畴来观察。

表面上看来这样抽象地讨论问题是同当前社会主义建设的实际需要完全无关的了。但是如果不是从概念、定义出发，而是从实际出发来进行研究，那么不论对上述问题采取肯定或是否定的态度都可以密切联系实际，从而对实际中许多问题采取这样或那样不同的解释，做出不同的结论。

本来二重性问题的提出，就是为了解答这样一个实际问题：应该把社会主义计划经济本质当作自然经济看待，仅仅看作一堆不同使用价值的实物量的简单总体看待，不能综合比较各种不同产品、不同生产企业的经济效果，还是相反，各种不同使用价值的产品生产仍然需要计算其劳动费用，比较它们的经济效果，因而计划经济在本质上，虽然不是商品市场经济，但是也不能把它当作自然经济看待的。同样人民币本质上是劳动券抑或是货币问题的研究，是为解决这样一个问题：人民币所反映的生产关系和社会经济制度仍然是通过迂回曲折的价值形态来表现的商品市场经济的生产关系呢，抑或是有计划地分配劳动于各种产品的生产部门之间，社会通过计划自觉地计算各种产品的劳动费用的计划经济呢？

正因为如此，从定义概念出发就解答不了上述问题，而必须用生产、流通、再生产，就整个客观经济过程的一系列实际问题的分析研究来论证和阐明这些范畴概念。因而这样的研究题目一方面是符合长期需要的，另一方面也是适应当前需要的。应该注意的是对这些较抽象的研究题目在全所内所占比重不应太大。

由此可见研究题目的稳定性和临时任务的矛盾不是不可以解决的。如果临时任务不是属于缺门的学科，而是在现有研究人员的专业范围以内的，而现有的研究题目又都是这一学科的最本质的问题，那么这种临时任务同原来的研究题目的矛盾只是研究进程的矛盾而已，例如原来计划先从问题这一个侧面来着手研究，而临时任务却需要我们先从另一个侧面提供材料和论证。为了完成这样的临时任务而改动一下原来的研究程序,那当然不能说是破坏了研究题目的稳定性。如果临时任务提出时间是原来研究计划中没有考虑到的,只要这个题目是实际生活中提出来的,而且又是客观事物中最本质的问题,那么我们就要考虑把它安排进研究计划,这种变动即使会改变原来的研究题目,也只有使我们的研究计划更适应实际需要。这种稳定性的暂时破坏对研究计划的改进是只有好处的。

我们要反对的是专业的随便改变,在同一专业内研究题目的改变,在今后恐怕也完全难于避免。至于研究每一题目时,进度计划的修改更是必须的。

我们觉得,我们的大多数研究人员的基本弱点还是在于书读得少,资料积累得少,感性知识少,因此接到一个所谓"临时任务",总得临时找材料,甚至找材料的线索也是茫无头绪,一切要从头做起,因此就感到吃力了。

在革命和建设对经济科学的要求和我们的主观力量之间,在需要和可能之间,是有矛盾的。我们检查了一下过去的计划(例如,今年春天布置的批判修正主义经济学理论的研究项目大半未完成),觉得过去的计划太满打满算了。今后固定的研究计划只能占用研究时间的一半左右,要留一半左右时间用来完成临时性的研究任务(包括提供资料在内)。当然这些临时性的研究任务要在原有专业之内,而且要尽可能与原有题目比较接近的。然而需要和可能之间的矛盾决不能只从压缩需要来解决。我们应该创造条件来逐渐满足这些需要。

五、研究成果问题

经济科学的研究成果应该是多种多样的,应该包括研究社会主义政治经济学或是部门经济学,经济史或是经济思想史的,全

关于办好经济研究所的意见报告

面的系统的成本著作，研究某一专题包括批判的成本著作或小册子，经过整理的资料，调查报告，提供给领导、上级和实际工作部门参考的建议和报告，供报刊发表的文章，等等。学术著作的价值不能以篇幅、字数来衡量。一个报告或是一篇短文，或是一条经过分析整理的资料，对实践和理论的贡献很可能不小于甚至大于成本的著作。但是比较全面系统的研究成果总是表现为成本著作的。由于经济所的绝大部分研究人员是近年来刚进入研究机关的青年和从业务部门来的转业干部，这几年主要时间花在打基础，练"基本功"，所以只有少数研究人员写了一些专著。计划中的几部要集体编写的著作，如《近代中国经济史》《工业企业管理教科书》和《社会主义经济论》等，或者正在编写，或者虽然已经写出了初稿，但是需要大改甚至重写，在最近还不能正式出书。近两年来，经济所的研究成果主要是少数同志个人的专著，对内提供或公开出版的资料、调查报告（大部分没有对外提供），在报刊发表的论文，以及少数的向领导提出的报告和建议。

编写有关社会主义政治经济学和部门经济学，有关经济史和经济思想史的系统著作是我们应该为之而奋斗的目标。我们争取在1963年编出《中国近代经济史》第一卷初稿，争取《工业企业管理教科书》初稿也在1963年修改出来。原来预备在1962年写出二稿的《社会主义经济论》，根据大多数编写人员的意见，认为还要经过三五年的专题研究才能写得好。我们只希望五年以内在初稿讨论的基础上，并且通过在学校讲授经验，编出一本二三十万字的讲授提纲，作为以后正式编写《社会主义经济论》二稿的一种试探。

过去我们对于编写成本大著作的艰巨困难，是认识不足的。然而我们在过去两年间的集体编书工作还是有很大收获的。例如，我们编写的一百三十余万字的《社会主义经济论》初稿，虽然在编写人员自己集体审稿时已经被否定，并且决定要全部重写了。但是，第一，我们通过这次编写，尤其是通过对初稿的集体审阅和讨论，制定了一个编写二稿的提纲，现在我们许多研究组的专题研究就是围绕着这个提纲进行的。第二，通过这次初稿的编写检阅了我们的队伍，暴露了我们大多数研究人员缺乏基本功的弱点。这对于督促大家踏踏实实深入做专题研究是大有帮助的。

我们把完成成本大著作的时间推迟了，现在主要着重练基本功搞专题研究，然而这不是说，除此以外就不能拿出什么研究成果来了。相反如前面所说的一样，研究成果应该是多样性的。在我们练基本功、搞专题研究的过程中，正可以配合当前的需要做些调查，写出些调查报告和论文及小册子。

这两年来，经济研究所的同志给报刊写了不少论文，我们希望今后能够写出更多的论文，然而更重要的是要注意论文水平的提高。

值得特别提一提学术资料（包括学术论点和经济情况的资料）工作问题。这几年来由于领导上一再号召大搞资料工作，经济所研究人员对于资料工作是比过去重视多了。我们也对内提供并且公开出版了一些资料。但是我们在资料工作上还有很多缺点。研究人员对于和自己的研究题目有关的资料的搜集整理是比较注意的，但是对于整个学科全面的资料的搜集研究注意得不够。因此，资料的完整性和系统性差些。

既然我们研究所的主要任务是研究社会主义政治经济学，那么我们除了应该搜集和研究我国自己的资料以外，还必须系统地搜集和研究有关社会主义国家，特别是半个世纪以来苏联经济学界对于社会主义政治经济学各方面的思想学说，苏联计划经济各个方面的管理制度演变的资料。为了与现代修正主义做斗争，我们又广泛搜集现代修正主义的经济思想根源和经济制度。这样的工作，必须组织全所所有室组绝大多数人员在一个统一计划之

关于办好经济研究所的意见报告

下，有组织地进行。在过去我们在资料工作的组织和计划是做得不够理想的。同时，我们也还需要向全体研究人员反复强调资料工作的重要性，必须把搜集、研究和出版学术资料看作我们的重要的研究成果。

六、政治经济学和部门经济学问题

少设些研究室、组，集中力量研究几门学科，还是尽可能不留缺门，但是照顾重点学科和重点题目的研究。

四、五年来，在经济所几次提出过这样一个问题：由于我们力量薄弱，任务重，是不是少设几个室、组，集中力量研究几门学科。我们几次否定了这个想法。因为我们认识到，科学研究只有对某一学科和专题长期系统地下功夫才能有所成就。所以不能设想，今天集中力量研究这几门学科，明天又把这些人改行去研究另一些专业，另一些题目。我们也不能设想我们这样一个国家，六亿五千万人口的大国，像我们这样一个研究所（中央直接领导的科学院经济研究所）可以对于经济学的某些学科长期不进行研究，而成为缺门，空白点。我们应该尽可能不留缺门，但是尽可能照顾重点题目和重点学科。我们觉得，正因为我们的力量薄弱，我们的研究人员主要是新从大学毕业的学生和转业干部，我们更需要趁早培养各种专业的研究人员。

与上述问题直接有关的问题就是政治经济学和部门经济学的问题。曾经有过这样一种意见：我们所的任务是研究政治经济学；因此研究部门经济学的任务应该交给业务部门办的专业经济研究所（如生产领域的工业经济研究所、农业经济研究所，流通领域的财政、金融、商业等研究所）。大多数同志不同意这样的意见。

当然，什么叫政治经济学，什么叫部门经济学，是一个有争论的问题，而且今后还要加以讨论研究。但是我们大多数人认为政治经济学和部门经济学不能看作是两门并立的科学。二者只是研究范围广阔的不同，而不是研究对象的不同。

关于政治经济学对象的问题，也是一个有争论的问题，今后仍旧可以继续讨论。但是我们觉得，在这个问题上，至少有一点，应该是绝大多数经济学者所同意的，那就是：不应当把马克思、恩格斯的提法（政治经济学的研究对象是生产方式）同列宁的提法（政治经济学的研究对象是生产关系）对立起来，或者把二者看作是有矛盾的。不论是马克思、恩格斯或是列宁，都是十分明确地指出政治经济学所研究的是社会生产过程的社会经济方面，而不是它的工艺技术方面；是研究生产过程中人与人的关系，即生产关系，但是，他们都是密切联系着上层建筑和生产力来研究生产关系的。我们要坚决反对政治经济学只研究抽象掉了具体内容的规律、定义、范畴、概念，而把对于客观经济过程的具体研究推给部门经济学的形而上学观点或倾向。政治经济学的理论必须是建立在生产领域中各个具体部门的生产关系的分析研究的基础上，而对于各个具体部门的生产关系的研究又必须在政治经济学基本原理的统一指导之下进行。

因此，我们认为科学院的经济研究所不能只设政治经济学、国民经济平衡等综合性的研究组而不设定工业、农业、财政、金融、贸易等所谓部门经济学以及经济史等专业研究组。

我们可以设想，在成立更多的专业研究所，而且它们的队伍壮大之后，在科学院经济研究所和这些专业经济研究所之间可以有适当的分工。例如，科学院经济所的专业经济研究组可以着重研究部门经济学方面比较概括的、大一些的题目，专业经济所可以研究比较具体和细一些的题目。但是，要使前者完全不研究所谓部门经济学的具体问题，而后者完全不研究政治经济学的一般的基本的原理是不行的。

七、思想政治工作

业务不能离开政治,任何业务部门不能没有思想政治工作。经济研究所的业务是经济学研究,而马克思主义的政治经济学既是共产党党纲的理论基础,又与党和国家的当前经济政策有密切联系。因此,如果说经济研究所的思想政治工作有它的特点的话,那么这特点首先在于思想政治工作在这里更加重要。认为我们的研究业务本身就是搞马列主义思想,因而可以不必再强调思想政治工作是不对的。在我们经济研究机关,思想政治工作的最主要的任务是根据党的团结、教育和改造知识分子的政策,用马克思列宁主义和毛泽东思想教育和培养新的经济学队伍,并且帮助旧社会中培养起来的老经济学专家进一步实现自我改造,督促老党员和老马克思主义经济学专家继续提高自己的思想政治水平和业务水平,从而为我国社会主义建设和捍卫马克思列宁主义经济学说,反对各种资产阶级经济学思想和各种机会主义经济学思想的思想斗争,提供更多的水平高的成果。

上述这样内容的思想政治工作将长期存在着。这是因为社会主义和资本主义之间,在意识形态方面谁战胜谁的阶级斗争会在阶级消灭以后,还要有很长一个时期存在着。这是因为不仅在老一代人头脑中还残留着许多非无产阶级的思想意识,也不仅因为社会上,特别是国际上,还有各种各样的资产阶级的和修正主义的思潮会对我们发生影响,而且即使没有这些残余和影响,但是由于社会主义还存在着物质报酬的差别,还存在资产阶级法权,在这客观存在的基础上也会自发地生长出各种非无产阶级的非共产主义的思想。因此,经济研究机关是思想战线上的重要岗位之一,如果对思想政治工作的重要性和长期性认识不足就会犯根本性的错误。

但是另一方面，任何机关的思想政治工作必须结合着它的业务工作来进行，必须环绕着加强业务工作这个任务来进行。由于经济学研究机关的业务工作本身就是研究与政治密切联系着的经济学思想，因而在我们这里思想政治工作更不能离开研究业务来进行。因此，经济研究所的思想政治工作必须由党和行政共同协力来做才能做好，那种把思想政治工作完全推给党务工作同志，认为担任行政职务的同志（无论是党员还是非党员）可以不关心思想政治工作是不对的。

做好我们研究所的思想政治工作首先是党的领导小组或核心小组（或分党组）的责任。党的领导小组、核心小组（或分党组）的主要任务就是贯彻执行党的方针政策和上级指示，研究和决定所的重要方针性的问题并且领导全所的思想政治工作。

在经济研究所具体进行思想政治工作的机构是党的总支和支部领导小组（或分党组），必须依靠总支和支部才能做好思想政治工作。协助党组织做好思想政治工作是每一个党员的职责，我们必须动员全体党员来做思想政治工作。必须推选政治和业务工作都比较强的党员来做党的工作。怕耽误自己的研究工作而不积极参加支部工作，或是怕耽误本组的研究工作，而不愿推选组内政治和业务都比较强的同志来担任支部工作的思想是不对的。同时专职的党务、人事干部也必须多少接触一些政治经济学研究工作业务才能做好思想政治工作，做好党务工作和人事工作。在我们所内已经实行了一种制度，使兼职的党务、人事干部以至一般的行政干部，除了政治经济学习时间以外，再给他们每星期一天、半天学习经济学理论的时间，这个制度有助于思想政治工作与经济学研究工作更密切地结合起来。这种制度应该坚持下去。同时对于不安心做党务工作或一般行政工作的同志应给予教育批评。

必须反对平时不抓思想政治工作，等着运动来了算总账的办

关于办好经济研究所的意见报告

法。党员领导干部定期在一起过组织生活的制度必须坚持下去。我们必须使领导干部以及经济所全体党员的党内组织生活不流于形式，而能够真正发扬党内民主，展开批评和自我批评，达到互相督促，互相提高，建立起全所的坚强的党的组织。

加强了思想政治工作，建立起了民主集中制基础上的党的领导，贯彻了党百花齐放、百家争鸣的政策，就能充分调动全体研究人员的积极性，使大家心情舒畅，朝气蓬勃，产生出较多的、水平较高的研究成果来。

八、关于研究人员的培养、提高问题

1. 培养目标

1961年10月经济所曾对各级研究人员提出过初步意见：

助理研究人员的标准

①基本掌握本专业范围内的马列主义基本论和基础知识，比较熟悉和了解本专业范围内党的各项方针政策和经济政策；

②能独立搜索资料，进行调查，分析问题和提出研究成果；

③能够不依靠字典阅读一种外文的专业文刊；

④具备学者表达能力，文字通顺，逻辑比较缜密。

副研究员的标准

①掌握研究专题范围内的国外学术动向和问题，能够阐明专业范围内党的各项方针和经济政策；

②能够就专题进行深入的系统的研究，并在一定期间取得一定新的成就；

③能够指导研究工作和培养干部；

④具备熟练地阅读一种以上的外文专业文刊的能力。

研究员的标准

①精通本门专业，对马克思主义经济理论的阐发，对现实经

济问题的研究有显著成就；

②能够领导和组织研究工作，培养干部有经验；

③通晓两种外国文。

上述标准和当前的实际情况还存在一定的距离，但是这个条件是必须的，因而应该力求在二三年内达到这个标准，并且建立相应的培养、考核、检查等一系列制度。必须提到议事日程上来。

2. 干部培养提高的工作重心

理论、实际并重。对于如何系统地学习理论，学习理论的重要性一般讲是重视的，当然并不是已经解决了，因为在理论为实践服务的前提下如何学习理论，对我们还是一个不熟悉的问题。当前更突出的问题是怎样才叫为实践服务，各个不同学科通过研究实践，通过对研究方法的指导，研究工作的组织，通过对学术成果、研究方法的比较分析，逐步明确这个问题，这是一段时期内对研究人员培养提高工作的重心。

3. 解决如何联系实际，要为联系实际创造必要的条件

大量的经济资料，包括历史的、现状的、中国的、外国的，状况、政策、观点，如何取得这些资料还是一个需要进一步解决和努力的争取问题。掌握外文工具这一个迫切需要是可以依靠主观努力有计划地解决的。过去我们曾经组织过俄、英、塞三种文字的学习班，有成绩也有一定经验，大多数青年同志也有此愿望。现在的问题是，有领导有步骤地一个一个问题的突破而不是百废俱兴。

"补课"是指在一部分现有研究人员进行研究工作必须具备的基本条件不足而必须在研究所"补"者。范围包括基本理论，有关专业的基本知识，研究工作方法（收集整理资料，调查研究等），表达能力和外文工具。要求只能限于"粗通"和初步掌握，依靠研究工作实践中逐步达到深入、全面、熟练。因此指导补课

的方法有两种,一种限于它的特点需要集中精力时间,需要专门指导才能达到初步领会,初步掌握者,可以采取在一定时间内脱离工作或基本上脱离工作学习。例如我们已经做的外文和《资本论》的学习。其他方面主要的还是边干边学的方针,在个人计划中,工作和时间安排上适当考虑这些方面的学习。它的成绩和效果最后应反映在成果上,不另分别安排和考核。从所的范围最低要求两三年内(1962年下半年开始)都能达到初读《资本论》,和初步掌握一种外文工具(个别有特殊困难者例外)。今后入所的研究人员一般也应满足这个条件。因此,在两三年后,补课的历史任务应告结束。

4. 至于深入实际调查研究,或较长时期参加基层工作以便系统取得感性知识,或以协作形式参加业务部门的某项经济问题的研究,这些都是研究工作中的经常的重要的方法。

劳动锻炼作为改造思想、联系群众的手段,在一部分缺乏阶级斗争、生产斗争的青年研究人员中仍然是重要的,在思想上应重视,时间上有保证。对于离现实经济较远的学科的研究人员,组织一些必要的参观、访问,以增加对于党的路线政策、国家建设的认识和体会,也是思想改造的一个方面。

九、必须适当加强和扩大经济学研究队伍,充实科学院经济研究所,并成立科学院和业务部门双重领导的专业经济研究所

在1957年年初,中央决定增调干部加强文教战线之前,科学院经济研究所共有人员多少人,内研究工作人员多少人,到1960年年底最多时共有多少人,内研究工作人员多少人,经过1961—1962年几次精简,现在包括世界经济研究室以及我所和中央工商管理总局共同领导的对资本主义企业改造研究室的编制在内共有

多少人，内研究人员多少人。按照我国经济建设和思想战线的客观需要，这个编制是很好的（按照我们研究和服务的范围，约等于苏联相应的至少4个研究所1500~2000人的编制）。现在许多重要的研究题目还没有人研究，像劳动工资这样的重要问题只有一个人在研究，好几个组没有中高级研究人员。从全国来说，我们的经济学队伍不仅是弱而且人数太少。我们希望在最近5年内，经济研究所在现有编制的基础上再增加60人的编制（前2年增加多一些，后3年增加少一些）。

过去在中央一级除了中国科学院的经济研究所以外，还有很多专业的经济研究所，如农业部所属农业科学院农业经济研究所，劳动部所属劳动经济所，外贸部的行情研究所，财政部的财政研究所，商业部的商业研究所，中国人民银行的银行研究所，等等。这几年精简过程中商业部和银行的研究所是取消了，其余几个研究所的研究人员大大减少了。为了加强经济科学特别是部门经济学的研究，建议加强上述各业务部门的研究所，已经取消的应予恢复重建。为使业务部门所属研究所机构研究人员专业化，建议上述业务部门的研究所建立科学部门和财经业务部门的双重领导，编制归科学院（农业经济研究所仍归农业科学院，其余的专业经济所归中国科学院哲学社会科学部编制），政治学术思想的领导归中宣部，业务领导仍如现在一样归各业务部门领导。如果中央原则上批准这个建议，再由中国科学院哲学社会科学部与各业务部门协商具体的编制和章程。

附《致严、邝、冯副所长等各同志信》

严、邝、冯副所长，领导小组各同志，总支委、各室组负责同志并送光远、涧青、君辰同志：

这个报告稿已经写得很久，但是写得并不好，在年前，曾经请中平、日安、秉珊同志看过，并且在一起谈了一下。我曾经想根据谈的意见改一遍以后再印发给大家讨论。但是由于这一时期工作忙乱，没有改出来。我想大家讨论以后很可能还要大改甚至重写的，不如先印发给大家看一下，请大家提些意见后，再改写或重写。请阅后，把意见注在原稿旁或另纸写出，速交办公室。

敬礼！

孙冶方

1963年1月14日

关于经济研究所的方针任务等问题请示报告（摘要）*

一、经济研究所的方针任务问题

经济学研究工作既要为社会主义经济建设服务，又要为思想斗争服务，而且为了完成以上两种任务，又必须从事这门学科自身的建设工作。

学院式的研究对实际固然帮助不会很大，也建立不了有战斗性的科学理论，因而并不能为思想斗争服务；但是如果不从事长期系统的理论研究，不从事经济学学科本身的建设工作，不能提到理论的高度来看实际问题，就不能抓到事物的本质，虽然天天处于实际中，也未必真正算是联系到了实际，因而也不能尽到理论为实际服务的目的，对实际部门的帮助也不会很大。

不为实际服务，不是从实际中来的理论是空话连篇，是不能执行思想斗争的任务的；要使理论又能够为实际服务，又能在思想斗争中有战斗性，那么就使理论有严密完整的体系，就得认真从事经济学学科建设工作。

根据以上认识，我们认为中国科学院经济研究所的任务应该是：根据马克思主义政治经济学基本原理和毛泽东同志的马列主

---

* 本文写于 1963 年 1 月。

义普遍真理与中国实际相结合的思想，根据他在社会主义政治经济学方面的许多重要指示，在总结中国和其他社会主义国家经济建设经验的基础上为建立社会主义政治经济学而进行长期的系统的研究，以自己的研究成果——理论著作和系统的资料——来为社会主义建设和思想斗争服务。以社会主义政治经济学为中心任务，但并不排除而且必须除此之外，还要对资本主义政治经济学、经济史、经济思想史以至于会计统计等学科进行研究。

二、经济学研究工作的"基本功"问题

经济学研究"基本功"应该除了读书之外，还要对现实经济问题做调查研究。就以读书而论，也不能仅仅限于读马列主义的经典著作（尤其不能限于读《资本论》），要既读马克思主义的经典著作，又读资产阶级、修正主义的著作，既读古人的著作，又读今人的著作，既读外国人的著作，更要读中国人的著作。而且一个经济研究工作者不能只读经济学著作，还应该读哲学、历史学、政治学等社会科学，应该懂得一些生产、流通方面的业务知识，还应该尽可能学一两门外语。

总之，要成为一个经济学者，必须博览群书。我们的研究人员现在不是读书太多，而是太少，而需要我们去读的书实在太多了。正因为如此，等待读完了书再做研究工作的想法是不现实的，也是不正确的。就以读《资本论》来说，没有系统地读完《资本论》的人，有必要系统地读一遍（不仅很多转业的干部，就是大学财经各系毕业的学生，往往也没有系统地读过《资本论》）。然而这样的读一遍只是带有浏览性质的。像马克思主义经典作家的许多重要著作（包括毛泽东同志的许多著作）一样，《资本论》不是浏览一遍就可以懂得的，必须经常地读，而且主要是在研究问题时去读，才能体会深刻。但是做研究工作不能只

读书，还必须对实际进行调查研究，必须熟悉实际生活问题的具体情况是如何的。

我们觉得，今后除了必须继续鼓励同志们用功读书之外，还必须鼓励大家深入工厂和公社基层多做些调查研究，多列席些财经业务部门的会议、参加一些实际工作。领导上并要为此创造条件。联系实际是比读书更困难得多的事，尤其如今现成的总结性的资料不多，给研究工作带来很大困难。读书不得法会淹没在书堆中，联系实际，调查研究不得法同样也会淹没在事物和现象中。既要读书，又要联系实际，而又不能淹没在书堆和实际之中，这就很不容易。但是，不如此兼顾，就不能算是练好了经济学研究工作的"基本功"，就不能做好研究工作，产生不出有价值的科学的成果。

三、个人研究和集体研究

在研究工作中，不强调甚至否定个人钻研，也同不强调读书一样，是不对的。然而只强调个人钻研，不强调集体的分工协作，显然也是不对的。经济学包括范围很广，问题又很复杂，研究人员既要博览群书，又要联系实际，每个人的精力和时间又只有那么多，如果不在统一领导、统一计划、统一组织之下，既是分头研钻，而又互相密切配合，结成一个集体，那么大家都不可能有很大收获。

近两年来，经济研究所的大多数同志在个人钻研这一点上是努力的，但是如何组织个人相互之间、各组之间的协作，还是做得很不够。大多数研究人员都是各自研究一个专题，专题与专题之间的内在联系也看不出来。因此，整个研究规划，好像是许多个别研究人员和研究专题的简单加总，而不是一个有机整体。妨碍我们形成这样一个有机的整体的原因固然也是由于个人主义思

关于经济研究所的方针任务等问题请示报告（摘要）

想作风的残余还未根除，这表现在有些研究人员一方面不注意虚心求教别人，另一方面也不愿意帮助别人，个人研究个人的题目，个人念个人的书，在研究工作中缺乏互助协作；然而更多的原由在于研究工作本身没有深入，水平低，这首先表现在题目出得不恰当，没有摸到题目相互间的内在联系，这样就不会有很好的协作。如何组织各研究组内部，尤其全所内部的协作，是一个繁重的任务。这里既不能放任自流，也不能依靠单纯的行政手段。由于我们在学术领导上没有经验，自己的学术水平也不高，对于研究题目的确定，对于组织协作，更需要走群众路线，通过民主讨论来确定，在不能完全取得一致的时候，必须允许各人按照自己所选定的题目去研究。这不是说全所和各组的领导人可以放松对于制定研究题目、研究规划、组织协作等方面的责任，而是说应该更认真地对待这一工作：不组织协作，不发挥集体的力量，就不可能以我们薄弱的力量完成当前的重大任务，但是不遵守学术上百花齐放、百家争鸣的政策，也不可能达到统一领导、统一计划、统一组织的目的，不可能形成一个有机的学术研究集体。

四、研究题目的稳定性和临时任务：需要和可能

没有长期研究和资料积累，是拿不出有分量的科学研究成果的。因此研究题目必须稳定。出好研究题目不是一件容易的事，它要求一定的研究水平，它的本身就是研究的结果，而又是进一步进行研究的出发点。研究选题计划只能在研究工作深入提高的过程中逐步完善，而且这种完善是永无止境的。由此看来，研究题目的稳定性只能是相对的，而不是绝对的。

我们认为要使研究题目相对稳定，首先必须使研究题目适应实际需要。而适应实际需要的选题，总是因为反映了客观实际事

物本质的，因而也就是符合学科本身要求的。这样的研究题目就能有相对的稳定性。不能满足实际需要，不反映事物本质的选题，而要求稳定不变，这样的稳定性即使勉强做到，也是可悲的，因为稳定的结果只是使研究者自己浪费光阴而已。

党和国家的具体政策是时间地点的具体条件决定的。研究工作的任务之一正在于论证党和国家的政策的这些客观根据，以便于预见到具体条件改变之后，就相应改变具体的政策措施。科学对于实际工作之所以必要，还在于帮助实际工作发现缺点和错误以便改正。如果认为"凡是现实的东西是合乎理性的"（这是受到马克思主义批判的黑格尔公式），因而科学研究的任务仅在于对现实存在的东西做论证，或是做些通俗说明，那么不仅科学研究是多余的，就是以宣传解释工作而论也不是高明的（顺便说一下，把学术研究同宣传工作对立起来的提法是不对的。最高明的学术著作，必然是最有力的宣传武器，而且不是晦涩难懂的，《资本论》即是最好的证明）。

关于经济研究所的方针任务等问题请示报告（摘要）

我们所说的适应实际需要，不仅指的是当前的需要，而且指的是长远的需要，包括社会主义政治经济学、经济史和经济思想史的基本理论，基本范畴、概念的研究在内。狭隘地认为抽象的范畴、概念的研究选题就不是适应实际需要的看法是错误的，甚至是非常有害的。当前社会主义经济建设中许多重大问题，如果不提到政治经济学的基本理论的高度，不弄清经济学的许多重要范畴是无法解释明白，也不能得到实际解决的。因此，我们就不能说研究某些抽象的范畴、概念的题目就不适应实际需要。

研究题目的稳定性和临时任务的矛盾不是不可能解决的。如果临时任务不是属于缺门的学科，而是在现有研究人员的专业范围以内的，而现有研究题目又都是这一学科的最本质的问题，那么这种临时任务同原来的研究题目的矛盾只是研究进程的矛盾而已。例如原来计划先从问题这一个侧面来着手研究，而临时任务却需要我们先从另一个侧面提供材料和论证。为了完成这样的临时任务而改动一下原来的研究程序，那当然不能说就是破坏了研究题目的稳定性。如果临时任务提出的问题是原来研究计划中没有考虑到的，只要这个题目是实际生活中提出来的，而且又是客观事物中最本质的问题，那么我们就要考虑把他安排进研究计划。这种变动即使会改变原来的研究题目，也只会使我们的研究计划更适应实际需要。这种稳定性的暂时破坏对研究计划的改进是只有好处的。

我们要反对的是专业的随便改变，在同一专业内研究题目的改变，在今后恐怕也完全难于避免。至于研究每一题目时，进度计划的修改更是必须的。

我们觉得，我们的大多数研究人员的基本弱点还是在于书读得少，资料积累得少，感性知识少，因此接到一个所谓"临时任务"，总得临时找材料，甚至材料的线索也是茫无头绪，一切要从头做起，因此就感到吃力了。

在革命和建设对经济科学的要求和我们的主观力量之间，在需要和可能之间，是有矛盾的。我们检查一下过去的计划，觉得过去的计划太满打满算了。今后固定的研究计划只能占用研究时间的一半左右，要留一半左右时间用来完成临时性的研究任务（包括提供资料在内）。当然这些临时性的研究任务要在原有专业之内，而且要尽可能与原有研究题目比较接近。然而需要和可能之间的矛盾，绝不能只从压缩需要来解决。我们应该创造条件，来逐渐满足这些需要。

五、研究成果问题

研究成果应该是多种多样的，应该包括全面地系统地研究社会主义政治经济学或是部门经济学，经济史或是经济思想史的成本著作，研究某一专题（包括批判）的成本著作或小册子，经过整理的资料，调查报告，提供给领导上级和实际工作部门参考的建议和报告，供报刊发表的文章，等等。学术著作的价值不能以篇幅字数来衡量。一个报告或是一篇短文，或是一条经过分析整理的资料，对实践和理论的贡献很可能不小于甚至大于成本的著作。但是比较全面系统的研究成果总是表现为成本著作的。

编写有关社会主义政治经济学和部门经济学，有关经济史和经济思想史的系统的著作是我们应该为之而奋斗的目标。

现在主要着重练基本功，搞专题研究。然而这不是说，除此以外，就不能拿出什么研究成果来了。相反，如前面所说的一样，研究成果应该是多样性的。在我们练基本功，搞专题研究的过程中，正可以配合当前的需要，做些调查，写出调查报告和论文小册子。

值得特别提一提学术资料（包括学术论点和经济情况的资料）工作问题。这几年来由于领导上一再号召大搞资料工作，经济所研究人员对于资料工作比过去重视多了。我们也对内提供并且公开出版了一些资料。但是我们在资料工作上还有很多缺点。研究人员对于和自己的研究题目有关的资料的搜集整理是比较注意的，但是对于整个学科全面的资料的搜集研究注意得不够。因此，资料的完整性和系统性差些。

既然我们研究所的主要任务是研究社会主义政治经济学，那么我们除了应该搜集和研究我国自己的资料以外，还必须系统地搜集和研究有关社会主义国家，特别是半个世纪以来苏联经济学界对于社会主义政治经济学各方面的思想学说，苏联计划经济各个方面的管理制度演变的资料。这样的工作，必须组织全所所有室组绝大多数人员在一个统一计划之下，有组织地进行。

关于经济研究所的方针任务等问题请示报告（摘要）

六、政治经济学和部门经济学问题：少设些研究室、组集中力量研究几门学科，还是尽可能不留缺门，但是照顾重点学科和重点题目的研究

我们认识到，科学研究只有对某一学科和专题长期、系统地下功夫才能有所成就。所以不能设想，今天集中力量研究这几门学科，明天又把这些人改行去研究另一些专业，另一些题目。我们也不能设想，像我们这样一个国家（六亿五千万人口的大国），像我们这样一个研究所（中央直接领导的科学院经济研究所）可以对于经济学的某些学科长期不进行研究而成为缺门空白点。我们应该尽可能不留缺门，但是尽可能照顾重点题目和重点学科。

与上述问题直接有关的问题就是政治经济和部门经济的问题。曾经有过这样一种意见：我们所的任务是研究政治经济学；因此，研究部门经济学的任务应该交给业务部门办的专业经济研究所（如生产领域的工业经济研究所、农业经济研究所；流通领域的财政、金融、商业等研究所）。大多数同志不同意这样的意见。他们认为，政治经济学和部门经济学不能看作是两门并立的科学。二者只是研究范围广阔的不同，而不是研究对象的不同。

不论是马克思、恩格斯或是列宁，都十分明确地指出政治经济学所研究的是社会生产过程的社会经济方面，而不是它的工艺技术方面；是研究生产过程中人与人的关系，即生产关系，但是他们都是密切联系着上层建筑和生产力来研究生产关系的。我们要坚决反对政治经济学只研究抽象具体内容的规律、定义、范畴、概念，而把对于客观经济过程的具体研究推给部门经济学的形而上学观点或倾向。政治经济学的理论必须是建立在生产领域中各个具体部门的生产关系的分析研究的基础上，而对于各个具体部门的生产关系的研究又必须在政治经济学基本原理的统一指

导之下进行。

我们可以设想，在成立更多的专业研究所而且它们的队伍壮大之后，在科学院经济研究所和这些专业经济研究所之间可以有适当的分工，例如科学院经济所的专业经济研究组可以着重研究经济学方面比较概括的大一些的题目，专业经济所可以研究比较具体和细一些的题目。但是要使前者完全不研究所谓部门经济学的具体问题，而后者完全不研究政治经济学的一般的基本的原理是不行的。

七、思想政治工作

业务不能离开政治，任何业务部门不能没有思想政治工作。经济研究所的业务是经济学研究，而马克思主义的政治经济学既是共产党党纲的理论基础，又与党和国家的当前经济政策有密切联系。因此，如果说经济研究所的思想政治工作有它特点的话，那么这特点首先在于思想政治工作在这里更加重要，认为我们的研究业务本身就是搞马列主义，因而可以不必再强调思想政治工作是不对的。

但是另一方面，任何机关的思想政治工作必须结合着它的业务来进行，必须围绕着加强业务工作这个任务来进行。由于经济学研究机关的业务工作本身就是研究与政治密切联系着的经济学思想，因而在我们这里思想政治工作更不能离开研究业务来进行。因此经济研究所的思想政治工作必须由党和行政共同协力来做才能做好，那种把思想政治工作完全推给党务工作同志，认为担任行政职务的同志（不论是党员或是非党员）可以不关心思想政治工作是不对的。

协助党做好思想政治工作是每一个党员的职责，我们必须动员全体党员来做思想政治工作。必须推选政治和业务工作都比较强的党员来做党的工作。怕耽误自己的研究工作而不积极参加支部工作，或是怕耽误本组的研究工作，而不愿推选组内政治和业务都比较强的同志来担任支部工作的思想是不对的。同时专职的党务、人事干部也必须多少接触一些政治经济学研究工作业务才能做好思想政治工作，做好党务工作和人事工作。

必须反对平时不抓思想政治工作，等着运动来了算总账的办法。党员领导干部定期在一起过组织生活的制度必须坚持下去。我们必须使领导干部的以及经济所全体党员的党内组织生活不流于形式，而能够真正发扬党内民主，展开批评和自我批评，达到互相督促，互相提高，建立起全所的坚强的党的组织。

加强了思想政治工作，建立起了民主集中制基础上的党的领导，贯彻了党的百花齐放、百家争鸣的政策，就能充分调动全体研究人员的积极性，使大家心情舒畅，朝气蓬勃，产生出较多的水平较高的研究成果来。

关于经济所如何参与反修正主义理论斗争问题的报告*

康生同志并报
定一、伯达、周扬、力群、立群同志：

康生同志在3月15日布置编写反修正主义小册子的会上，问起经济研究所对于参加反对现代修正主义斗争的打算。现在汇报如下：

修正主义者对于我们党的经济思想和经济政策进行过一系列的歪曲和攻击。前几年对于我们的总路线、人民公社、大跃进问题进行的攻击是大家知道的。二十大以来，苏联报刊上片面地宣传物质刺激的文章经常不断，而且往往也是针对我们讲的。最近又出现了宣传经济决定政治的文章，也是针对我们的政治挂帅而发的。

因此，我们在制定经济研究所的研究规划时，始终把批判现代修正主义经济学思想作为我们的中心任务之一。我们的批判工作拟分作两步走，或者亦如康生同志所说，分作两道战线：我们的第一道战线是以批判（"破"）为主的小册子，预备在一年左右或稍多一点的时间内完成，我们的第二道战线，是在三五年或稍多一些时间的专题研究的基础上，在十年内写出一部与修正主义政治经济学针锋相对的，"立"与"破"相结合的社会主义政治

---

* 标题来自作者日记记录。

经济学专著。

在一年左右时间内要完成的以批判（"破"）为主的小册子有两本，一本是批判以苏联科学院经济研究所编教科书为代表的修正主义观点的。这个小册子主要是从较有把握的几个最基本的观点进行批判，对于那些连我们国内经济学界尚有争论的问题暂时存而不论。据我们考虑，在这本小册子中至少有以下几个观点，是可以而且现在就必须加以批判的。这首先是片面强调物质技术基础对发展经济的作用，否定上层建筑和生产关系在这方面的能动作用，如先机械化、后集体化的观点，如否定经济工作中政治挂帅的观点，如认为集体化以后只有生产力落后于生产关系而没有生产关系，继续改进的说法，等等。其次要批判的，就是现代经济主义观点的物质刺激论。"物质刺激论"表现在分配问题上，就是"有钱使得鬼推磨"，就是对高薪阶层的收买政策。"物质刺激论"在生产和流通过程中，表现为市场价值规律论，即通过价格的涨落来"刺激"生产和流通。因而，最后，在这小册子中需要批判的就是把产品货币关系引进了全民所有制内部关系并且以市场竞争规律来解释和领导社会主义计划经济的经济自由化思想。经济"自由化"在南斯拉夫经济生活中已经表现得很完整，在苏联政治经济思想中也已经很明显。

当然，对以上三个方面的修正主义观点的批判，不是没有困难的。但是我们编写这本小册子也有一个有利条件，那就是前两年全国高级干部学习政治经济学的时候，我们也曾经组织经济研究所的一部分干部进行了学习，而且配合着这次学习搜集了一些资料（去年我们又搜集了一份苏联经济学界批判斯大林的经济学思想的资料）。

最近我们看到日本经济学家副岛种典写的一本批判苏联政治经济学教科书的著作（书名是《社会主义政治经济学的研究》，书的副标题是"苏联《政治经济学教科书》批判"）。这本书已经译出，不久即可出版。据参加翻译的同志们说，这本著作的许多论点，也就是我们党和主席早提出的一些见解，而且有些地方是直接引用刘少奇同志八大的政治报告和周总理的报告，以及八届六中全会的决议等文件，有些地方还引自我国领导同志和经济学者在报刊上的论文（其中有陶铸同志的文章）。书中对一些问题的提法在我们看来还是有些片面性的，甚至错误的。因此，我们的同志说，我们写出一本高于副岛种典那一本的水平的小册子，还是有希望的。问题在于我们要出版这样一本小册子，应该是能够反映我们经济学界水平，能够正确体现毛主席的政治经济学思想。在这一点上来说，我们的水平实在不够。在主持反修正主义小册子编写工作的几位主帅中，伯达、力群、立群三位同志都是我国有名的经济学大师。希望他们之中，有一二位能够亲自来主持这本小册子的编写工作。修正主义者在经济思想方面做了那么多的歪曲宣传，对我们进行了那么多的攻击，如果我们不回敬一下，那就是"来而不往，非礼也"。

我们预备在一年左右或稍多一点的时间编写的另一本小册子是关于南斯拉夫的。我们有些同志原想就南斯拉夫经济学家贝洛维奇的政治经济学教科书的修正主义观点，系统地写几篇批判性的文章。近来这些同志为了配合许立群同志主编的关于南斯拉夫的小册子的编写工作，又在搜集有关南斯拉夫经济政策和经济现状的资料。我们想就南斯拉夫修正主义经济学思想和经济政策分别写出两本（或合成一本）小册子。

这是我们的第一线计划。但是我们作为一个社会主义政治经济学的专业研究机构，在反修正主义斗争中，只写出两本小册子当然是很不够的。如上所述，这样的小册子，实际上主要只是从政治和历史唯物论的角度来对现代修正主义的经济学思想和经济政策进行一些批判，还不是对政治经济学本身进行深入的探讨。

因此，我们把写出一部与修正主义经济学思想针锋相对的社会主义政治经济学专著,作为经济研究所在反修正主义理论斗争中长期的中心任务。在我们心目之中,这部专著应当不是政策汇编式的,而是建立在客观经济过程的分析的基础上的,对政治经济学基本范畴进行深入探讨的著作;但是它同时必须处处同现代修正主义政治经济学思想针锋相对,处处以后者为自己的对立面,必须全书贯彻着"立"与"破"相结合的精神。

为了写出这样一部著作,必须清算一下半个世纪以来的社会主义政治经济学思想史。我们觉得社会主义政治经济学在过去半个世纪中是走了一个"之"字形的弯路。先是把社会主义计划经济简单化,把它只看作一种自然经济;现在走到了反面,以社会主义社会还存在不同所有制,人们的觉悟程度不高,还需要以物质刺激为借口,倒过来完全以商品经济的规律来解释社会主义计划经济,把全民所有制内部的关系也看作商品货币关系。

现在社会主义政治经济学方面的许多争论往往是在"自然经济论"和"商品货币关系论"之间进行拉锯战。

因此我们为了写出一部与现代修正主义经济学思想针锋相对的现代社会主义政治经济学专著,必须是既反对"商品货币关系论"又反对"自然经济论"。事实上,二者是双生子。自然经济论的奠基人就是老修正主义者考茨基和布哈林。而且现在强调商品货币关系,宣传"物质刺激论",推行经济自由化的现代修正主义者,同时也是"自然经济论"者,因为他们认为将来到了共产主义社会实现了按需分配,人的觉悟提高了,不再需要物质刺激的时候,就不需要经济核算,那时领导全社会千千万万个企业,也如领导一个企业内的若干车间一样,只有分配问题,没有产品流通问题,一句话说,整个社会将变成一个消费性经济单位一样简单。

因此编写出这样一本"立""破"结合的社会主义政治经济学,必须从分析直接生产过程中最简单的经济范畴开始,从全民所有制内部生产关系来考察,来论证产品双重性和劳动双重性问题开始。

在社会主义政治经济学中,还有一个复杂问题是对于流通过程的分析研究。伯达同志是在三年前就提倡社会主义政治经济学要从客观经济过程的分析研究入手,而且说过:客观经济过程无非就是生产过程、流通过程和从总体看的社会再生产过程。然而如前面所已经说过的一样,自然经济论者认为,从全民所有制内部关系来看问题,根本就不存在流通过程,因此经济学者就得就有无流通过程,从头论证起。

过去我有一个模糊的观念,以为建立社会主义计划经济管理体制的关键,主要是在直接生产过程中。现在看来,这个看法错了:这个关键不在直接生产过程,而在流通过程和再生产过程。❶

直接生产过程中的革命,在实行国有化、消灭阶级剥削的过程中基本上已经完成了。现在直接生产过程中的问题,与其说是经济方面的问题,毋宁说是思想意识和上层建筑方面的问题,是企业的管理体制和组成形式如何更好地适应新的生产关系的问题。

但是在这个过程中,也即马克思所说千千万万个企业相互间物质代谢过程中,如何以人们自觉的组织,即计划经济管理体制来代替市场的自发的调节作用,来确立各部门之间的比例关系,这个问题,也是因为受"自然经济论"和商品货币关系论的影响,而始终未曾得出真确完善的答案。

因此,编写这样的一本社会主义政治经济学,就必然要牵涉到许多学术上争论的问题。因此,我们根据1960年编写初稿的经验,为要编写这样一本书,必须一方面继续研究苏联社会主义经济学思想史,总结各社会主义国家经济建设的经验教训,总结南

---

❶ 再生产也要经过流通来实现,马克思就是在研究流通的《资本论》第二卷中研究再生产问题的。

斯拉夫资本主义经济复辟的教训；另一方面必须积极参加财经业务部门对于过去十几年中社会主义经济改造和经济建设的经验总结工作和十年经济计划的编制工作，对当前的重大经济问题，进行专题研究。

因此，我们经过再三考虑，觉得编写这样一部又"立"又"破"的社会主义政治经济学专著，必须给大家以十年左右的时间。前五年进行专题研究，在这些专题研究的基础上写出一些专题著作，并且根据我们1961年我所提出的提纲和所内若干同志的讲课经验写出一本20万～30万字的《社会主义政治经济学讲授提纲》。后五年才正式着手编写社会主义政治经济学专著。

我们也深深感觉到，我们在这场反对现代修正主义的理论斗争中尽力太少。我们争取除了上述两本第一线的小册子以外，再多提供一些资料书。我们也希望在完成这两种小册子之后，再编写一些配合反修正主义的斗争的著作。但是在目前，我们还只能作以上的打算。是否妥当，请指示批评。

敬礼！

孙冶方

1963年3月23日

流通概论

一、生产和交换、交换和流通、交换和商品交换、流通和商品流通

"交换没有造成生产领域之间的差别,而是使不同的生产领域发生关系,并把它们变成社会总生产的多少互相依赖的部门。"❶

"流通本身只是交换的一定要素,或者也是从总体上看的交换。"

"既然交换只是生产以及由生产决定的分配一方和消费一方之间的媒介要素,而消费本身又表现为生产的一个要素,交换当然也就当作生产的要素包含在生产之内。"❷

马克思在讲到商品流通的时候又说过,流通是商品的不断运动,但总是新的商品的不断运动,每个商品只运动一次。

恩格斯:"……生产和随生产而来的生产品的交换,是一切社会制度的基础;在每个历史地出现的社会中,生产品的分配以及与之相伴的社会阶级或等级的划分,是由这个社会生产什么,怎样生产以及怎样交换生产品来决定的。"❸

但是,如像我们在研究生产过程的时候,所已经反复讲过的一样,在过去半世纪中流行于社会主义政治经济学界的"自然经济观"却认为,交换只有商品交换,在商品消亡之后,就没有交换,更没有作为"从总体看的交换"的流通了。

---

* 这是作者在中国人民大学经济系讲课用的讲稿,写于1963年4月。
❶ 参见 马克思:《资本论》第1卷,第390页,北京,人民出版社,1975。
❷ 参见马克思:《政治经济学批判》,第208页,北京,人民出版社,1976。
❸ 参见恩格斯:《反杜林论》,第291页,北京,人民出版社,1974。

最近有位苏联经济学家阿·克留切夫在一个商业学院出版的，一份不大受人注意的学报上发表的论文中说（他这种论点在"自然经济观"占统治的著名刊物上是不容易发表的）："在我们的经济著作中，有一个根深蒂固的意见，这就是流通只能被设想为商品流通，除了商品流通以外，不可能有任何别的流通。按照这种意见，结果就成为：流通只有当它是商品流通的时候才构成社会生产的特殊阶段。"❶

这种"自然经济观"的思想在我国经济学界也是存在的。国外经济学界的思潮对于我国经济学界的思想是不会不发生影响的。这从以下事实中可以看出来：

第一，在国内，也如国外一样，社会主义政治经济学主要是谈生产过程中的问题；关于流通过程中的问题，只谈生活消费品的商业，即不同所有制（国家、集体和个人消费者）之间的交换，而不谈全民所有制内部的流通，不谈生产资料的流通；即使偶然在学校中，在报刊文章中，提到了生产资料的供应工作，也是作为计划工作或生产管理工作中的一个具体的行政组织问题提出来的，而不是作为一个独立于直接生产过程而又与生产不可分离、与生产互相制约的、社会再生产中一个独立经济过程提问题的。而不同所有制之间的商品交换，对于共产主义社会初级阶段的社会主义经济，不论它是如何重要，它只是过去（私有制和商品经济的过去）的遗迹，而不是全民所有制生产关系派生出来的东西。因而，如果只在生活消费品商业问题的圈子里谈问题，那么不用说，流通和商品交换一样，只是共产主义初级阶段的现象，从社会主义经济最本质的生产关系来说，从全民所有制来说，是没有"流通"这个范畴和概念的。

第二，近几年来，主张编写社会主义政治经济学要从客观经济过程的分析入手的，大有人在。然而，在具体编写过程中，从

---

❶ 阿·克留切夫：《学术著作集》，18辑，列宁格勒，恩格斯苏维埃商业学院，1961。

何谓流通过程,到有没有所谓流通过程,都成了问题。这证明过去我们是看漏了流通过程;直到近几年来,我们才把全民所有制经济有无流通过程的问题提出来。但是如果全民所有制经济没有流通过程,没有交换,特别是没有产品交换作媒介,那么社会生产本身也成了孤立的互不联系的经济活动,这就难怪,迄今为止,社会主义政治经济学著作几乎千篇一律地成为政策汇编,或规律、定义的汇编了。

第三,在我国大专学校中,也像苏联一样,只有研究生活消费品贸易的院或系,但是没有研究生产资料流通的院系。关于生产资料的流通问题被称作"物资供应",是作为计划系的一个专业出现的。而且不论是生活消费品商业也好,或是"物资供应"也好,都只是作为"部门经济学",而不是作为政治经济学来研究的;都只是从直接交换过程中的问题来加以研究,而不是作为一个独立于生产而又与生产不能分离的,独立的经济过程来看待的,即只是在马克思《资本论》第1卷、第1篇第2章的范围内加以研究,而不是在整个《资本论》二卷的范围内加以研究,不是从社会再生产过程中生产资料资金和生活消费品资金的不断补偿的角度来研究的。

在中国,似乎还没有发现过直接宣扬"自然经济观"或"无流通过程论"的文章或专著。然而这并不足以证明这种论点在经济学界没有影响,而是相反,似乎这种观点处于不言而喻的独占地位,因而连社会主义社会有无流通的问题也没有被提出来过。

因此,我们在具体研究社会主义的流通之前,先一般地谈一谈有没有"流通",什么是流通,即是先不考虑"流通"的具体的社会形态,而谈谈"流通一般",是有必要的。马克思说:"生产一般是一个抽象,但是只要它真正把共同点提出来,定下来,免得我们重复,它就是一个合理的抽象。"❶ 从这个意思说,我们

---

❶ 参见马克思:《〈政治经济学批判〉导言》。(参见《马克思恩格斯选集》第2卷,第88页,北京,人民出版社,1972)

在研究具体的社会主义公有制形态的流通之前，提出"流通一般"的问题也是合理的，必要的。

二、产生"自然经济观"和"无流通论"的客观因素

否定社会主义流通过程的思想不能说成仅仅是主观认识上的产物，也不能说成仅仅是受了外国经济思潮的影响。社会主义政治经济学中"自然经济观"的产生至少有两个客观原因：

第一，私有制的消灭，以及由此而引起的盲目自发的市场商品交换的消失，使人会发生一种错觉，认为至少从全民所有制内部生产关系来说，马克思在《资本论》第1卷第4篇第12章指出的社会分工和工厂内部技术分工的差别已经泯灭，整个社会（至少是全民所有制经济本身）已经变成一个统一的工厂，社会分工已经与工厂内部的技术分工等同化。❶ 因此，作为社会分工的各

---

❶ 马克思指出了社会分工和手工工场内部分工的6点差别：①社会分工的各个成员的产品是作为商品存在的，而手工工场内部分工的每个成员并不生产商品，成为商品的只是他们的共同的产品；②社会分工以分工各部门的产品的买卖为媒介，而手工工场内部各个工人之间的联系是通过不同的劳动力出卖给同一个工场主来实现的；③手工工场的分工以生产资料集中于一个资本家为前提，而社会分工则以生产资料分散于许多互相独立的商品生产者手中为前提；④在手工工场内部，严格规定的比例和关系的铁则把全体工人分配于不同的职能之间，反之，在社会分工的各个部门之间，商品生产者以及他们的生产资料的分配，是让偶然性和任意性作决定的；⑤手工工场内部分工所采取的规范定额是先验地和有计划地起作用的，而在社会内部分工中，这种规范定额只是后发地起着作用，作为一种内在的、盲目的、自然的必要性控制着商品生产者的无秩序的任意行为，而且只以市场价格的气候变幻的形态出现；⑥手工工场的分工以资本家对工人们的无条件的权威为前提，工人只是组成了属于资本家所有的，一个完整机体中的诸部件，而社会分工则是使独立的生产者互相对峙，除了竞争以外，除了以他们的相互利害斗争的结果出现的强制力以外，不承认任何其他种权威。因此马克思指出，同一个资产阶级的思想意识，一方面把手工工场的分工，把工作者终生固定从事某一操作，而且把各个工人屈属于资本的权力，称颂为提高劳动生产力的劳动组织，这同一个资产阶级的思想意识又在另一方面以同样的狂热痛骂一切自觉的社会监督以及对社会生产过程的控制，把这说成是对于财产的神圣权利、对于自由和对于资本家个人自我决定的"天才"的侵犯。马克思说，这是很突出的，工厂制的最狂热的辩护者在反对社会劳动的统一组织的时候，竟找不出别的更有力的理由，而只能说这样的统一组织是把社会变成一个工厂了。——作者（以上参考《资本论》，第1卷，第389—395页，北京，人民出版社，1975）

个单位之间的联系纽带或起媒介作用的流通也不存在了。

然而，这种见解是对马克思的莫大误解。私有制变为全民所有制，并不能完全消灭社会分工和工厂内部技术分工的差异，商品交换关系的衰亡也不能消灭产品交换，不能消灭作为独立的经济过程的流通。即使从全民所有制经济的内部生产关系的角度来看问题，即使到了共产主义高级阶段，也会存在着不同于工厂内部技术分工的社会分工。

在这里（即在全民所有制内部或共产主义高级阶段），工厂内部的技术分工和社会分工不同之处也仍然不像亚当·斯密所认为的一样，仅仅在于技术分工发生于同一地点，观察者可以一目了然，而社会分工分布在全社会，观察者就很容易把它看漏掉。二者的差别在于：技术分工发生在一个独立核算单位的内部，是直接作为各种不同的活劳动的交换而出现的，而社会分工发生在社会上各个独立核算单位之间，是通过产品的交换来实现的。

直接的活劳动的交换，它的范围不可能很广，经济效果的计算主要通过定额来表达，因而不可能做较广泛的经济比较。在全民所有制经济内部，以及在未来的共产主义社会，生产愈发达，社会分工愈细，而各个独立核算企业之间的协作愈密切。这样的分工只有通过产品交换来进行协作，也只有这样，才能做好经济核算，才能充分提高社会劳动生产力。

第二，由于上面所说的社会分工和技术分工在某些重大方面的接近，更由于在社会主义经济建设的实践中，生产资料生产的增长（尽管这个增长速度是相当快的）总是落后于社会主义建设的计划需要之后，因此社会生产的不同部类之间，不同部门之间，和千千万万个企业之间的产品交换（物资技术装备的供应），不得不采取"分配"或调拨的形式。因而，给人们造成了一种假象，似乎从社会主义全民所有制经济的生产关系来说，社会生产将只包括生产、分配、消费3个要素，而流通则因为不需要而消失了，或者为"分配"所代替了。其实，现在社会主义国家比较普遍采用的这种物资技术装备的供应形式，完全不是政治经济学上所说的"分配"，而是"配给"，这是在物资缺乏，供不应求的情况下采取的一种不得已的措施，而绝不是社会分工基础上产生的产品交换或产品流通的正常形式。

因此，我们为了研究流通过程，为了说明流通过程是客观的存在，有必要先辨别"分配"和"交换"这两个政治经济学上完全不同的范畴。

讲到分配，首先是指产品（产值）的分配。如果撇开了产品（产值）中抵偿物质消耗的那一部分不谈，那么分配就是指社会产品中净产品（净产值）的分配，即是满足生产者及其家属生活所必需的产品和剩余产品的分配，即是"v"和"m"的分配。马克思指出过，在任何一种社会化的生产中，如果抽象掉了各种不同的分配方式的差别和特殊形态，那么分配就归结为上述的共同之点。❶

"但是，在分配是产品的分配之前，它是：①生产工具的分配；②社会成员在各类生产之间的分配（个人从属于一定的生产关系）——这是上述同一关系的进一步规定。这种分配包含在生产过程本身中并且决定生产的结构，产品的分配显然只是这种分配的结果。如果在考察生产时把包含在其中的这种分配撇开，生产显然是一个空洞的抽象；反过来说，有了这种本来构成生产的一个要素的分配，产品的分配自然也就确定了。"❷

交换是把已经生产出来的产品在已经分配定的价值量范围以内，转交给消费者，实现消费。马克思说："……在消费中，产品才成为现实的产品，例如，一件衣服由于穿的行为才现实地成为衣服；一间房屋无人居住，事实上就不成其为现实的房屋。因

---

❶ 参见马克思：《资本论》第3卷，第993页，北京，人民出版社，1975。

❷ 参见马克思：《政治经济学批判》，第206页，北京，人民出版社1976。

此，产品不同于单纯的自然对象，它在消费中才证实自己是产品，才成为产品。消费是在把产品消灭的时候才使产品最后完成，因为产品之所以是产品，不是它作为物化了的活动，而只是作为活动着的主体的对象。"❶ 正是从这个意义上说，交换是"生产以及由生产决定的分配一方和消费一方之间的媒介要素"。❷

既然，交换实现了或最后完成了生产和分配，而流通是从总体看的交换；那么我们可以说，生产和分配是通过了流通过程才得到最后完成。

从上面对于"分配"和"交换"这两个范畴的分析中，我们可以看出，物资供应绝不是属于分配范围以内的事，而是交换或流通本身。因为，在正常的情况下，这里并没有发生必要产品和剩余产品的分配问题，也没有发生剩余产品（即劳动者除了为自己和家属的生活消费所必要的部分以外，为社会生产的产品）的再分配问题。这里供应的物资是为了满足两种用途：一种是不仅早已分配了的，而且是已经在生产过程中消费掉的生产资料（固定资产和原材料）的按期的补偿；另一种是按照国家扩大生产的投资计划已经分配（实际是再分配）定的资金数额，给予必要的建筑材料和技术装备。这正是建立在社会分工基础上的，社会生产的第一、第二部类之间，各部门之间和各企业之间的交换问题。

当然，在不正常的情况之下，即是在物资供应不能满足生产和建设的计划需要，发生生产资料供不应求的情况下，在生产过程中已经消耗掉的生产资料得不到及时补偿，已经批准了的建设计划，不能按期取得所需要的物资，这就等于抽回了原有的生产基金或是改变了原来已经分配定的新投资计划。也就是说，发生了原有的，或已分配定的生产基金的再分配问题。然而，这显

流通概论

---

❶ 参见马克思：《政治经济学批判》，第201页，北京，人民出版社1976。
❷ 参见马克思：《政治经济学批判》，第208页，北京，人民出版社1976。

然是物资供应和建设计划脱节的非正常情况，而不是物资供应应有的职能。

因此，物资供应，虽然在日常生活中，有时也说成是物资技术装备的分配。实际上物资供应工作应该根据社会主义流通过程的客观规律来办事，而不应该当作政治经济学上的分配来办事。

三、要透彻了解社会主义全民所有制内部的流通过程，必须具有产品二重性和劳动二重性的思想

马克思说过："交换过程使商品从把它们当作非使用价值的人手里转到把它们当作使用价值的人手里，就这一点说，这个过程是一种社会的物质变换。一种有用劳动方式的产品代替另一种有用劳动方式的产品。"[1] 从社会主义全民所有制内部生产关系的角度来看，甚至可以从未来的共产主义高级阶段来看，产品不再是商品了，或者说，商品、货币关系消亡了，但是马克思上面这段话只要把"商品"二字改为"产品"，那么整个意思仍旧完全是适合的。

例如，现在的或未来共产主义社会的一个钢铁企业（或整个钢铁部门），在连续不断的生产和流通过程中，总是一方面以自己的产品（钢铁和钢材）提供给需要这产品的所有其他企业（或部门），因为它自己的产品对它自己是没有使用价值的（我们把它附设的修理厂和金属加工工厂也消费掉一小部分自己生产的钢铁和钢材，舍弃不谈）；但是另一方面它又必须通过流通过程，从别的独立核算企业（或生产部门）不断取得各种不同的产品以补偿消耗掉的设备、原材料，等等。同时，它的职工又必须从农业部门和轻工业部门不断取得生活消费品。这就是永远要有的延

---

[1] 参见马克思：《资本论》，第 1 卷，第 122 页，北京，人民出版社，1975。

续不断的产品交换"过程",或如马克思所说的"社会的物质代谢",就是以"一种有用劳动方式的产品代替另一种有用劳动方式的产品"。

没有这种不同劳动产品的交换作为联系,社会生产的两大部类,各个部门以及千千万万个企业的存在是不可能的;但是由于相互间进行交换的千千万万个企业都是独立核算的企业,所以它们的产品交换〔除了上缴给国家(或社会)的那一部分和国家又以投资形式拨给企业的以外〕,必须是等价的交换。价值量相等的,不同的使用价值相互交换的原则在这里仍然是必须遵守的客观规律,所不同的是在资本主义商品社会里,这一切都通过市场竞争盲目自发地进行的,在这里是自觉地有计划地进行的。离开了这样的交换,就不可能有流通过程,就不可能有社会再生产。这也就是我们在关于生产过程各讲中,一再要强调产品二重性和劳动二重性的缘故。

流通概论

前引阿·克留切夫的论文,是我个人所知道的,把社会主义社会中的交换作为经济过程来讨论的第一篇文章。作者在论文中对流通过程的内容做了许多精辟的论述。但是因为作者不敢彻底否定社会主义政治经济学中的"自然经济观",不承认产品二重性和劳动二重性的存在,所以使他的论点在许多场合下陷于自相矛盾之中。例如,他一方面承认,商品交换的消失并不导致交换一般的消失,他认为,交换和流通将如生产一样始终存在着;但是他又说:"随着商品生产形式的消失,将失去使相交换的产品彼此相等的必要性,从而也将失去商品交换的必要性。"试问不必彼此相等的交换,即不要求等价交换,即每次交换进的东西在价值量上可以多于或少于交换出去的产品,那么这样的产品交换,岂不就是把每次交换变成了企业资金的再分配,岂不正是作者所反对的,把物资供应看作为分配了吗?而且这样的交换,如何能促进企业的经济核算呢?看来,作者认为,未来共产主义社会的企业是用不到进行经济核算的,因而也将不成其为独立核算的企业了。因为作者说:"在完全的共产主义制度下,生产企业分离为个别经济单位的现象,看来将得到克服。但是不言而喻,在共产主义制度下,也将有某种基层的生产单位,它对整个社会来说表现为个别的经济单位。"不分离为个别经济单位了,但是仍然将要有某种基层的生产单位,而后者对整个社会来说,又仍将是表现为个别的经济单位。那么到底还有没有个别经济单位呢?某种基层的生产单位又同个别的经济单位有什么不同呢?是不是表现在不要进行经济核算呢?但不进行经济核算的生产单位,只登记不同的具体使用价值的产品的调进调出,不还原为统一的抽象劳动进行比较,又如何能够促进劳动生产率的提高。在这里作者给我们留下了一连串的糊涂观念。

四、社会主义政治经济学要研究交换过程本身的具体问题

马克思以《资本论》的整整的第2卷研究了资本主义的流通过程,而且《资本论》第3卷实际上仍旧是在"生产过程和流通过程的统一中",来研究资本主义生产的。然而,不论在《资本论》第2卷或是第3卷中,马克思都是把流通作为一个过程,或者如像马克思自己所说的一样,是从社会物质代谢的全过程来研究流通问题的。至于交换本身,或者如像马克思所说的"流通过程本身的二个阶段"。(《资本论》中译本译作"真正流通过程的两个阶段")❶ 马克思是在《资本论》第1卷研究直接生产过程的时候,即研究商品货币这些范畴的时候加以研究的。马克思在《资本论》第1卷第1章研究了商品之后,接着第二章就研究了交换过程。这一章只有12页,可以说是《资本论》中篇幅最短

---

❶ 参见马克思:《资本论》,第2卷,第389页,北京,人民出版社,1975。

的章节之一,而且就是在这一章中,也只是对商品交换中最本质的关系加以研究。马克思从未对资本主义商品交换过程中的具体问题,如流通的组织形式、流通渠道等问题加以详细研究。这原因是很明白的。马克思的任务在于揭示隐藏在那个自发性的市场流通关系背后的本质,而不是要去研究如何组织这个流通,而且资本主义之所以为资本主义正在于一切属于流通范围内的事,都是那么"自然而然地",即"自发地"进行的,一切都无从加以组织,加以计划。至于资本主义商业企业组织本身的研究,则是资本家业务范围以内的事,不是马克思《资本论》的任务了。

流通概论

然而,社会主义政治经济学的任务,就不能仅仅限于揭示流通过程的一般规律,而且要对流通过程的组织形式、流通渠道等具体问题加以详细具体研究。这里,除了作为资产阶级生产方式掘墓人的无产阶级在研究资本主义政治经济学的时候和作为新社会建设者,作为新的经济制度组织者的执政阶级,在研究社会主义政治经济学的时候,任务理应不同以外,还有一个较重要的原因,那就是资本主义经济的流通过程和社会主义计划经济的流通过程,除了前者反映剥削关系,后者没有剥削关系以外,还有一个很大的本质上的差别,即在于资本主义的流通过程是自发性的,盲目自流的下意识行为;而社会主义计划经济的流通过程则是自觉地组织起来的有意识行为。如果对于自发的流通过程,我们的科学研究任务就在于揭示这一过程的客观规律,那么对于一个自觉地,有意识有计划地组织起来的过程,科学研究的任务就应该除了揭示这种计划管理组织所根据的客观规律以外,更在于如何适应这种客观规律,建立最完善的组织形式或管理体制。

似乎有一个相当普遍的见解,就是以为建立社会主义计划经济管理体制的问题是直接生产过程中的问题。现在看来,这个看法未必对:这不是直接生产过程中的问题,而是流通过程中的问题。

说是流通过程中的问题，当然也可以说是再生产过程中的问题，因为如同马克思所说的那样，流通是再生产的媒介，而且把生产过程当作一个总体来看，当作再生产过程看的时候，它是生产过程和流通过程的统一。然而在这统一体中，建立计划经济的关键主要在流通过程。

因为直接生产过程中的革命，在实行国有化，消灭阶级剥削的过程中，基本上已经完成了。所有制的革命是建立计划经济的前提，没有这个革命，计划经济当然就无从谈起。现在直接生产过程中的问题，实际上是两个革命的补课。一是补社会主义革命的课，因为在所有制方面完成了社会主义革命之后，在消灭了剥削之后，我们的新建立起来的社会主义企业管理制度不可能一下就很完善。这原因又可以分为两个方面，一是缺乏经验，二是还存在旧的意识形态的残余。总之，是上层建筑方面的革命还没有来得及跟上所有制的变革。但是，不管思想意识方面的阶级斗争还要持续多长的时间，这也只是补课而已。另一种补课是补工业革命的课，也可以说是补资产阶级革命的课。由于旧中国是一个落后的国度，旧中国原有的许多大企业是归外国人管理的。我们对管理现代化大企业的经验原来就很缺乏。也正是在这个意义上，列宁在十月革命后曾经教导俄国的工人阶级说："资本主义在这方面的最新发明——泰罗制——也同资本主义其他一切进步的东西一样，有两个方面，一方面是资产阶级剥削的最巧妙的残酷手段，另一方面是一系列的最丰富的科学成就，即按科学来分析人在劳动中的机械动作，省去多余的笨拙的动作，制定最精确的工作方法，实行最完善的统计和监督制，等等。"[1]

但是流通过程中的问题，却远不是仅仅一个补课问题。当然所有制方面的革命，在流通过程中也如在直接生产过程中一样，

---

[1] 列宁：《苏维埃政权的当前工作》。（参见《列宁选集》，第3卷，第511页。北京，人民出版社，1972）

是已经完成了的。然而如同上面所说过的一样，所有制革命只是建立社会主义计划经济管理体制的前提而不是计划管理本身。而且以直接生产过程本身而说，资本主义企业内部的技术分工原来就是建立在有意识的有计划的管理制度基础上的。我们说要以计划经济的管理制度来代替盲目自发的无政府状态的市场竞争，原来不是指企业内部的直接生产过程，而是指全社会而言，是指马克思所说千千万万个企业相互间物质代谢过程，即是指流通过程。从这个意义上来说，计划经济的管理体制还只能说是在建立中。而社会主义政治经济学由于半世纪以来受了自然经济论的影响，过去只把这社会物质代谢过程看作是调拨分配工作，而不把它看作是流通过程，因而对于社会主义流通过程的客观规律，固然研究得很少，对于计划流通的管理体制或组织形式，研究得更少。

流通概论

因此，在我们的讲课中，对于流通过程的研究，只能是粗线条的，甚至还说不上研究，而只是先把问题提出来（希望能够把问题提得大致不错方向）。因此，我们的流通过程打算只分五讲来研究。除了第一讲流通概论以外，第二讲研究固定资金的周转和管理，第三讲研究流动资金的周转和管理。以上这三讲，是研究社会主义流通过程的一般规律的。此外，第四讲研究"国营企业相互间生产资料的供销工作（全民所有制内部的产品交换问题）"；第五讲研究"社会主义商业工作（社会主义社会不同所有制之间的商品交换问题）"。在后面这两讲中，希望就社会主义流通的具体组织形式、流通渠道等问题，进行一些研究。全民所有制内部的产品交换或国营企业相互间生产资料的供销是社会主义流通中领导形式，它代表着未来共产主义社会的流通组织的缩影。不同所有制之间的商品交换，或社会主义的商业是社会主义现阶段的流通过程的过渡状态。然而不论社会主义社会的商品流通量有多大，它总是在全民所有制生产关系领导之下的，如果不先了解全民所有制内部的流通关系，就无从了解国营商业对合作社商业和集市贸易的领导关系。

五、流通问题的两条路线斗争

在流通问题上，现在有一种我认为不正确的经济学思想，那就是把商品货币关系引进全民所有制内部关系中来，就是以市场竞争规律，以交换价值规律来解释和指导社会主义计划经济。这些就是所谓经济"自由化"的理论基础。但是，反对这样的商品货币关系理论，必须同时反对"自然经济论"。事实上，二者是双生子。自然经济论的奠基人就是老修正主义者考茨基和布哈林等人。而且现在把商品货币关系引到全民所有制内部关系中来，推行经济"自由化"政策的人，往往同时认为未来的共产主义社会仍然是自然经济，是没有流通过程的。

关于经济研究工作如何为农业服务的问题

《经济研究》1962年第12期刊载了《北京部分经济工作者和经济理论工作者座谈如何进一步开展农业经济问题的研究》的报道。这个报道所提出的问题,看来都值得深入研究和讨论,不过,我现在想要探讨的,倒不是农业经济方面的某一个专题,而是围绕农业经济中几个重要问题,谈一谈如何进行研究的意见。不当之处,希望大家指正。

如何论证农业是国民经济的基础

我觉得,在研究这个问题的时候,似乎需要把农业是国民经济的基础,同农业在当前国民经济中的比重和地位,即农业是当前我们国家的首要工作这两件事区分开来。

农业是国民经济的基础,是一切社会事业(包括文化、教育、科学等)的基础,这是一条普遍真理,或者说,这是各个社会共同的一般的规律。这指的是人们要吃饱穿暖之后,心有余力才能够办别的事;这也就是说,科学、文化、教育事业以及国民经济的各个部门的发展总是农业这一部门发展的结果。现在大家已经知道马克思对于农业劳动生产率、对于农业剩余产品的看法,就已经孕育着这个思想;但是明确提出农业是国民经济基础

---

* 本文笔名方青,原载《经济研究》,1963(5)。

这个说法的是毛主席。这是毛主席对于发展马克思列宁主义经济理论的重大贡献。这对于社会主义建设实践有极大的指导意义。

农业是当前一切工作中的首要工作——这既是由农业是国民经济的基础决定的，也是由当前农业在国民经济中的比重和农业尚未过关这一事实决定的。因此，它不是一切时代、一切国家都适用的普遍真理和一般规律。

例如，今天的我国仍然是一个农业国，农村人口占全国总人口的80%以上，农业在国民经济中占举足轻重的地位，工业劳动力的来源和工业化资金的来源以及工业品的市场主要在农村。因此，农业是我国当前的首要工作，加速农业的发展是保证国民经济有计划按比例地、高速度地发展的关键。但是，农业在国民经济中的比重，农业在当前工作中的地位，是会改变的。我们可以设想，经过一个相当长时期的努力以后，我国农业劳动生产率大大提高了，只要占全国总人口的20%甚至10%不到的农业人口，他们生产的农产品就足够供应全国的需要。那时，无论从劳动力来源来看，或是从工业品市场和国民经济建设资金的来源来看，农业就不一定再占主要的比重了，农业也不一定成为一切工作中的首要工作了。然而即使我国农业发展到那样的地步，仍然不能否定农业是国民经济基础这一普遍真理。因为这样高的经济水平，必然是在巩固了的农业基础上发展起来的，必然是农业劳动生产率高度发展的结果。

把"农业是国民经济的基础"这一条普遍真理，同"农业是当前一切工作中的首要工作""农业在国民经济中的地位和比重"这一条在某一国家、某一时代的特殊真理，分别开来论证之必要，不仅因为这种混淆会贬低"农业是国民经济的基础"这一普遍真理在理论上的重要意义，而且也因为这种混淆的结果就不能真正突出农业在当前的重要性，不能使人们深刻地认识到发展农业生产在我国目前情况下的特别重要的意义。

以上这些看法，是否正确，请大家指正。但是我个人觉得，今后关于农业是国民经济基础问题的研究，应该用更大的力量来搜集资料，做科学的论证。一方面，从人类社会发展的几个大的阶段搜集大量的历史资料，来论证农业为国民经济基础是适用于一切时代、一切国家的普遍原理和普遍规律。另一方面，从农业同国民经济其他部门的联系的角度，来探讨农业在社会主义国民经济中的地位和基础作用。以上只是个人所想到的，是不是还可以从别的方面来论证，请经济学界的同志们指正。

关于工业是国民经济的主导和工业支援农业问题

在国民经济发展中以工业为主导，是针对着农业为基础而言的。如果说农业为基础指的是工业以至国民经济其他各部门是在农业劳动生产率提高的基础上发生和发展起来的；那么，工业为主导，就是指工业中的重工业通过生产资料的供应，能够提高作为国民经济基础的农业的劳动生产率以及其他物质生产部门的劳动生产率这个意义来说的。大家知道，在一定生产关系的条件下，提高农业劳动生产率的关键在于实现农业的技术改革。而在整个国民经济中，只有重工业能够向农业提供现代化的生产工具和其他生产资料，以帮助农业实现技术改革。当然，交通运输业的发展和科学技术水平的提高，对于提高农业劳动生产率都有积极作用。但是，交通运输业本身所能达到的水平，是由重工业的水平所决定的；而科学技术的发展对提高农业劳动生产率的作用，即新的科学技术要运用到农业生产中去，在很大程度上也要通过重工业，由重工业提供先进的生产工具等才能实现。因此，我们说工业是国民经济的主导，在实质上就是指重工业在国民经济中所发挥的作用而言的。

当然，现阶段我国的工业企业绝大部分属于全民所有制，它们是集中掌握在国家手中的巨大经济力量,因而从这个意义来说,整个工业对农业都具有指导意义。但是属于全民所有制的事业,除了工业以外,还有财政、金融、商业、对外贸易,等等。所以,我认为我们现在所说的工业的主导作用是仅就重工业对提高农业以及其他物质生产部门的劳动生产率而言的。

正因为如此,我个人认为工业为主导同工业支援农业并不是一件事情。如前所述,工业为主导,指的是重工业,而工业支援农业指的是整个工业,其中也包括轻工业。同时,工农业之间的支援应该是相互的,我们不但提倡工业支援农业,而且提倡农业要支援工业。但是能够提高农业劳动生产率以及对整个国民经济起主导作用的,却只有制造生产资料的重工业。因此,把工业的主导作用同工业支援农业完全等同起来,我觉得也是不恰当的。

当然,必须看到,工业为主导同工业支援农业是有紧密的内在联系的。正因为农业为基础、工业为主导,才要求工业部门把支援农业放在首要地位,才规定工业的发展方向是面向农村,要把工业转移到以农业为基础的轨道上来。工业的主导作用发挥得越好,也就意味着工业支援农业的工作做得越好。

如前所述,工业的主导作用是指重工业对提高国民经济各部门,首先是农业部门的劳动生产率而言。重工业一定要为农业服务,这是肯定无疑的。但是重工业如何才能更好地为农业服务,却是一个十分复杂的问题。第一个五年计划期间,我们的重工业部门在为农业服务方面也做了许多工作,取得了一些成绩。可是,效果还不够显著。我想,这除了由于当时我们的重工业本身的基础还薄弱以外,更在于当时我们还未能体会"农业为基础、工业为主导"这一真理,从而重工业必须为农业服务的思想还不够明确。

重工业包括地质勘探、采掘、动力、冶金、机械、化学(酸、碱、化肥等)、仪表等一整套环环相扣,而又非一朝一夕、轻而易举就可以创办起来的事业。重工业的心脏是机械工业。但是，事实上不存在一般的机械工业。即以支援农业的机械而论，就必须具体明确是耕作用机械抑是排灌用机械，是运输用机械抑是制造化肥或农药用的机械，等等。同一种制造耕作用的机械的工业，还有电动机或内燃机，旱地用或水田用，以及马力大小等差别。不仅制造各种不同机械的机械制造工厂本身的设计和装备应该有所不同，而且不同的机械制造工业对于金属、动力、燃料的品种、数量的要求也各不相同。因此，支援农业用的机械的品种、规格和数量的变动就会影响整个重工业的各个环节。由此可见，研究工业如何对农业起主导作用的问题，归根结底也就是以什么生产资料来支援农业的问题和为农业服务的重工业内部的比例问题。

但是，重工业除了为农业服务以外，还要为轻工业以及其他物质生产部门服务。例如，重工业如何为轻工业提供更多的原料，如何改进轻工业的技术装备，都是重要问题。重工业既要为农业提供现代化装备，又要为轻工业和其他物质生产部门提供现代化装备。那么，如何加强重工业自身的技术装备，提高重工业的生产水平和技术水平，当然也是一个极为重要的问题。在这个问题上，我们要防止两种片面性。一种是为重工业而重工业。这就是在安排重工业的生产、建设的时候，不是把为农业服务、为轻工业服务当作最终目的，而仅仅去考虑加强重工业自身的技术装备和实现重工业自身的扩大再生产。马克思说："和我们以前已经说过的一样……在不变资本和不变资本之间，又会发生一种不断的流通。（甚至把加速的积累除开不说也是这样）这种流通因为从来不会加入到个人的消费中去，所以在这个程度之内，它本来不以个人的消费为转移，但它终究要受它的限制，因为不变资本的生产，从来不是以它本身为目的，却不过因为那些会把产品加入到个人消费中去的生产部门，已经需要有更多的不变资本。"❶ 为重工业而重工业，显然与经典作家指出的上述原理相违背。当然，我们也不能走向另一个极端，把重工业要装备自己同重工业要为农业服务对立起来，认为强调重工业自身的建设就是为重工业而重工业。因为，直接为农业服务的重工业产品的增产，是要以生产生产资料的增产为前提的，或者说是要以重工业自身的建设为前提的。所以，在明确重工业的发展方向首先是为农业服务的前提下，应该把重工业自身的建设问题放在应有地位。

因此，我们在研究"农业为基础、工业为主导"这一原理的时候，在研究工业如何为农业服务的问题的时候，不可避免要研究一连串的比例关系问题，即国民经济综合平衡问题。这里有：农业、轻工业、重工业之间的恰当比例问题（实际上也就是甲乙部类——生产资料部类和消费资料部类——的比例关系问题）；重工业装备农业和装备自身之间的恰当比例问题；直接为农业生产服务的各种重工业产品之间的恰当比例问题，等等。这些比例关系的恰当安排，实质上是一个国民经济发展的长期需要同当前需要相结合的问题。以重工业装备农业与装备自身的比例关系为例，前一类重工业产品的增长可以在较短时间内，甚至可以立即对农业增产发生积极作用；而后一类产品的增长，则必须通过若干中间环节，经过较长时间，才能对农业生产发生作用。正如马克思所说："有些事业在较长时间内取走劳动力和生产资料，而在这个时间内不提供任何有效用的产品；而另一些生产部门不仅在一年间不断地或者多次地取走劳动力和生产资料，而且也提供生活资料和生产资料。在社会公有的生产的基础上，必须确定前

---

❶ 参见马克思：《资本论》，第3卷，第330页，北京，人民出版社，1966。

者按什么规模进行,才不致有损于后者。"❶ 对于这些比例关系的研究,我认为首先需要搜集大量资料,在总结社会主义建设经验的基础上,分析影响这些比例的各种因素的消长变化;其次,要重视数量关系的研究,通过具体计算,探索在这些方面能取得最大经济效果的最优比例。

工业对农业的支援也是国家所能给予农业的物质支援的主要内容。但是一讲到国家对农业的支援,人们首先想到的往往就是财政的支援,特别是贷款。我觉得,国家贷款在国家对农业的支援中处于什么地位,作用如何,不仅是一个实际问题,而且也还值得从理论上来探讨一下。

我们知道,国家掌握的资金代表物质生产部门所创造的物质财富,而物质财富的价值量(资金量)是由创造物质财富的社会必要劳动量决定的。物质生产部门主要的就是农业和工业。究竟这两个部门中哪一个创造的价值量更大呢?当然,这是一个复杂的问题,而且很难精确计算。但是,我们不妨做一些假设。目前,我国农业中的劳动力大约为工业和其他物质生产部门职工人数的10倍左右。由于农业劳动者并不都是整劳动力,同时,农业劳动者每年实际从事生产的天数一般得低于工业劳动者。这样,如果全部折算为能够同工业劳动力相比的农业劳动力,那么在比例上应当低于10∶1,我们在这里假定为7∶1。工业等物质生产部门的劳动力复杂程度一般又比农业劳动力高,从职工平均收入高出农民平均收入1倍左右来看,我们不妨假定,工业等劳动者在单位劳动时间内创造的价值量也比农业劳动者高出1倍左右。即使这样,工业及其他物质生产部门所创造的价值量同农业部门所创造的价值量的比例,也不过是7∶2。上面这些计算虽然都是假设的、很不精确的,但总是可以大致看出,农业部门所创造的

关于经济研究工作如何为农业服务的问题

---

❶ 参见马克思:《资本论》,第2卷,第396—397页,北京,人民出版社,1975。

价值量要远远超过工业等部门所创造的价值量。这也就是说，农业是我国社会主义建设资金的主要来源（包括在农业中创造而在工商业或其他方面实现的），国家的农贷资金绝大部分仍然是来自农业。当然，国家对农业的贷款等财政援助是很必要的，并且要充分发挥它的效果。但是，应该认识，农贷不过是起了一个再分配的作用，以便于集中使用，支援穷队生产，调剂丰歉，救济灾区，等等。由此可见，国家对农业的支援，其中心内容，并不在于把工业或其他物质生产部门所创造的价值量的一部分再分配给农业。我国工业建设和其他社会主义建设事业所需要的资金还有很大部分要来自农业，要依靠农业的支援。但是，从使用价值来看，农业有赖于工业和其他物质生产部门支援的不仅很多，而且是农业自身所不能解决的。农业不仅需要工业提供生产资料以便实行技术改革，提高劳动生产率，而且需要工业部门提供农民各种价廉物美的生活品，需要交通、运输和商业部门提供种种服务。因此，国家为了更好地支援农业生产的发展，必须尽可能地多投资兴建像农业机械厂、化肥厂、农药厂等制造农业生产资料的企业，和生产更多的生活消费品，并且充分注意经济效果，以便更好地同农民在等价交换的基础上进行不同使用价值的交换。如果这种看法可以成立的话，那么有两个问题似乎很值得进一步研究。一个是究竟国家从农民手中集中多少资金比较合适，其中再分配给农民的部分应该限制在什么范围内，应该怎样最有效地分配和使用这部分资金。另一个是工业部门、商业部门以及其他部门，如何同农业部门建立更好的经济联系，如何根据农村的需要，生产和供应更多更好的产品，并且使农民乐于接受，乐于拿农产品来进行交换。在这里，我们需要从理论上承认社会主义制度下产品仍然具有二重性，也就是说，既要从产品价值补偿的角度，又要从使用价值——实物形态变换的角度，来研究问题。这样，才能正确地分清事物的不同方面，即同农民交换农产品，一方面在价值量上是相等的,另一方面在使用价值上又是不相同的,通过交换满足了彼此的需要。

关于工农业产品交换问题

流通是农业和工业的桥梁,也是生产和消费的桥梁,是社会再生产过程中一个必不可少的环节。生产决定流通,但流通又能反作用于生产,在一定条件下,还能对生产起决定作用。在社会主义社会中,合理地组织流通,发展正常的工农业产品交换关系,对于活跃城乡物资交流,巩固集体经济,发展农业生产,都具有重要的意义。流通环节的工作做得好,特别是商业工作做得好,可以对生产起促进作用,对集体经济起巩固作用。

过去经济学界对生产决定流通讲得多一些,对流通促进生产、巩固集体经济所应起的作用,似乎讲得少了一些,研究得很不够。

应该看到,在社会主义政治经济学的研究中,过去长期流行着一种见解,认为从社会主义全民所有制内在的关系来说,不存在"流通"这一范畴和概念。根据这种见解,虽然不否认社会主义社会现阶段还要有商业,因而还存在流通;然而认为这仅仅是由于工业和农业还是属于不同所有制、还存在着商品的缘故。因此,根据这种见解,"流通"这一范畴和概念,同商品和商业一样,是旧时代的遗迹。持有这种想法以后,当然不会从本质上去深入地研究社会主义流通了。社会主义政治经济学对流通过程比对生产过程研究得更差一些,这不能说不是受了这种见解的影响。

但是即使社会主义社会只剩下国营工业和国营农场,即是说只剩下单一的全民所有制的时候,为了维持生产的不断进行,也还要有流通,因为还要有千千万万个企业的固定资金和流动资金在价值形态和使用价值形态上的补偿,从而农业和工业之间还有产品交换,更不用说农业和工业中为社会生产的产品(即剩余产品)还要向国家上缴并由国家来做再分配,等等。而且,农业由于它的生产过程的季节性等特点,它的资金补偿和利润上缴都将有它的特殊的规律性。因此,可以说,只要有社会的再生产,工农业产品的交换问题,或流通问题终究是一个重要的理论课题。我认为,经济学界对于社会主义流通问题需要加强研究,而且要大大地加以宣传。

等价交换是党中央和毛主席一贯坚持的工农业产品交换的重要原则。解放以来,人民政府根据这一原则,逐渐缩小了旧时代遗留下来的工农业产品价格的剪刀差。但是,在理论上如何认识等价交换原则,在实践中如何贯彻这一原则,都还存在许多有待于进一步研究的问题。例如,有些同志认为,所谓等价交换就是指按价格进行交换;也有同志认为,所谓等价交换,是指进行了社会扣除以后(即马克思在《哥达纲领批判》中所说的,用于公共积累和社会福利等的种种扣除),余剩部分的等价交换;但是恐怕有更多的同志认为,等价交换就是指等量价值的交换,不能做别的解释。

社会主义制度下有没有生产价格或类似生产价格这样的范畴,是讨论工农业产品等价交换时应该研究的另一个理论性的、同样也是具有重大实际意义的问题。因为在目前我国农业未实现现代化的条件下,农业的资金有机构成比工业低得多,也就是说,一个工业品和一个农产品,尽管二者的价值量是相等的,但是工业品所占用的资金量却大于农产品。因此根据马克思的生产价格理论,工业品的生产价格要高于农产品。现在,可能较多的经济学者认为,由于社会主义社会不存在自由竞争和资金的自由流动,也由于不同使用价值的产品(工业品和农产品)不能互相代替和比较其效用,因此不存在资金平均利润和生产价格,这两个产品如果价值相等，那么按等价交换原则，就应该以同一价格出售。我个人却认为社会主义制度下，存在着资金平均利润和生产价格。因为具有不同资金有机构成的不同生产部门所生产的产品，在使用价值上虽不能互相代替和比较，但是有机构成提高得快的生产部门，由于它所占用的社会资金、它所拥有的技术装备是较多的，它的劳动生产率和经济活动的效果就应该提高得快一些，从而它就有义务向国家上缴较多的利润。因此，经济管理机关按照占用资金的多少，来自觉地计算资金平均利润并且按比例地摊到产品价格中去是完全公平合理的。（因此我认为，可以把社会主义的生产价格称为社会资金效果核算价格）

我觉得这个问题不仅是一个理论问题，而且是具有重大实际意义的问题。因为，我们承认了社会主义社会存在着资金平均利润率，存在着生产价格，那么在工业资金有机构成普遍高于农业的条件下，工业产品的价格在资金平均利润的范围内高于它的价值出售，是完全合乎等价交换原则的。而所谓等价交换，应该是相等生产价格的交换。

我认为，关于这个问题，要对不同生产部门，特别是对工农业两大部门的资金有机构成，或单位产品占用社会资金的情况做一些比较性的调查研究和分析。

在这里，似乎还需要提出这样的问题：在社会主义制度下，农产品价值是否仍然取决于劣等土地条件下的劳动耗费。这个问题同社会主义社会是否存在级差收益问题有较直接的联系，需要共同地进一步展开研究。关于这个问题，除了要继续从理论上探讨以外，看来还需要结合着农产品（同样还有矿产品）的成本和农业收入的分配等实际问题的解决，多做些调查研究。

此外，农产品成本的计算方法方面，也还有一些问题需要探讨，例如在活劳动消耗方面，如何划分农产品中相当于工资和利润这两个不同的部分；在间作和轮作的作物之间，如何分摊某些

关于经济研究工作如何为农业服务的问题

成本；如何建立简便易行而又科学的农业会计统计制度，等等。

工农业产品交换的另一个重要问题是：在统一的社会主义市场上存在着国营商业、合作社商业和集市贸易这三条流通渠道。经济研究工作需要依据实际材料和实际工作的经验总结，来论证我国统一的社会主义市场中存在上述三条渠道的客观必然性，并且要探求进一步促进这三条渠道畅通无阻的办法。在全国统一的社会主义市场上，国营商业是主体和领导力量；合作社商业是国营商业的有力助手；集市贸易只能是在农村还保存着社员自留地和家庭副业的情况下，农民之间互通有无、调剂余缺的场所，它是国营商业和合作社商业的必要补充，只能处于附庸的地位。

集市贸易有它的两重性，一方面它具有部分地满足城乡居民消费、促进农副业生产发展、活跃农村经济等积极作用；另一方面，它又有冲击计划市场、滋长投机倒把的消极作用。针对集市贸易这种两重性，我们的政策，就是要利用它的积极作用、限制它的消极作用。实现这个要求，既要有正确的经济措施，使管理工作符合等价交换原则又要有正确的行政管理办法，特别是要采取有效的措施，同投机倒把等资本主义自发势力做坚决的斗争。

合作社商业之所以成为国营商业的有力助手，根据之一是它在集市贸易的管理工作中，特别在社会主义商业反对投机商贩的斗争中所起的作用。农民需要有集市贸易，但是农民不需要投机商贩。在合理的地区差价和合理的产品比价的情况下，农民不利于，从而也不愿意亲自长途运销自己的产品，公社和生产队也不能经营商业。在这里，必须有供销合作社来为农民的副业生产服务。在同投机商贩的斗争中，供销合作社居于优势地位。集市贸易中某些投机倒把活动和其他消极作用的发生，原因之一是由于没有建立起合作社商业，或是由于合作社的经营方式和供销价格不够合理。因此，为了同集市贸易中的投机倒把活动做斗争，也要建立和健全合作社商业。经济研究工作对于合作社商业在当前社会主义流通领域中的作用，对于如何推动和改进合作社商业更好地发挥它的作用，看来需要多做些研究。

关于农业技术改革问题

在完成反封建的土地改革以后，我们党在农业问题上的根本路线是：先实现农业集体化，然后在农业集体化的基础上逐步实现农业的技术改革。根据这条根本路线，我们党先是采取了几种不同的灵活的过渡形式，从互助组经过初级社到高级社，促使我国农业在比较短的时间内实现了集体化，随后，又实现了人民公社化。当前摆在我们面前的问题是，在进一步巩固人民公社集体经济的同时，迅速地抓紧农业的技术改革，尽一切可能来逐步实现农业技术改革这个伟大的历史任务。

农业的社会改革和农业的技术改革是相辅相成的。不实现农业的社会改革，不可能实现农业的技术改革；而在实现农业的社会改革以后，必须进行农业的技术改革，才能巩固农业社会改革所取得的成果。因此，我们必须从我国具体条件出发，把这两方面正确地结合起来，把我国的农业逐步改造成为现代化的社会主义的大农业。在处理农业的社会改革与技术改革的关系上，曾经有过一种认为没有农业大机器就不能实现农业集体化的错误观点。过去，我们批评过这种观点，农业合作化运动在我国的胜利，又从事实上驳倒了这种观点。当前，在我国，应当着重防止的，已经不是上述的错误观点，而是满足于农业集体化，不去抓紧进行农业技术改革的另一种片面性了。在这方面虽然还没有什么系统的错误观点，但是，不能说我们大家对于在农业合作化之后迅速抓紧进行农业技术改革的必要性和迫切性，都已经有了全面、深刻的认识。马克思列宁主义经典作家对于农业技术改革的重大意义曾经作过明确的指示。毛主席在《关于农业合作化问题》的报告中就说过:"中国只有在社会经济制度方面彻底地完成社会主义改造,又在技术方面,在一切能够使用机器操作的部门和地方,通通使用机器操作,才能使社会经济面貌全部改观。"在我国农业已经从主要是进行社会改革发展到主要是进行技术改革的新形势下,如何对农业技术改革的重大意义作比较全面、比较具体的研究和论证,看来是经济研究工作的重要课题。

农业技术改革包括的范围很广,除了农业机械化、电气化之外,还包括农业"八字宪法"的各个方面。但是,其中最根本的,具有决定性意义的,是实现农业机械化、电气化。因为只有实现农业机械化、电气化,才能节约大量的劳动力。其次,只有实现农业机械化、电气化,才能最终巩固集体经济。农业机械化、电气化,一方面可以大大提高农业生产的社会化程度,使人民公社集体经济从使用手工工具的物质技术基础转移到使用现代化农业机器的物质技术基础上来,这样就从根本上消除了一家一户的小农经济得以存在的物质基础,杜绝了农民走"单干"道路的可能性。同时,农民的小生产者的思想和习惯,除了产生于个体经济的社会条件外,还产生于使用手工工具的物质生产条件。实现农业机械化、电气化,又可以从根本上改变农民生产劳动的物质条件,这对于改造农民的小生产者的思想和习惯也有重要的意义。但是,也应该看到,农业机械化、电气化同有一些农业增产措施比较起来,是占用资金较多而见效较慢的。譬如说,在农业生产中施用化肥,对于提高农产品的单位面积产量就比机械化见效更快。再从需要的建设资金来比较,按照项南同志最近发表的一篇文章估计❶,实现农业机械化要四套半资金。(除了要建立拖拉机厂外,还要有农具厂、配件厂、修理厂,它们的投资比例大致是1∶1∶1∶1.5)而使用化肥来提高农业生产,国家只要建

---

❶ 见1962年12月22日《人民日报》。

设化肥工厂的一套资金就够了。由此可见，我们对于农业技术改革的各方面的作用，都需要做具体分析，既不能片面强调某些技术措施投资少、见效快，而忽视农业机械化、电气化，也不能把农业技术改革简单地看成就是机械化、电气化，而忽视其他农业增产技术措施。如何才能把发展农业生产的长远需要同当前需要恰当地结合起来，如何才能把技术改革的各方面的内容密切地联系起来，以争取最大的综合经济效果，这里面，除了有许多应该由自然科学研究解决的问题以外，也有许多应该由经济科学研究解决的问题。

农业机械化包括多方面的内容。在我们这样一个落后的农业大国里，要想在农业生产的各方面基本上实现机械化和电气化，不能不经历一个长期的过程。这个过程，大约需要20年到25年。既然机械化和电气化是需要经过这样长时期的奋斗才能完成的艰巨任务，那么，我们每年就只能大致上完成整个工作的1/20或1/30，因而在开头的一个时期内，能够实行机械化和电气化的只是整个农业劳动的一小部分，大部分的劳动过程只能在原有的手工操作的技术基础上加以改良。因此，在机械化和电气化的过程中，一方面要注意有计划、有重点地推行；另一方面特别要认真贯彻"两条腿走路"的方针，把机械化同半机械化和改良农具结合起来。这是一个关系到农业机械化能否多快好省地实现的问题。在这个方面也有许多经济问题需要进一步研究。例如，究竟应该把现有的农业机械力量重点地使用于哪些地区，在各个不同地区，农业机械化又应该从哪些方面开始。又如在机械化农具、改良农具和旧式农具并存，人力、畜力和机械力相结合的情况下，应该如何最有效地组织和运用各种设备，既充分发挥机械化农具的作用，又充分发挥改良农具、旧式农具和人力、畜力的作用，等等。

除了这些涉及范围较广的问题外，我认为即使一种农业机器的生产和应用，一项增产措施的采取和推广，也都不仅有技术问题，而且有经济问题。例如，生产一种农业机械，就不能仅仅考虑机械的技术性能，而且要考虑它的生产成本，农民的负担能力等；推行一项轮作倒茬制度，也不能仅仅考虑不同地区的自然条件，而且要考虑劳动力安排、肥料、资金等社会经济条件。

总起来说，上述问题都是农业技术改革中的技术政策问题，并不单纯是技术问题。所谓技术政策问题，实际上也就是技术改革的经济效果问题。《红旗》杂志 1962 年第 11 期的一篇社论里说得好："正确的技术政策和措施，既要符合我国社会主义建设的目的和要求，适应我国社会经济的实际情况，有利于充分地调动一切积极因素，又要符合我国自然资源的情况和特点，合乎科学技术的规律，具有经济上的合理性。为了制定技术政策和重大的技术措施，一方面有许多经济问题需要研究，有关的政治因素也需要考虑；另一方面，有许多科学技术问题需要研究。"

马克思在半个多世纪以前就指出，农业并没有同工业以相同的程度向前进步，其原因之一就是科学技术在农业中的应用比工业要晚得多。他说："机械科学，特别是它们的应用，发展得比较早、比较快，化学、地质学、生物学，特别是它们在农业上的应用，却发展得比较晚，部分地说还是十分幼稚。"[1] 可是，他当时已经预言，工农业发展的这种不平衡的状况是会改变的，当工业发展到一定阶段，"农业生产率必定比工业生产率相对地增加得快。"[2] 目前，农业的技术改革已经提到我国社会主义建设的主要议事日程上来了，经济研究工作必须认真研究农业技术改革过程中的实际经济问题，才能更好地为农业技术改革服务。

---

[1] 参见马克思：《资本论》，第 3 卷，第 887 页，北京，人民出版社，1966。

[2] 参见《马克思恩格斯全集》，第 26 卷，第 2 册，第 116 页，北京，人民出版社，1972。

关于农业和农村人民公社的其他方面的研究题目

关于农业和农村人民公社还有不少问题需要我们去研究。

例如，关于农村人民公社的所有制问题。在今后的一个很长的历史时期内，我国农村基本上将保持集体所有制形式。因此，在这方面我们首先要很好地研究如何进一步巩固集体经济的问题。从现阶段来说，这也就是如何进一步巩固农村人民公社以队为基础的三级所有制问题。三级所有、队为基础的问题，主要可以归结为自负盈亏的核算单位规模大小的问题，也是生产单位规模大小的问题。如果这个看法可以成立的话，那么，我们研究农村人民公社所有制问题，就要根据不同地区、不同农村人民公社和生产队的特点，在调查研究、搜集大量资料的基础上来分析和论证农村人民公社生产队的规模究竟以多大为适宜；同时还要研究，随着农业技术改革的进展，特别是机械化、电气化的逐步实现，对生产队的规模、劳动组织形式等会产生什么影响，提出什么要求。这样，才能使问题的研究深入一步。在农村人民公社方面还有如何更好地贯彻按劳分配原则问题，生产队的积累与消费的比例关系问题，家庭副业的地位问题等，都有待于进一步研究，这里不一一列举。

关于集体所有制生产关系，还需要提出一个问题。虽然我国农村的集体所有制经济还将存在一个很长的历史时期，但是我们也不同意另一种观点，那就是认为在整个社会主义阶段，只能是全民所有制与集体所有制并存的局面，把实现单一的全民所有制看作原则上绝对不容许的提法。我们应该承认，单一的全民所有制可以先于实行按需分配的共产主义社会而出现。不但在我国的未来会是这样，而且可以设想，某些原有的生产力发展水平较高，资本主义的现代化的大农场占绝对优势的资本主义国家，在

关于经济研究工作如何为农业服务的问题

无产阶级革命取得胜利之后，可能主要地将是建立国营农场而不是集体农庄，或者集体所有制会较快地过渡到全民所有制，但是，即使在这样的国家，进入实行按需分配的共产主义社会，也还需要一个相当的时间。对这个问题的探讨，虽然在目前对我国还没有实际意义，但还是具有一定的理论价值的。

除了人民公社方面的问题外，关于国营农场方面的问题，例如国营农场的合理规模，正确的生产发展方向（专业化和综合经营），生产力配置，经营管理制度，消灭亏损增加赢利的途径等问题，也是经济研究工作必须加以重视的。

此外，关于制订农业生产计划的方法问题，也值得专门研究。过去认为，由于农村人民公社是集体所有制经济组织，国家对它们只能实行间接计划，不能像对全民所有制企业那样实行直接计划，而且认为间接计划和直接计划的差别在于，前者是自下而上编制的，后者是自上而下编制的，前者只包括商品量计划，不规定播种面积、总产量等计划，而后者则包括指导生产过程中的具体技术措施，或者说，直接计划国家可以管得紧一些，死一些，间接计划则要管得松一些，活一些。我个人觉得，这些说法值得研究，至少需要加以进一步明确。因为一方面国家计划需要有播种面积、总产量等生产计划的指标；另一方面县和公社等下级机关，对于生产队的主要作物的播种面积、产量等计划，也不是放任不管的。我们可以肯定，集体所有制计划和全民所有制计划，农业计划和工业计划，应该有所不同。但是，这种不同点到底在哪里，并没有说清楚，间接计划和直接计划这两个概念似乎也还不能完全反映它们的差别。这个问题，很需要经济理论工作者加以进一步的研究。

总括以上所说，要做好农业经济问题的研究工作，必须注意两方面的问题。首先，农业经济问题范围极广、课题极多，除了农业经济学本身以外，还牵涉工业经济、交通运输经济、贸易经济、财政金融、生产布局等许多学科，可以说牵涉经济科学的各个方面。因此，要对农业经济问题很好地进行研究，以便更好地为农业生产服务，我们经济学界应当积极行动起来，分工协作，而且要同生产管理人员、工程技术人员密切合作。其次，在研究方法上，必须力戒空谈，绝不能停留在弄清一些概念和一般地阐述党的方针政策上，而是要搜集各种实际资料，总结工作中的丰富经验，进行具体的研究，解决实际问题。在现实生活中，经济问题往往是同科学技术问题交织在一起的，要研究这些问题就不能不深入到科学技术措施的应用和推广的过程中去；在现实生活中，要解决实际问题，也往往离不开数量关系的研究，有时甚至必须进行具体的计算，才能够求得真正有利于农业发展的科学结论。所有这些，我认为同马克思列宁主义者要反对的那种"生产力论"是毫无相同之处的，我们绝不能因为反对"生产力论"而把经济研究工作限制在脱离实际的、抽象地研究生产关系的圈子里。现在，我国国民经济的各个部门都已经动员起来，为发展农业生产服务，为实现农业技术改革服务，为进一步巩固集体经济服务。我们经济学界，也要从各个方面多多研究农业经济问题，使经济研究工作真正做到更好地为农业生产服务。

关于经济研究工作如何为农业服务的问题

当前国内经济形势及阶级斗争形势及其社会根源*

——在归国留学生集训班的讲话要点

一、经济形势

农、工、交、商、财一律大好,其中尤其是农业的好形势对整个国民经济好转起决定性影响。

1. 去年农产量估计——与往年不同,越估越高。

3064亿斤—3200亿斤—3300亿斤

但①未恢复1957年水平;

②人口比1957年多几千万。

今年由于准备工作好,雨情也不坏,夏季可望丰收。(见宋文页1)

2. 工、交。

3. 商(第一季度报告页6)。

4. 财。亏损比去年同期减了31.5%,利润增加6.2%,降低原材料定额。

国家财政收大于支,银行存多于放;

农村的"四清"(工分、账目、财务、食库);城市的增产节

---

* 1963年6月8日在外国语学院向归国留学生集训班同志做当前经济形势和阶级斗争问题报告。

约、"五反"。

一方面是一场十分激烈的阶级斗争，另一方面又是为新经济高涨准备条件。

二、阶级斗争根源

1. 阶级残余。
2. 思想残余。
3. 社会经济根源——小生产、自留地、副业、资产阶级法权及三大差别。

归结为三大革命。

三、赶上世界先进的技术水平

附 归国留学生在政治学习中提出关于国内形势和党的政策方面的主要问题

一、关于国内阶级斗争形势

1. 国内这几年阶级斗争反映在哪些方面？目前阶级斗争尖锐化的原因何在？
2. 为什么消灭所有制以后还出现新兴资产阶级分子？新兴的资产阶级分子指哪些人？产生新兴资产阶级分子是否是由于自由市场引起的？新兴资产阶级分子的产生是否属于过渡时期发展的必然规律？

3. 怎样正确看待在困难时期产生的各种不良现象（如偷劫现象等），为什么当时不进行批判？

4. 包产到户与农村阶级斗争尖锐化有何联系？农村中阶级斗争的表现形式是什么？

5. 三年来国内困难的原因主要是天灾、修正主义，各个原因造成的危害多大？干部工作中的缺点表现在哪些方面？

6. "五反"的情况怎样？引起"五反"斗争的原因何在？"五反"对象的发展程度如何？党是如何来领导"五反"？

二、经济建设和党的政策

1. 第二个五年计划完成后，这两年来经过调整，工业发展情况如何？主要指标完成的情况？

2. 第二个五年计划的主要指标和基本内容是什么？

3. 今后工业建设的方针和政策是什么？

4. 对外贸易的情况如何？

5. 自由市场的情况怎样？党对自由市场的政策是什么？
一季度物价下降18%（一说13%），去年全年下降50%。

6. 1960年、1961年的困难情况如何？党是怎样领导全国人民，迅速地、稳步地克服了严重困难的？

7. 目前人民公社的发展状况怎样？包产到户产生的程度？如何看待自留地？党关于农村公社六十条的基本精神和内容是什么？

8. 党在发展农业中的远景计划怎样，何时可以使粮、棉基本过关？

9. 城市人民公社的发展情况和党的方针是什么？

10. 如何看待和准备将要来到的经济建设的大好形势？

在社会主义再生产问题座谈会第六次会议上的发言[*]

孙冶方同志：

关于折旧或简单再生产所需要的固定资产更新基金的管理问题，通常仅仅把它当作财政问题，其实，这不是财政问题，至少主要不是财政问题，而是生产问题，是如何做好设备更新以迅速提高劳动生产率的问题，是如何加强企业的核算制度，特别是固定资产的核算观念问题，也有些同志仅仅把这问题归结为管理权限的集权与分权问题，这也是不对的，计划经济意味着集中统一领导，这是不能动摇的。问题是怎样才能在集中统一的领导下来更好地调动企业的积极性，做到"抓而不死，活而不乱"。

我认为，财经体制问题，主要是划清企业的职责范围问题，是企业的责任制问题，是国家与企业的关系问题。这问题解决好了，中央与地方的关系也就好解决了。领导上曾经根据经济生活实践（前几年普遍发生了采掘工业吃老本的问题），提出能否把简单再生产和扩大再生产的界线，作为国家和企业在资金管理问题上划清职责的界限。"七十条"规定了："五定""五保"是一个好的开端。但是，理论界未能说清简单再生产和扩大再生产的界限，甚至认为简单再生产和扩大再生产只是马克思的理论抽象，实践中是不好分的，这是因为理论家不能分别从价值量的角

---

[*] 时间是 1963 年 7 月 22 日。

度和实物量（使用价值量）的角度来区分简单再生产和扩大再生产。马克思在解释他的再生产的量的关系时，一般是以同一技术水平即同一劳动生产率为前提的，因而价值量的简单再生产或扩大再生产，同时也就是实物量的简单再生产或扩大再生产，在技术进步和劳动生产率提高的条件下，从价值量看，同一数量的资金和产品，都代表着更多的固定资产和原材料，以及更多的产品。在这种情况下，从价值量看，是简单再生产，但从实物量看，已经是扩大再生产了。马克思把这种价值量不变、实物量增加的扩大再生产，称之为"内涵的扩大再生产"。把由于价值量（资金量和产品价值量）的增加而引起的实物量的扩大再生产，称之为"外延的扩大再生产"。"七十条"所规定的定生产规模、定固定资产和流动资金，为什么定不下来呢？就是因为对很多人来说，没有明确这是指的实物量抑或是价值量，如果是指实物量，那就无法定，也不应该定，因为房屋、设备的形状性能，应该不断在翻新和改进，如何能定死呢？产品量（生产规模），也应该随着技术革新和企业管理的改进而不断扩大，更不应该定死，但是，在价值量上确定每一企业的资金，在这范围内（即国家确定的资金范围内）把做好设备更新和不断增加产品产量的全部责任交给企业负责，这是完全必要的。

为了做好设备更新，有利于技术进步，原有资金量范围内的基本建设和大修理，不能像现在这样分开由国家和企业分别负责。而要完全交由企业负责。因而，基本折旧和大修理折旧也不应分开管理，而应存入银行的企业户头，在银行和业务管理上级监督下，由企业统一掌握。企业内某一房屋某一机器，该彻底拆除重建重置，抑或是应该进行修理继续使用，对于这些，均应根据具体情况，以企业为主做出决定。银行和业务上级只能从财务和技术政策角度分别进行监督指导，而不宜越俎代庖。

只有这样，才有利于技术进步，有利于生产发展，也有利于建立完整的企业核算制度，加强企业对固定资产的经济核算观念。

苏联虽然几十年来强调核算，但是没有完整的核算管理，而只有定额管理。据说，20世纪30年代斯大林格勒的拖拉机厂开工了，厂长向斯大林汇报，说这个厂怎么好怎么好，斯大林问他，知不知道建这个厂国家花了多少钱，他却答不出。前年，我在上海调查时，曾问了好几个局长和财务处长，也问了厂长和厂的财务科长，没有一个人能立即说出他那儿有多少固定资金，这说明他们头脑里没有这样的概念，在固定资产上存在"供给制"思想。

对于企业不能处理折旧问题，有的企业是有意见的，特别是总工程师。上海某厂有一台龙门刨，是美国1944年的产品，总工程师对我说，现在国产的龙门刨比它的效率高3倍，占用场地和用的人要少2/3，可是，就不叫换新的，因为这台龙门刨还有9年才能折旧完。财政部在那儿的一个特派员解释说，我们国家落后，要充分利用旧设备，新设备给新基地……可是，我们大致算了算9年折旧和维修的钱，并不是合算的。不能说我们一穷二白，就老背这个包袱。

石油部还有个材料。这个部1959年以前使用的钻头是从苏联和罗马尼亚进口的，每个500元，1959年以后，国内能生产了，每个370元，性能比进口的还好，以平均井深1200米计算，每打一口井要少用钻头19个。于是，当年就报废掉6960个进口钻头，损失348万元。"五反"时，财务人员贴大字报，说是浪费，部里为此做了检讨。但是，技术人员和管生产的人不同意。他们说，如果舍不得淘汰这批旧钻头，则招致的人工、材料上的浪费，远远大于348万元，而且还要增加许多事故，推迟建设速度。

我们的企业管理同志，喜欢多要设备多要人，可是过去，给资本家送了礼，介绍个人给他，或别的资本家赊账给他设备，他

在社会主义再生产问题座谈会第六次会议上的发言

也不一定要。这是因为，我们的企业没有资金利润的观念，没有明确规定，国家给企业多少资金后，企业应该给国家提供多少利润。这是固定资产供给制或无偿使用造成的结果。

邓××同志：

许毅等同志反对折旧归企业的理由之一，是有的企业和部门折旧多，需要更新的设备少。而另一些企业和部门折旧少，需要更新的设备多，如果折旧归企业，就无法在他们之间进行调节。

孙冶方同志：

这里有两种情况，一是折旧费规定得不合理，有的工业部门的折旧费高于固定资产更新的实际需要。有的是低于实际需要，这是我们自己规定得不合理。不能把这作为讨论的前提（但石油部并不承认他们折旧费过高）。另一种情况是任何一个部门或企业，折旧费的提取和使用，在时间上总是不一致的，把折旧费存入企业的银行户头，并不妨碍国家把每一企业暂时不用的折旧费集中利用，因为企业运用折旧费进行大修理或添置新设备，都有事先制订的计划，银行可以根据这计划抽用社会闲置的固定资产更新基金。

邓××同志：

这样一来，企业有了所有权国家是向他借钱，关系不一样了。

孙冶方同志：

不，企业只有使用权。所有权还是国家的。

何×同志：

这是工业上的"永佃权"。我认为，对这个过程还要认真研究。

孙冶方同志：

现在，就是要把担子由企业担起来，国家起监督作用。

何×同志：

对于折旧基金，国家是有分配权呢还是有监督权，这正是问题的实质所在。

孙冶方同志：

国家管扩大再生产，企业管简单再生产。

邓××同志：

这样的说法不正确，会削弱企业的责任心，给实际工作带来不好的后果。社会主义再生产总是不断扩大的。理论工作不能脱离实际。

孙冶方同志：

我说的是价值量的扩大再生产，即扩大再生产的新投资归国家管，至于实物量的扩大再生产，即马克思所说的内涵的扩大再生产，在固定资产更新资金企业统一管理以后，企业对此只有更关心，管得比以前更好。

在社会主义再生产问题座谈会第六次会议上的发言

在社会主义再生产问题座谈会第七次会议上的发言[*]

孙冶方同志:

补充我上一次发言中提到的无形磨损问题。

上几次发言中,有人说,折旧不能多也不能少,这是对的,但问题是,怎样叫多?怎样叫少?我认为,多与少,实际是承不承认无形磨损的问题。有的人嘴里讲的是使用价值,实际念念不忘的是钱,实际上,企业不关心更新和设备,对国家带来很大的损害,在这一点上,我的"财政观点"还要强些。我觉得,占资金20%的折旧归企业掌握(国家也要控制),其余20%归国家掌握,调动企业的积极性,对于国家来说,是更合算的。

折旧年限,我主张军工一般不超过5年,一般的企业不超过10年。折旧完,不等于机器就要报废。现在,有的企业拿尼龙厂的喷头搞粉条,就是固定资产供给制的结果。

赵×同志:

怎样区分简单生产与扩大再生产,怎样才能在维持简单再生产的基础上实现扩大再生产。我们认为,维持原有生产能力是简单再生产,扩大生产能力是扩大再生产。

冶金工业矿山占很大部分。矿山在生产上有以下特点:①每年要开拓、延伸;②矿石品位下降,如果原来是1,开采一个时

---

[*] 时间是1963年8月5日。

期以后，就可能是 0.95、0.9，有色金属特别突出；③经常出现特殊情况，如地质变化，发现了井下水，就可能全井报废，因此，一个矿今年产 10 万吨，明年如果不采取措施，就可能产不到 10 万吨。为了维持原有的生产能力，就必须有追加的投资，追加的基本建设。具体说来，冶金部门维持简单再生产的内容，包括：①保持现有矿山的储量；②做好矿山的生产准备；③应付品位下降时为维持原有生产能力的资金需要；④保证工人的定期更换；⑤各种消耗性设备（如渣罐、渣线）的建成；⑥处理尾矿和进行设备更新以及采取各种安全措施。这些问题不解决，现有生产能力是无法维持的。

要解决这些问题，就要有固定的资金来源。工厂靠折旧还够，矿山光靠拆旧就不够。（邓力群同志插言：平均一下够不够呢？）有色金属还是不够。

大修理，规定按原样修复，好像是对的，实际上，现在世界技术在不断变化，七八年就有一个周期（从设备、技术上有一个本质的变化），我们如果老是维持老的设备，不仅进步不快，而且到了一定时期，连老的都维持不住。现在，企业无论什么事情，就连添置桌椅板凳都得找到中央。

邓××同志：

孙冶方同志提出了两个问题是好的，一是无形损耗，二是折旧基金归谁管。第一个问题，光是谈无形损耗有没有，没有多大意义，但联系到设备更新、技术选步，就有实际意义了。第二个问题，也是个实际问题。这个问题牵涉我们国家的投资。设备更新所需的资金，今天用这办法解决，明天用那个办法解决，是无法维持简单再生产的。

除了这两点以外，孙冶方同志的其他发言，我就不以为然了。

孙冶方同志以原有规模的再生产为扩大规模的再生产来划分

简单再生产与扩大再生产，并且说企业管简单再生产，国家管扩大再生产，今天又说，企业管内涵的扩大再生产、国家管外延的扩大再生产，从概念到内容，我都不同意。我认为，社会主义生产本质是扩大再生产，企业是社会生产的细胞单位，企业不管扩大再生产，又由谁来管呢？我们所说的扩大再生产，不能只就资金而言，还要包括，不论在价值和使用价值上都要实现扩大再生产。提出简单再生产与扩大再生产，不是为了分清责任范围，谁管前者，谁管后者，而是为了使我们的干部认清，社会主义生产本质是扩大再生产，但为了实现扩大再生产，必须首先维持简单再生产。

孙冶方同志关于内涵的扩大再生产与外延的扩大再生产的说法，固然比上次说得好，但还是解决不了赵岚同志刚才提出来的问题，即矿山等企业为了维持简单再生产也必须有追加的投资，也解决不了企业在实现了扩大再生产以后能得到什么好处的问题。

于××同志：

关于无形损耗问题，如果简单地回答，是：有。不承认，对技术革新有坏处。但是，谈到社会主义制度下无形损耗的规律与资本主义制度下无形损耗的规律，有什么不同，问题就复杂了，把旧机器给农业和小企业使用，并不否定无形损耗的存在。社会主义社会是不是有形损耗一定就大，无形损耗一定就小，不见得。无形损耗牵涉到对未来的估计，无法用一个公式来算。

关于简单再生产与扩大再生产，马克思指的是社会资本，有时也指个别资本，但个别资本并不等于个别企业。就一个企业而言，只能说维持原有规模或扩大规模，至于简单再生产与扩大再生产，只是借用的概念。（邓××同志插言：企业维持原有规模，可以是简单再生产，也可以是扩大再生产。）对于一个企业是维持原有规模，甚至报废，而对社会可能是再生产。一般地说，要求企业维持原有规模,对于需要的资金,要有保证,我觉得,冶方的看法太简单,一条杠子画下去:解决不了问题,有的企业要追加投资才能维持原有规模。

实物的扩大再生产与价值的扩大再生产往往不一致。二者不相吻合,就不是一回事。苏联教科书上常常说,按实物计算的国民收入和按价值计算的国民收入,我觉得不对。实物的扩大再生产与价值的扩大再生产,只是同一等级、同一系列或有联系的概念,并不是一样的。我的意见,扩大再生产指实物量而言。

从抽象到具体,中间有许多阶梯,不能跳过去。马克思从抽象到具体,写了三大本《资本论》。我觉得冶方就是跳得太快,从抽象价值,一下子就跳到了具体的管理问题上去了。

何×同志:

实际工作需要改进的,至少有三点:①大修理费不准变形;②四项费用不准添置新的固定资产;③对企业卡得太紧,没给机动权。就这个意义而言,我同意冶方同志的意见。但从这里得不出冶方同志说财政部门单纯财务观点的结论,得不出简单再生产归企业管、扩大再生产归国家管的原理。

我始终认为,提前提取无形损耗,与技术进步并没有必然联系。无形损耗提取得多,技术不一定就进步。

邓××同志:

提取了总是比不提取更有利于促进技术进步。

何×同志:

那不见得;如果提前提完,没有那么多新设备生产出来,这笔钱就会冲击市场。

邓××同志:

这是资金管理的问题。

何×同志:

这正是对冶方同志主张资金归企业管的口径而言的。

给何建章信[*]

建章同志：

  去年11月间一波同志和富春同志曾先后指定我研究维持简单再生产的固定资产折旧基金的管理制度问题，因为一向没有抓紧时间，未能完成任务。最近我挤出时间写了一个内部报告。因为这个问题既是一个实际问题，又牵扯社会主义政治经济学的许多基本理论问题，加上自己平时研究不透，所以写得很累赘。现将初稿打印送上。请你对内容和结构都提些意见，以便修改。希望你们把意见写在原稿旁退我。下星期内我还想费你们一些时间，约几位同志座谈一次，以便当面请教。

  敬礼！

孙冶方
1963年8月24日

---

[*] 标题为编者后加。

固定资产管理制度和社会主义再生产问题*

一、问题的性质和问题的提法

现代工业企业的劳动生产率之所以高，是因为技术装备的水平高，也就是说因为固定资产多。因此，固定资产的管理，尤其固定资产的更新是社会主义经济管理工作中一个重要问题，而折旧基金的管理问题，又是固定资产更新问题的关键。近年来，大家开始注意对这问题的研究，但是有些同志把折旧问题仅仅看成是或主要看成是财政体制问题，他们主要是从财务管理的角度来看问题。这样，他们把问题的性质搞错了，当然就不会对问题提出正确的答案。折旧问题，首先是生产管理体制问题，其次才是财务管理体制问题。因为在这里，并不发生财政的收入和支出问题。马克思曾经特别指出过，固定资产折旧是补偿生产中垫支的资金的，"决不采取收入的形式"，❶ 固定资产是企业的老本。老本的消耗应该及时得到补偿。把老本当收入，观念上就会种下吃

---

* 本文是一个研究报告，写于 1963 年 9 月 3 日。

❶ 参见马克思：《资本论》，第 3 卷，第 949 页，北京，人民出版社，1975。列宁在《再论实现论问题》一文中批评司徒卢威时，进一步发挥了马克思这一论点。他说，用来"补偿不变资本的那部分社会产品"，"从来不采取而且也不能采取收入的形式"（见《列宁全集》，第 4 卷，第 63 页，人民出版社版，1958）。当然，这是从收益和成本角度而说，若从货币资金的收支账角度来看，它也是可以记作"收入"的。

老本的根子。折旧问题实际上就是如何贯彻执行《国营工业企业工作条例（草案）》七十条中关于定生产规模、定生产资金等条款，以便明确划定企业的职责，建立真正的企业独立经济核算制度，以利生产的问题。因此，关于折旧问题的考虑，必须服从生产管理的需要，必须有利于革新技术和发展生产。

另外，在问题的提法方面，有些同志把固定资产折旧基金管理制度说成是要集中或是要分散的问题。这样对立地提问题也是不对的。集中统一的管理制度是社会主义计划经济的同义语，没有集中统一的管理就没有计划经济。所以，问题绝不是要不要集中的问题，而是应该如何在更好地确保国家对固定资产更新基金集中统一管理的同时，又能够更好地发扬企业领导和全体职工群众在革新技术，提高劳动生产率，发展生产方面的首创精神和积极性的问题；也就是如何在社会主义经济管理体制方面，实现又有集中又有民主，又有纪律又有自由，又有统一意志，又有个人心情舒畅、生动活泼的局面；真正做到"管而不死，活而不乱"，做到既有高速度又能按比例，既重视量又重视质的"大跃进"式的发展。怎样才能达到这样的目的呢？我认为，关键就在于明确划清作为国民经济细胞的企业的职责和代表国家的上级领导机关的职责。

二、固定资产管理制度的基本原则和办法

为了明确划定企业的职责，特别是企业在固定资产更新工作中的职责，首先必须谈一谈与此密切相关的，如何划分简单再生产和扩大再生产的问题。

问题是从实际生活中提出来的。在前几年，工业生产和基本建设以空前速度前进的时候，工矿企业中普遍发生了这样一种现象：一方面新建和扩建的企业大批兴工，另一方面老企业和老设

备却因为得不到正常的维修（更不要说更新）而"带病运转"，以致完全瘫痪。因此，党中央和主管业务部门提出了先维修、后建设的原则，而且要大家考虑，在管理制度上可否把维持原有规模的再生产，即维持简单再生产的固定资产更新基金（折旧基金）同扩大再生产的新建、扩建企业的投资分别处理。

我认为，问题这样提出，已经抓到了社会主义计划经济管理体制问题的关键。但是由于在理论上和实际生活中，在划分简单再生产和扩大再生产的界限上发生了困难，所以上述这个英明的原则虽早已提出，而在实践中却始终没有能够贯彻执行。有些同志认为，简单再生产和扩大再生产的划分只是马克思的理论抽象，在实际生活中，二者是不好分的。这是因为一般人划分简单再生产和扩大再生产是指的生产能力，即设备能力（如发电机容量，纱锭数）或产品产量，是从设备和产品的实物量的角度（即使用价值量的角度）来观察问题的，那的确很难确定：在某些具体场合之下，到底是简单再生产，还是扩大再生产。

先从设备或固定资产来说，假定某一工厂在初建时，有1000台工作机；经过若干时期，设备全部翻新了，设备数量可能是不增不减（几乎很少可能），也可能是增加或者是减少了。我们能说设备不增不减的就是简单再生产，而增加的就是扩大再生产，减少的就是缩小再生产吗？不能。数量较少的设备可能具有更大的效率，代表更多的资金（价值量），而数量较多的设备可能代表更少的资金，甚至效率也不见得高（如果由于某种原因，新置设备的技术性能比原有的还差），因而生产的产品也不比原来的多，即是说不一定是扩大再生产（如从资金的价值量来说，更可能是缩小再生产）。

从企业所生产的产品数量来说，也会发生同样情况。产品数量不增不减（这也是几乎不可能的），不一定就是简单再生产。而且一般说来，由于社会劳动生产率的不断提高、产品的成本和价值不断下降，同样数量、同样品种和质地的产品，从价值量角度来说却是缩小再生产了。相反，也可能产品数量不变，但是由于产品构成变了（高级品多了，低级品少了），因而从产品价值量角度来说，很可能还是扩大的再生产。

总之，如果从实物量（使用价值量）的角度来看，不论是固定资产或是产品，往往都很难判断是简单再生产，还是扩大再生产。

马克思在写《资本论》的时候，为了阐明再生产的基本规律，他舍弃了技术进步和生产力发展的因素，而从同一的劳动生产率水平来研究前后两个周期中简单再生产和扩大再生产的量的关系。因此，他所用的再生产公式中的数字，既代表实物量（使用价值量），也代表价值量。但是在企业资金量不变而技术进步、劳动生产率提高的条件下，生产的实物规模还是可以扩大的。这又可以在两种情况下发生：一种情况是由于生产该企业所用设备及其他生产资料的部门，发生了技术进步，提高了劳动生产率，因而用同量资金可以购置更多、更好的设备和其他生产资料，从而扩大了这个企业的生产能力；另一种情况是由于企业自身的劳动生产率提高而增加了生产能力。

在实际生活中，上述这两种不增加资金量的扩大再生产和增加新投资的扩大再生产常常交叉发生。这就更使得有些同志认为，简单再生产和扩大再生产只是马克思的理论抽象，在实际生活中是无法区分的。

但是，如果我们不从实物量角度，而只从资金价值量角度来区分简单再生产和扩大再生产，那么这种区分就毫无困难。凡是不要求国家追加投资的，即原有资金范围内的生产，都算作简单再生产，即价值量的简单再生产（当然，在实物量上是应该不断扩大的），国家把这个范围以内的工作，包括固定资产更新工作在内，都交给企业去办，由国家加以领导和监督检查；而对于新的投资,即对于价值量的扩大再生产,国家必须严格控制,由国家来决定。对于社会主义计划经济管理来说,我们所必须控制的也正是这种要求用追加投资来实现的扩大再生产。不要求国家追加投资的实物量的扩大再生产,正应该是责成千千万万个独立核算企业的领导者和全体职工,千方百计、全力以赴的事情;在一般情况下,领导上只有给予鼓励,而不应给予不必要的干预。国家不能有这样的规定:设计能力以内的生产适用一套管理制度,而由于技术革新和管理改善,产量超过了原设计能力就必须经过请示批准,实行另一套管理制度。这样的制度将是限制超产,约束生产力发展的制度。

我们现在在企业管理制度上的最大缺点恰恰就在于国家对于新的投资控制过松,而对于不需要国家新投资,只要通过技术改革、设备更新来实现的扩大再生产又控制过严,把同样属于原有固定资产更新范围以内的重建、大修理、技术革新措施等不同的更新办法,分裂为繁杂的不同的制度,由企业和不同主管机关分类掌握。这就大大地限制了技术进步和生产力的发展,限制了企业的积极性和首创精神。

因此,我认为《七十条》中"定生产规模"一条是值得斟酌的。因为如果这"生产规模"指的是产量,那就由于上述理由,是不合理的;如果指的是固定资产,那么就与"定固定资产和定流动资金"一条重复。(原文"定固定资产"也应改为"定固定资金",固定资产是指实物、指使用价值而说,不好定)

根据上面所说的理由,我认为必须改变现行的把所有企业的固定资产更新基金(折旧基金),年年打乱重分的办法,贯彻执行核定企业资金的工作,特别是要核定企业的固定资金(不是定实物量,而是定资金量,即价值量),把固定资产的全部折旧(不分基本折旧和大修理折旧)存入企业在建设银行所开设的户头,根据革新技术、发展生产的需要,在计划机关、主管业务部门上级（包括科委）和银行三方面分头监督下由企业支用；但并不排除在必要时，如在资源开采完毕，或社会需要已充分满足，企业规模过大等情况下，把某一企业或某一部门的资金抽走一部分或全部。

与此同时，必须执行资金有偿占用的原则，即是根据企业占用资金多、装备好，劳动生产率就应该提高的原则，国家将按照企业占用资金数量的比例，即按资金利润率原则，要求企业上缴利润（利润必须全部上缴，不能实行分成办法）。

在价格符合社会平均成本加平均资金利润的条件下，技术水平高、经营管理好的企业就能够为国家多创造利润，反之就会连平均利润也缴不出来，以至亏本。在利润下降到平均水平以下的时候，那就证明或者是企业的设备需要更新，或者是经营管理已经出了问题，必须检查出原因并加以改进（利润问题是一个专门问题。有些同志把资金利润率看作资本主义范畴，把强调利润指标看作是"自由化"倾向。我将对此问题另作专门报告）。

执行这些办法有以下几个好处：

第一，给企业划定了职责范围，在这范围内，把固定资产更新工作，即技术革新工作，作为一个不可分割的统一任务，全部交给企业负责，使企业对于固定资产更新，可以有一个全面的长期的打算，而不像现在这样把这个统一任务割裂为基本建设（房屋的彻底翻新和设备的重置）、大修理和新技术措施等不同程序，归不同的主管上级审批，以致互相牵扯，妨碍了技术进步和生产的发展。现代技术进步一日千里，情况复杂，企业中某一建筑，或某一设备，如何更新才能够既经济又有实效，何种建筑或设备应该彻底拆除后重建重置，何种应该进行修理或局部改装以便继续使用，对于这些，都应该根据具体情况，以企业为主，由企业的技术人员和财务人员密切合作之下，对费用和效果加以仔细分析比较之后，才能做出最妥善的判断。计划部门、主管业务上级、科技部门和银行、财政部门应该从计划执行、技术政策和财务管理等方面加以领导和监督、检查。

第二，现在我们执行的实际上是固定资金无偿供给制，企业多占用国家资金，并不相应地增加企业的义务。因此，企业对于争投资、争设备非常热心，而且总是抱着有备无患，宽打窄用的主意。同时，企业主管人员对于所占用的固定资产的经济核算观念却是非常淡薄。我曾经询问过好几位工业局的局长甚至财务处长，询问过好几位厂长甚至厂的会计科长，问他们管辖下的固定资金有多少，他们之中竟没有一个人能够回答得出。他们都说要查了账才知道。他们比较记得清的是当年以及近几年的新投资。一位管工业的市委书记证实了我的看法，他说："不常用的数字是记不住的，偶然记住，不久也就忘了。现在的管理制度根本不问固定资金数目，主管人员必然是不会有固定资金的观念的。"对资本家来说，不知道自己有多少老本，简直是不可想象的。但是在我们企业中却是普遍现象（我在苏联做过调查，那里情况也是如此，因为我们这一套制度就是第一个五年计划时期从那里搬来的）。我们实行了上述新办法，就可以消灭固定资产的无偿供给制，建立起固定资金的有偿使用制，在企业中建立起真正的全面的独立经济核算制度（现在没有固定资产核算观念，只有流动资金核算和定额核算制）。

第三，按照上述新办法，由于维持原有资金规模的再生产（价值量简单再生产）所需要的固定资产更新基金已全部交企业掌握，固定资产更新工作欠账的事情基本上就不会再发生了。同时，由于核定了企业的固定资金，建立了固定资产核算制，就会减少甚至消除计划工作中争资金的扯皮，而把计划机关的精力更集中于综合平衡工作，集中于新投资的扩大再生产的安排。

计划机关和主管业务领导部门，特别是国家计委和中央各部总要有所不为，才能有所为。把企业原有固定资产更新范围内的基本建设交企业负责，正是要使国家能够更好地管理新投资的基本建设，同时也是为了加强对企业原有固定资产更新工作的领导和监督、检查。

三、大修理并不一定比重置、重建合算

按照现行制度，对于固定资产的彻底更新（即重建重置）控制非常之严，是按照新投资的基本建设工程同样程序处理，实行最集中的管理。但是原有固定资产的彻底更新所需要的重建和重置工程，一般地说总是比较零星，在大家争投资，而资金总是远远不能满足各方面需要的时候，老企业的重建重置工程就很容易被挤掉，排不上队。于是许多原来应该拆除重建重置的建筑和设备，只好用大修理的办法来维持使用。一般人认为这是节约，是好事，其实往往是很大的浪费。

下面举一个1961年我们在上海做调查时看到的事例。

上海机床厂有一种1944年造的美国辛辛纳底的龙门刨。这种龙门刨的效率低，3个抵不上我们济南机床厂制造的1个。即是说，使用这种龙门刨所用人工、场地、动力都是国产龙门刨的3倍。厂里的工程师认为，对这种美国龙门刨进行大修理，不如购置新的国产龙门刨。但是按照规定，这个美国龙门刨的折旧年限还有9年，还要经过两次大修理才能报废。财务工作人员认为，我们国家穷，老企业应该爱惜使用旧设备，直到实在不能再使用为止。

我们可以设想两种情况。一种情况是济南机床厂可以供应效率高的刨床。那么，只要重置比大修理经济，就应该重置。折旧费和折旧年限是应该根据经济核算来规定的，而不是倒过来，使不合理的规定来破坏经济核算。另一种情况是济南机床厂的产品不足以满足所有的需要，而这种旧式龙门刨在全国还很多。

那么，国家的长期计划就应该考虑到：今后9年是继续负担这些旧式龙门刨的大修理费和9年间3倍的人工、场地和动力等其他消耗好呢，抑或是把这笔钱用于扩大济南机床厂的生产能力，使能制造更多的新设备以替换这些旧设备好？

上海机床厂的同志还告诉我们另一个例子。这个厂有一部电话总机坏了。由于折旧年限未满，只能买零件来进行大修理。可是这个厂又没有懂电话机的技工，只好抽调机械工程技术人员来修理。现在这部电话总机实际上只有一个壳子是原有的，内部零件已全部换过，所费人工比生产一部新的总机不知多出多少。

还需要补充的是：当时我们的生产龙门刨的和生产电话总机的工厂，生产任务并不太紧，它们的产品还销不出去。

固定资产管理制度和社会主义再生产问题

在上海棉纺织业中，我们可以看到另外一些片面强调大修理而造成浪费的事例。国棉一厂一位工程师同我们说，"我们的产品是供外销的高级精制品，但是我们的设备却是全国最老的。屋顶漏水，有时只好在机器上面张起油布工作；地板穿洞，不仅容易跌跤，而且不好打扫，影响布的质量（容易使纱布沾到油污灰尘）"。

国棉一厂的设备的确很陈旧，许多设备是第一次世界大战前的。但是事实上，这些"老"设备也同上海机床厂的那部电话总机一样，只保留着一个老的架子，绝大部分零配件都已经换新，甚至这些架子也是把洞眼焊补以后重新打的。由于这些零配件都是陆续装上去的，不是标准件，再加上近年来机械厂生产成套设备多，生产零配件少，所以修理这些机器不得不自造零配件。这样翻修的机器及其零配件，实际已经不是工业产品，而是手工艺品了。由于以上原因，老厂的设备越来越陈旧，修理工作量越来越大，工厂的维修队伍也越来越大。上海国棉一厂在日本人管理时只有11个修理工。当时一切零配件都是日本运来的标准件。而这个厂1961年有174个修理工。全上海棉纺织业有近6000个维修工人，4500 台机床，规模超过上海最大的两个纺织机械厂。据内行人估计，如果把这些工人和设备集中起来办一个纺织机械厂，可以很快使上海棉纺织厂的设备彻底更新（据我们最近调查，由于同样原因，我们许多重工业企业的机修队伍也过于庞大）。

以上都说明，修理旧设备并不一定比购置新设备经济。下面我再举一个事例，说明有时废弃旧式设备，是很必需的，很经济的，而不是浪费。

1956 年以前我国打油井用的钻头都是从苏联和罗马尼亚进口的，这种钻头单价 500 元，日进尺只有 24 米。自 1956 年起，我们开始使用国产钻头。国产钻头单价 370 元，日进尺 43 米。每只国产钻头可以比进口钻头多打 19 米，以平均井深 1200 米计，每打一口井用旧钻头要多用 22 个，相应地要多起钻、下钻各 22 次，打井时间要延长 5.5 天，相应的各种费用要多花 10158 元。而且由于旧钻头技术性能差，容易发生坍塌等事故，以致造成钻井报废。但是这时我们还储存有 6960 个进口钻头。于是发生了一个问题：这批进口钻头要不要继续使用？生产技术人员不主张再用。他们说，即使部里把这批旧钻头无代价拨给企业，企业也宁愿花钱买国产钻头用。因为每打一口井用 28 只国产钻头，共计不过 10360 元，而多用 22 只旧钻头，光起、下钻所增加费用就要 10158 元。而且用新钻头还减少了钻井事故，缩短了油田建设时间。

在反官僚主义反浪费运动中，石油部有些财务人员和生产技术人员发生了争论。有的财务人员说：积压 6960 只进口钻头，使国家损失了 348 万元。可是生产技术人员说，我们舍得废弃这些旧钻头，不仅为国家节约了钱，而且减少了打井事故，使油田提早投入生产。显然，生产技术人员的意见是对的，某些财务人员的意见是不全面的。

由此可见，有些过了时的设备（即使根本没有启用过的），到了应该报废的时候还继续使用会变成包袱，给国家造成损失。

四、对几种反对意见的答复

现在看到的，关于固定资产更新基金管理制度的改革方案中，大多数仍旧主张固定资产更新基金应该归国家集中掌握使用，或者由国家（以财政部为代表）和工业部或地方按分成办法共同掌握使用，即是说，大多数的改革方案仍旧主张在企业之间打乱重分，反对由原企业来掌握；改革的着眼点集中于更新基金专款专用，即专门用于设备更新和技术革新。有了这样的规定，或许对固定资产更新的欠账可以避免，至少可以减轻。但是这种改革没有解决企业的独立经济核算问题，更重要的是千千万万个企业的固定资产更新重担主要仍然挑在国家肩膀上；对于与革新技术、提高劳动生产率、发展生产密切相关的固定资产更新工作，企业仍然处于被动地位，无权处理，不能做通盘打算。同志们反对固定资产更新基金归企业掌握，大致由于以下三种顾虑：第一，担心走上自由化的道路，助长分散主义；第二，担心不增加新投资的实物量的扩大再生产由各企业分头负责，也会促成国民经济发展比例失调；第三，担心不利于资金的集中使用和统一分配，造成社会资金的闲置和浪费。

下面我想就这些反对意见和顾虑谈一谈个人的看法。

第一，固定资产更新基金交企业掌握，只是意味着固定资产的更新和与此密切相关的革新技术、提高劳动生产率、发展生产的具体工作交企业去"办"，并不是说代表国家的上级计划部门、业务部门和银行就撒手不"管"，就放弃领导。相反，诸如生产方向和产品价格都必须严格按照国家计划规定去办，供销合同必须严格执行。"管"和"办"是两回事，是可以分开的。这是一

方面。另一方面，这只是把经营和管理的职和权交给了企业，但是所有权仍旧属于国家。国家在必要的时候（一般是根据预定的计划，如由于资源的枯竭或由于收缩生产规模的必要），就可以收回全部或一部分更新基金。这与自由化完全是两回事。

有些同志以基本折旧基金在整个基本建设投资中所占比重高为理由，反对把固定资产更新基金交企业自己掌握。我认为这个理由是不能成立的。决定问题的主要根据应该是怎样做才对工作有利。如果交企业掌握对工作更有利，则占比重高了更应该如此办。

第二，由于社会的需求总是不断增长的，因此在企业不要求国家增加投资的范围以内，按照原来的生产方向，去发展生产，是应该加以鼓励而不应该加以限制的。但是，即使在原有资金的范围内，科学发明和技术革新以及随之而来的劳动生产率的提高和生产的增长在各部门、各企业之间也还是不平衡的。正因为这个缘故，我们常说，国民经济各部门的比例关系，平衡是相对的，不平衡是绝对的。如何使不平衡重新恢复平衡，这正是计划机关应该做的工作。

重新恢复平衡的方法主要是增加短线部门（即劳动生产率和生产发展速度较慢的部门）的投资，只是在需求已经充分满足的个别部门，或是对资源已枯竭和规模过大的厂矿，才实行抽调资金的办法。每次出现的不平衡的差额比之生产总量而言总是小量的。例如，甲乙两个有供销关系的生产部门或企业，原来基准生产指数各为100，双方的供销关系是平衡了的，但是在新的一年中，甲的增长速度为15%，乙为20%，由于甲的生产增长速度慢5%，因而出现了5%的不平衡，恢复平衡的方法，一般不能是使乙部门或乙企业降低5%的发展速度，而应该在甲部门或企业增加5%的投资。所以在计划方法上，也应该把原有资金范围以内的再生产（价值量的简单再生产和实物量的扩大再生产）和新增投资的扩大再生产（价值量和实物量都扩大的再生产），分开来管，计划机关着重管新投资的扩大再生产，对于原有资金范围以内的实物量扩大再生产，在固定协作关系，普遍推行供销合同制的条件下，可以仅仅平衡差额部分，实行"差额平衡法"（如按上述例子，计划机关只要安排5%的差额，不必把双方115%和120%的生产全部重新安排）。原有资金范围以内的再生产采用先由下而上，再由上而下的综合平衡方法；新的投资，由国家计划委员会全面严格控制，用先由上而下，再由下而上的综合平衡方法。这样就可以避免把原有资金规模的再生产年年重新安排（但不是放任不管），减少了计划机关的事务工作，而同时就可以集中精力于最重要的综合平衡工作——新投资的扩大再生产。

第三，如同马克思所说的一样，折旧原来不是收入，而是对于垫支的而且是已经在生产中消耗了的资金的补偿，除了在特殊场合之下，会发生抽调资金的情况以外，一般不发生资金分配的问题。现在这样把折旧（老本）当财政收入，打乱重分的办法，实际就是年年在进行资金的部分再分配，是不符合《七十条》中定资金的原则的。不错，由于折旧是逐年零星提取在先，而这基金的使用是在后，而且最大批的使用要在房屋设备拆除彻底更新的时候。在此期间，对企业而言，有很大一批折旧基金是闲置的。但是由于企业逐年提取的折旧是存入人民建设银行的，企业要进行大修理或重建重置工程的时候，事先要编制固定资产更新计划，并且仍旧需要报请上级计划机关、业务领导部门批准之后才能到银行取款，所以国家对于全国企业在当年需要动用多少折旧基金，有多少可以由国家作为流通中的闲置资金调作新的基本建设或生产事业之用，计划机关和银行完全可以事先掌握，对社会来说，绝不会造成闲置和浪费资金的问题。银行调用企业存款是资本主义制度下也实行的，在社会主义计划经济条件下，更便于这种调动；但是完全没有必要为此而把更新基金打乱重分，以致束缚了企业在固定资产更新工作,在革新技术、发展生产方面的积极能动作用。

此外,有些同志说,各部门各企业的折旧率不相同,因此折旧基金归企业掌握而不由国家统一分配会发生苦乐不均:有的用不了,有的不够用。我认为,这仅仅是证明了现行的折旧率定得不合理,应该修改,以便使折旧率能够基本符合固定资产价值的损耗及其补偿所需要的数额(关于折旧率大小问题,下一节将专门讨论)。而且,据我所知,折旧率一般是偏低而不是偏高,所说折旧基金过多,用不了,往往是一种假象。不错,有不少企业不仅基本折旧(固定资产重建重置基金)用不了,往往连大修理折旧也用不了。而原因则或者是由于企业管理人员对于固定资产的更新和维修不关心;或者是如前面所举过的事例那样,企业管理人员认为他们那里的设备再进行大修理或是不可能,或是不经济,但是重建重置又批不准,因而就只好做些中小修理,以维持运转;或者是批准了资金但是没有物资。这样当然连大修理折旧也用不了。从老工业基地、老企业、老设备的更新普遍发生欠账情况来看,折旧显然是少了而不是多了;说多了的是只从会计账上看问题,而不是从企业实际情况看问题的结论。

也有些同志说,过去有些企业挪用大修理基金去搞基本建设,挪用生产建设资金去建设大礼堂、跳舞厅了,因而固定资产更新基金不能交企业掌握。但是上述现象不正是在现行制度下发生的么?这是固定资金无偿占用制的结果,是财务管理制度松懈的结果,而实行新制度的目的却正在于减少计划财务领导机关的具体事务,而加强财务监督。

后面这两种反对意见有一个共同的特点,就是从现行规章制度的框框来看问题,认为在现行规章制度下办不通的,就是不合理的;而问题的关键正在于要跳出老框框,来改革现行规章制度。把正是由现行规章制度所产生的缺点,作为反对改革现行规章制度的根据，这在逻辑上也是不能成立的。

还有些同志以反对"喜新厌旧"为理由，不同意改变现行固定资产管理制度，反对强调老企业设备更新。但是我觉得正因为要重视老企业，就更应该重视老企业、老设备的更新工作，而不能把社会主义工业的技术进步主要寄托在少数新建企业上面。十多年来的历史经验证明，老工业基地、老企业的固定资产更新工作花钱少而效果大。但是老企业的设备更新总是被耽误了，对老工业基地的固定资产更新的欠账越来越大，在客观上这倒是一种"喜新厌旧"。至于就老设备而论，到底应该进行大修理，还是应该彻底翻新，不能简单地以反对"喜新厌旧"一句话来解决问题。上一节所举事例证明，有时对老设备进行大修理继续使用，是很不经济的。

还有些同志常常引证采掘工业方面的事例来说明固定资产更新基金必须由国家集中统一分配。譬如，采掘工业部门为了维持原有生产能力，除了旧矿报废需要建设新矿来补偿以外，还由于矿井的延深、生产能力的递减，必须连续投资。其实，这是采掘工业的特殊情况。采掘工业和加工工业不同。加工工业企业可以一次投资建成，而采掘工业的投资不可能一次投完，而往往是一直到矿井报废时为止，要继续进行投资。在这中间，报废矿井的补偿和连续投资是交叉在一起的。可见，把连续投资的资金当作是固定资产更新基金是不对的。同时，由于贫矿富矿和矿井深浅的差别，还夹杂着级差收益问题在内。这也必须与固定资产更新问题分开来谈。

五、折旧率的大小问题

固定资产管理制度中另一个重要问题是折旧率的大小问题。问题的关键在于承认不承认无形损耗，以及无形损耗要不要计算折旧的问题。所谓无形损耗，就是指与固定资产的物质损耗无关的经济贬值。无形损耗又分两种，第一种是由于生产这种固定资产的劳动生产率提高，因而固定资产的再生产价值降低了，但固定资产的式样和性能未变；第二种是由于出现了新式的设备和建筑，因而引起了老式设备、建筑的贬值，或者使老式设备提前报废。这个问题不仅是一个实际问题，而且是有争论的一个理论问题。多年来，很多经济学家认为无形损耗是资本主义经济范畴，社会主义生产的目的是物质财富，因而只承认有形损耗，不承认无形损耗，或者即使有无形损耗也不计算折旧。这是同社会主义经济只承认使用价值，不承认价值和使用价值二重性的自然经济观一脉相承的。现在社会主义国家的折旧率都很低，折旧年限都在二三十年，比一个世纪以前，马克思、恩格斯计算的 10 年左右一个固定资产更新周期，长一二倍，就是受了这种观点的影响。

其实固定资产本来就具有与原料不相同的一种特点，那就是它们在产品生产过程中，都不是以自己的物质因素加入到产品的实体中去。固定资产作为实物本身，在整个运转阶段，一直到被拆除送进废料房为止，都是与由它帮助下生产出来的产品相对峙着、始终屹然独立地存在着的；移转到产品中去的只是它们的价值，或普通说的"经济价值"。如果承认固定资产的损耗是指"经济价值"的损耗，那么当然也就应该承认无形损耗，并且用折旧来取得补偿。

归根到底，不承认无形损耗，也就是不承认社会再生产过程中的经济账，不承认技术落后所造成的经济损失。而我们生活在技术进步一日千里的现代，不承认无形损耗会给我们带来不可估计的损失。

还有一种说法，认为第二种无形损耗应该计入折旧，但第一种损耗，即由于固定资产的再生产费用降低而造成的固定资产贬值不是社会的"不幸"，而是好事，因而不必计算折旧。这也是似是而非的说法。从"幸"与"不幸"的角度来说,那么不仅这第一种无形损耗不是"不幸",第二种无形损耗也何尝是"不幸",因为新式设备的出现也是社会的"好事"而不是"不幸"。但是如果我们从价值的角度看,从固定资产贬值的角度看,那不论第一种或第二种无形损耗,都是社会再生产过程中必须经受的价值的损失,我们都必须给予承认并补偿。所不同的是,在每一种设备刚问世的时候,都会发生制造成本高的"不幸"("不幸"不在以后的落价而在初期的高价),到每一种设备成本降低或逐渐为别的设备代替的时候,又会发生另一种贬值以至提前报废的"不幸"。如果从个别行业、个别设备来说,新技术的发明创造带有许多偶然性,那么从全社会来说,从长期来说,这两种由于技术进步而带来的价值消耗完全是社会生产发展过程中的必然性,应该当作社会必要劳动消耗计入成本中。

如果我们必须承认社会再生产过程中固定资产的这两种无形损耗,并且把它们计入折旧,那么我们可以肯定,折旧率将远比现在为高;折旧年限只能比马克思时代的10年左右为短,而不是更长。第二次世界大战以后资本主义世界一般工业固定资产折旧年限已经缩到10年以下,军事工业甚至在5年以下。

再一种说法,认为讨论折旧多或少,没有多大意思,折旧多了,剩下的利润就少了,折旧少了,利润就多了,好比一杯水,这边多倒一些,那边就剩少了;如果那边多倒了,这边就剩少了。这种一杯水的理论会助长"肉烂在锅里"、不要算账的思想。固定资产折旧不是多些好还是少些好的问题,而是应该不多不少,与固定资产的实际消耗(包括有形损耗和无形损耗)相符合。具体计算无形损耗是一件复杂工作,但在计划经济条件下,由于科学技术的发明创造、新的设计都在国家统一领导下进行,在技术人员和财务会计人员合作之下,完全可以根据大数法则计算出各行业中各种类型固定资产的无形损耗定额。

有人认为少算些折旧,把折旧年限拖长些,可以鼓励大家爱护旧设备。这种想法也是不符合实际的。折旧提取完毕之后,并不一定非把设备送入废料房不可,在一定情况之下还可以利用。但是这种已经到了报废时期边缘的设备,如果不再负担折旧开支(折旧已提取完毕),比之还要负担折旧开支的(继续提取折旧),只有更受欢迎些,因而是有利于鼓励设备的继续利用的。

六、建议展开对这问题的研究讨论,并由各工业部及大中城市设点试验

上述固定资产更新基金的管理原则和办法,不仅适用于一般企业,而且也适用于城市公用企业和房产管理。因为这办法也有利于解决现在城市建设中"欠账"(欠设备更新之账)和争投资的问题。但是,在这方面,不仅存在着许多理论问题需要进一步探讨,而且还有许多具体办法,有待研究解决,特别是实施这些办法的准备条件还需要去创造。因此,即使在理论原则上取得了一致看法,实行起来还是很复杂,尤其是有许多准备工作,诸如核定固定资产,固定协作关系,制定合理的,即实际反映社会劳动消耗的价格等,都需要几年的时间。因此,建议在业务工作部门,在科学研究机关和财经院系的有关教研室中,对这一问题进行研究,展开讨论;更重要的是应该在各工业部和各大中城市,及早组织若干条件较合适的企业进行试点。只有通过试点,才能最后证明固定资产更新基金交企业掌握之后,会不会造成混乱,才能证明到底哪一种办法更有利于革新技术、提高劳动生产率和发展社会生产,更有利于生产和建设的计划管理。

社会主义计划经济管理体制中的利润指标

厉行节约，降低成本，扭转亏损，增加赢利——这是近几年来党一再强调的、管好各种社会主义企业的重要任务。1963年3月，党中央颁发的关于增产节约和"五反"运动的指示，又把上述任务作为企业开展这一运动的重要内容。但是，在社会主义政治经济学中，却流行着把"利润"完全作为资本主义经济范畴的观点。尤其近年来修正主义者也在提倡利润指标，因而更使得许多同志误认为强调利润指标就有修正主义倾向。于是"利润"竟成了一些经济学者的忌讳。学术会议把企业赢利问题视作危险题目而拒绝讨论，甚至连马列主义和修正主义在企业赢利问题上的分歧也不敢研究。

理论界这种紧张状态已经影响到了实际工作：1963年在国家计委财政、金融、成本局召开的两次财务成本会议上，就因为有人提出，理论界认为利润是资本主义范畴，而提倡平均利润率就是修正主义倾向，因而对每百元产值的成本定额是否作为计划考核指标没有深入讨论（因为确定每百元产值的成本定额，也等于是确定了每百元产值的利润定额，即平均利润率）。出席会议的同志希望理论工作者把"利润"问题澄清了以后再研究这个问题。可是前面已经说过，理论家们自己就怕研究"利润"问题。说起来使人难以置信，现在有些经济学家害怕"利润"范畴，有些像信鬼神的人怕鬼神那样厉害（请看附件）。

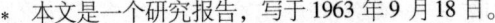

* 本文是一个研究报告，写于1963年9月18日。

还有一种意见，认为社会主义企业只能求"一定的赢利"。我认为"一定的赢利"这种说法也是不够明确的，因为我们没有办法在数量上规定企业每年赚了百分之几以内的利润就算在"一定"范围以内，就算是社会主义的，超过百分之几，就算越出了"一定"的范围，就会变成修正主义或资本主义的了。在党的"扭转亏损，增加赢利"的号召之下，现在企业职工对于"亏损企业"这顶帽子是头痛的，一般总是力求早日摘掉这顶帽子。但是等到亏损企业这顶帽子一摘掉，有了一定的利润之后，心就定了，劲就松了。这也是社会主义企业只求"一定的赢利"这种思想在实践中的反映。

有些同志对于资本主义和修正主义的警惕性和嫉恶如仇的精神是可贵的。资本主义复辟，我们一定要坚决反对；对于修正主义者所提倡的，我们必须提高警惕。因此，为了更好地进行反对现代修正主义的斗争，也为了在社会主义建设的实践中明确什么是我们要反对的，什么是我们要争取的，我们必须划清社会主义利润和资本主义利润的界限，必须划清我们和现代修正主义者在利润问题上的界限。

在利润问题上，社会主义和资本主义的本质差别，社会主义和修正主义的本质差别，不在于社会主义不要利润或少要些利润，而资本主义和修正主义则要利润或多要些利润；更不在于资本主义和修正主义称为"利润"而我们则称为"赢利"，等等[1]。

---

[1] 苏联许多经济学著作不从本质上分辨资本主义范畴和社会主义范畴，而是乞灵于修辞学。由于过去苏联经济学者一向把"利润"当作资本主义范畴，而事实上社会主义企业又不能没有"利润"，于是经济学著作便逐渐用"赢利"一词来代替"利润"。但这是解决不了问题的，而且往往会由于本质分不清而从完全否定利润这一极端，迅速滑向与资本主义利润不分家的另一极端。在修辞学方面下功夫来代替本质上的划清界限，终究是容易的事。也可以说，正因为修正主义者在本质上已经完全蜕化了，所以反而在修辞学上装模作样，标新立异地定了一些新的术语。——作者

社会主义利润和资本主义利润的本质差别在于：

第一，利润的阶级本质不同。资本主义利润表示资本家对工人的剥削；而社会主义利润则是生产企业职工为社会扩大再生产和社会公共需要而创造的财富。

第二，生产的目的和手段不同。资本主义生产的目的就是追逐利润本身，资本家生产商品只是为了追逐利润所不得不采取的手段。社会主义生产的目的是创造物质财富本身，但是为了达到这个目的，必须善于使用自己的手段：提高劳动生产率，降低产品的成本，增加利润。

第三，取得利润的方法不同。资本主义通过市场竞争、物价的自由涨落和投机倒把等办法来取得利润。社会主义利润则以贯彻执行中央规定的各项方针政策为前提，以计划生产、计划价格和固定的供、产、销协作关系为前提，严禁投机倒把。在这种条件下，只有通过老老实实地革新技术、改善经营管理、降低成本的途径才能取得利润。

那么，在利润问题上，马列主义者和修正主义者的分歧又在哪里呢？当然不能说是在于马列主义者只求"一定的赢利"，而修正主义者则追求更多的利润。我认为相反，我们的企业应当而且能够创造远远多于修正主义者的企业所创造的利润。在社会主义社会，企业利润的增加也就意味着社会积累的增加；而社会积累的增加归根到底是决定生产增长速度和社会主义建设速度的。我们深信，这几年工业发展速度的下降是暂时的。我们必须而且能够使工业发展速度超过修正主义者。为了达到这个目的，就必须加强企业领导和全体干部、工人的成本观念和利润观念，必须降低成本、提高劳动生产率、增加利润，必须在这许多方面超过

社会主义计划经济管理体制中的利润指标

修正主义者。❶

我认为，马列主义和修正主义在利润问题上的界限，首先是在于取得利润的方法上。马列主义者主张在遵守国家的方针政策，完成计划任务，固定协作关系，履行供、产、销合同的条件下，在按照计划价格出售产品和反对投机倒把的条件下，在国家统一集中的领导下，每个企业通过技术革新、改进经营管理、降低成本、提高劳动生产率等办法，来增加利润。而修正主义则是否定计划经济，允许自由竞争、允许自由定价，甚至通过投机倒把的途径，来谋取利润。

其次，马列主义和修正主义在利润问题上的界限还在于利润的分配制度上。既然社会主义全民所有制企业所创造的利润是企业职工为社会扩大再生产和社会公共需要所创造的财富，因此就必须全部上缴国家，而修正主义者则提倡以物质刺激原则为指导的利润分成制度和奖励制度。利别尔曼关于《计划、利润、奖金》的建议的中心思想之一，也就是这种以物质刺激原则为指导的利润分成制度和奖金制度。

有些同志认为在利润问题上修正主义的标志在于把利润作为主要的指标。我认为这种见解也是值得研究的。例如，在利别尔曼的建议中，他还特别强调要把产品产量计划作为主要指标，他认为利润是为了衡量企业完成产品产量计划的效率，为"使产品

---

❶ 由于这几年修正主义者提倡以和平经济竞赛来代替革命，使有些同志误认为同资本主义国家比劳动生产率发展也是右倾的提法。但是列宁说过："劳动生产率，归根到底是保证新社会制度胜利的最重要最主要的东西。资本主义造成了在农奴制度下所没有过的劳动生产率。资本主义可以被彻底战胜，而且一定会被彻底战胜，因为社会主义能造成新的高得多的劳动生产率。"（《列宁全集》，第29卷，北京，人民出版社，1956年版，第388页）

我们的马列主义政治领导和革命精神必然会表现为多快好省地建设社会主义。我们必须先在劳动生产率的增长速度上，然后在绝对水平上胜过资本主义。对此我们必须有信心。我们要反对在劳动生产率增长速度和生产发展的速度上不敢和资本主义作比较的想法。——作者注

的生产和销售计划达到最大的效果"而提出的,是从产品产量计划中派生出来的指标。他还说,"企业一旦破坏了产品品种,就得不到任何奖励"。所以,如果以利润是否是主要指标作为修正主义的标志,那么利别尔曼的建议倒并不一定是合乎这个标准的。但是充满了利别尔曼建议的物质刺激思想,却是不折不扣的修正主义的。这个建议把物质刺激作为社会主义经济发展的动力,这是有钱使得鬼推磨的思想,是修正主义用来收买既得利益阶层、麻醉工人阶级的新经济主义思想。

此外,利别尔曼所建议的奖金数目很大,可以占到资金总额的百分之五点五,占到企业利润的百分之十几到百分之二十几。这实际上已经不是发给职工个人或用于职工集体福利的奖金,而是用于新投资的扩大再生产的。我认为,从利润中拨付的新投资(不是固定资产更新基金中拨付的),应该是用来平衡全社会的再生产和创办新的生产部门的,因而必须由国家来统一掌握,不能下放给企业(哪怕是局部的下放)。利别尔曼建议中提出的利润分成制度,必然导致全民所有制企业逐步蜕化变质。

现在根据我的看法来谈谈到底利润指标在社会主义计划经济管理体制中应该起怎样的作用。

利润是生产部门职工创造的物质财富的一部分。生产部门职工创造的财富分为三个组成部分:第一部分是补偿生产过程中的物质消耗,即补偿固定资产的消耗和原材料的消耗的;第二部分是职工为了维持本人和家属生存所必要的生活资料的消耗,即工资部分,以上两者合在一起就构成了一般所说的成本。剩余下来的第三部分就是职工为社会创造的财富,或者称之为剩余产品。

每个社会主义企业要增加利润只有一个办法,那就是增产节约,即增加所创造的财富的总额,并且减少这总额中成本所占的比重。(工资水平在社会主义社会不能减少,而只能增加,但每个企业的工资总额是可以通过劳动生产率的提高、劳动力的节约而减少的。)

资本主义利润是同阶级剥削的本质分不开的，所以资本家利润收入的增加也就是剥削的增加。这是一方面。另一方面，资本家经营生产的目的不是某一种物质财富本身，而是追逐利润。他们只要有利可图，今天可以经营这种生意，明天又可以经营别种生意。再由于市场竞争和物价的涨落，对个别资本家来说还可以仅仅通过投机倒把、弄虚作假来赚钱。而这一切在社会主义国营企业中都是根本不允许存在的。

社会主义国营企业的利润用于社会扩大再生产和社会的各种公共需要，因而是为社会全体成员谋福利的。同时，企业的生产方向或经营方向是由国家规定的；社会主义企业也不能奇货可居，想把自己的产品卖给谁就卖给谁，而是要根据国家规定，建立供、产、销协作关系，并且要把这种协作关系用合同形式固定起来；社会主义国营企业必须按照国家计划价格出售产品，而不准自由涨价落价；在这种种条件之下，一个企业能够比别的企业赚到更多的钱，只能是因为它的产品的劳动消耗低于社会平均劳动消耗水平。所以企业除了改善经营管理，革新技术，提高劳动生产率之外，即是说除了勤勤恳恳、老老实实地工作和劳动之外，没有别的窍门可以使它们得到更多的利润。这样，在上述种种条件之下，利润的多少，应该是企业技术进步和经营管理好坏的最灵敏的标志。

既然社会主义利润与资本主义利润的本质不同，取得利润的方法不同，为什么我们仍旧要用旧社会中用来反对商人资本家的"唯利是图"等类的观念来对待我们社会主义的利润呢？如果我们的企业不是唯一个单位局部之利是图，而是唯全体人民之利是图，唯共产主义的长远利益是图，那又有什么不好而要加以反对呢？

有的同志认为，如果只定了生产方向，而没有自上而下地按品种的产量计划,那么产品的品种规格就会有问题。我认为并不尽然。我们不是一向按品种的产量定指标吗,可是我们就老没有解决"货不对路"的问题。我认为,品种规格的问题,是要通过固定的协作关系,通过供、产、销合同制来解决的。在国家已经批准的固定的协作关系范围以内,生产企业生产什么品种规格的产品,应该征求消费者企业的意见,然后双方根据需要和可能在供、产、销合同中确定下来,严格遵照执行。

我在《固定资产管理制度和社会主义再生产问题》那个报告中建议过,在原有资金量的简单再生产范围以内,一切计划指标都是先自下而上逐级汇总,由上面审批后再自上而下逐级下达。这样的计划指标可以是应有尽有的,其中包括产品产量,按不变价格计算的总产值,按现行价格计算的总产值,商品产值,职工人数,工资基金,成本,利润,等等。在上述定生产方向,定协作关系,严格执行供、产、销合同,遵守计划价格等条件下,利润的多少是反映企业技术水平和经营管理好坏的最综合的指标。社会平均资金利润率是每个企业必须达到的水平,超过平均资金利润率水平的就是先进企业,达不到这水平的就是落后企业。

反对以利润多少作为衡量企业技术水平和经营管理好坏的标准,还有一个很普遍的理由是价格的不合理,说现在的价格既不反映价值,也不反映社会平均成本加平均资金利润(即生产价格)。因此,利润并不能反映经营管理的好坏和技术水平。在这种情况下,即使生产方向定了之后,在同行业范围以内还有有利可图的产品和无利可图的产品,过分强调利润指标会促使企业只乐意生产有利可图的产品,而不乐意生产无利可图的产品,等等。

我认为这个理由是不能成立的。因为价格是我们自己定的,如果价格不合理,不能反映产品的实际劳动消耗,不能反映生产的实际情况,以至利润的多少不能反映企业工作的好坏,那么为什么不考虑调整不合理的价格,而要倒过来使生产计划和经济管理制度来迁就这种不合理的价格呢?

当然,千千万万种价格的调整不是一朝一夕之事,更何况所谓合理价格还有不少理论问题未解决(主要是价值与生产价格问题和农业、采掘工业中的级差收益问题)。然而重要的是先统一认识。原则同意了,解决问题的办法总是可以找到的。例如,作为过渡办法,我建议把价格高于生产价格(平均成本加平均资金利润)的部分用税收形式扣除,低于生产价格的部分在计算实际创造的利润额时可以补算上。现在真正的困难问题倒不在价格的不合理,而在由于成本观念和利润观念淡薄之后,许多企业的成本会计是相当混乱的。但是只要认识一致之后,迅速地把企业成本会计健全起来,也就可以在短时期内把各种产品的实际成本逐渐计算清楚。

总之,我的意见,我们应该提高利润指标在计划经济管理体制中的地位,应该反对用对待资本主义利润的态度来对待社会主义利润,应该表扬那些努力降低成本、增加利润的先进企业,批评那些不关心和由于主观不努力而不能为国家创造利润的企业。我们要恢复社会主义利润指标的名誉。

附

下面是我们在过去一年间遇到的,一些经济学者和实际工作者害怕接触利润问题的几件具体事例:

1. 1963年2月,北京经济学会财金组开会研究今年北京市经济学年会的财金分组会讨论什么题目。经济所财金组的同志建议,为了配合增产节约运动和扭转企业亏损的工作,应该把企业赢利问题作为年会的讨论题目之一,并且着重研究一下马列主义和修正主义在企业赢利问题上的分歧，以便促使企业更好地贯彻执行降低成本，增加赢利的指示。当时有同志马上就表示，最好不要接触这个问题，一是情况不明，二是界限不清，讨论这个问题有危险。于是企业赢利问题终于没有能在这次年会上提出来讨论。

2. 1963年3月，国家计委财政、金融、成本局在武昌召开第五届全国财政、金融、成本计划工作会议。会议议题之一是如何加强成本计划管理工作。现在国家对于可比产品的成本，是每年要下达成本降低率的指标的；但是对于不可比产品的成本却没有管起来。这造成了某些漏洞。因为企业为了完成可比产品成本降低任务，往往把一些综合费用多摊到不可比产品上，而且有的部门不可比产品的比重还很大。在会议讨论过程中就有人提出对不可比产品的成本费定出一个每百元商品产值成本费系数，用这个指标来控制不可比产品的成本。但是会上有人提出：每百元产品的成本系数和每百元产品的利润率是一回事，会同利别尔曼的观点联系起来。于是，会议就没有再就这个问题讨论下去，说是等理论界把这问题澄清之后再研究吧！

后来5月间在北京召开的中央各部的财政、金融、成本座谈会上，又讨论到不可比产品的成本管理问题。会上有人再次建议制定不可比产品的成本系数，结果还是因为同一原因，把这建议搁了起来。

3. 1963年4月间，建筑工程部《建筑》杂志的几位负责人来经济研究所财政金融组做专题访问，据他们谈，由于《建筑》杂志发表了一篇主张资金利润率的文章，因此有人给部的党委写信，说这篇文章有修正主义倾向，要求杂志编辑部作检讨。编辑部的同志就是因为思想不通而到经济所财金组来做访问研究的。

4. 1963年4月，经济研究所财金组的同志参加了一机部二局在上海召开的成本核算座谈会。据出席座谈会的一些企业的同志

说：近两年来党三令五申要企业降低成本增加赢利，大家已经开始重视赢利问题，可是自从关于利别尔曼的建议报道以后，大家又糊涂了，怕强调赢利会变成修正主义。他们主张今后多提降低成本，增加积累，不提增加赢利。这样既完成了中央任务，也免得沾上修正主义。

在学部扩大会议上就苏联社会主义政治经济学中几种重要修正主义论点发言提纲[*]

这个发言提纲写得很仓促。预备讲六个问题,即(1)机械唯物论;(2)物质刺激论;(3)商品生产、价值规律问题;(4)利润问题;(5)企业自治问题;(6)社会主义国家的国际分工问题。我在发言中预备对每一个问题上,有哪些观点应该肯定作为修正主义论点批判的,有哪些观点认为还需要作为学术问题,在经济学界进一步研究讨论的,提出一些个人的看法,请出席会议的同志批评指正。因为君辰同志指示,要写详细提纲,所以前两个问题写得较详细,实际已经是发言稿了。现在会议已进行了一半时间,我的发言提纲只写了两个问题和一个开场白,以下各个问题只好写简单些了。因恐时间来不及,我在继续起草以下几个问题的发言提纲的同时,先把已经写出来的部分打印送分党组审查,并请所内同志提意见。

一

苏共二十大以来苏联经济学界大量出版政治经济学教科书和教材,在报刊上发表大量文章宣扬苏共领导的修正主义路线,全面否定斯大林对马克思列宁主义政治经济学的贡献;对于我国过

---

[*] 本文写于1963年11月5日。

去是不指名地、用含沙射影的方式进行攻击，近来则公开指名进行攻击：

1. 攻击我们的三面红旗；
2. 攻击我们的自力更生建设社会主义的方针；
3. 诬蔑我们一切工业品都实行配售制；
4. 诬蔑我们否定物质利益原则，实行平均主义；
5. 攻击我们忘记了"苏联对中国的援助"；
6. 攻击我们违反列宁所说的"现在我们主要是以自己的经济政策来影响国际革命"的论点；等等。

此外，还发动大批经济学家写文章，在和平共处、部分禁止核试验、民族解放斗争等重大政治问题上对我们进行攻击。

苏联经济学者宣扬修正主义，反对中国的文章虽然质量很低，但是从数量很多这一方面来看，他们已经被苏共领导动员起来直接参加反华大合唱了（当然也要看到有不少经济学家的文章是在压力之下写出来的，是表态性的。我们不要被这种表面现象所迷惑，以为苏共领导在苏联经济学界真有那么广泛的基础）。

回顾过去一个时期，我们经济学界对于反对现代修正主义的斗争，可以说做得很不够。我们在报刊上发表的反修文章，尤其是经济方面的文章，是很少的。一方面我们这样做是有意识的。因为反修斗争要有领导、有步骤地进行；因为我们是要以质胜，而不是以量胜。但是，应该看到我们内部的准备工作也做得很不充分。以我们中国科学院，经济研究所而论，近年来我们根据领导的需要搜集和提供了一些资料，其中有一部分也曾经由内部出版，提供我国经济学界参考，但是这方面做得仍很不够。同时我们计划中，批判修正主义的两本著作（一本是批判苏联科学院经济研究所写的政治经济学教科书；另一本是从经济方面批判南斯拉夫修正主义），原定今年写出初稿，现在看来也很难全部完成了。在这方面，日本经济学家倒是根据我们党的文件、我们党政领导同志的言论和我们报刊发表的某些文章的论点，在1961年12月就出版了一本《社会主义经济学的研究——批判苏联政治经济学教科书》，作者是爱知大学教授副岛种典。

我们中国经济学界在反对政治经济学方面的修正主义论点，特别是反对社会主义政治经济学方面的修正主义论点上，应该说是有很有利的条件的。因为党中央和毛主席已经对社会主义政治经济学许多基本理论问题和修正主义的界线做过明确的原则性的指示。但是我们经济学界还没有在研究工作中把这些原则具体化。这是我们没有尽到自己责任的一个方面。

应该看到，我们在经济学方面批判现代修正主义也存在某些困难。这首先是因为社会主义建设的实践在苏联不过四十多年，在我国不过十多年，经验还不很多。因此，对政治经济学许多基本原理如何在社会主义条件下加以具体化是有一定困难的。其次，现代修正主义是披着马列主义外衣的，它之所以能够欺骗一部分人，正因为它制造了一些似是而非的假马克思主义的论点。修正主义者还往往利用社会主义经济建设特别是统一的经济计划工作中由于经验不足、某些制度不完善而带来的缺点，加以歪曲、夸大，进行攻击；或利用一些在学术上的确尚有争论的问题，使用浑水摸鱼的办法，以学术讨论的面貌向马列主义的基本原则进攻。因此，我们马克思主义经济学者的责任就是要从这些纷乱的现象中，拨出修正主义的本质，就是要分清有哪些问题在学术上的确还需进一步探讨，是属于学术争论范围的；有哪些问题则是马列主义原则已经明确了的，是对修正主义进行坚决批判的问题。我认为我们在划清界限，分清是非的工作上，也做得不够。有时由于界限不清，或者把修正主义观点误作学术问题来讨论，或者把真正的学术问题也误认为是修正主义观点。有些经济学者怕犯错误，不愿意深入接触实际问题，这也是原因之一。

尽管对现代修正主义的批判工作还存在一些困难，但是中国

在学部扩大会议上就苏联社会主义政治经济学中几种重要修正主义论点发言提纲

的古话说得好"不入虎穴,焉得虎子"。马克思也说过,"在科学的入口处,好比在地狱的入口处一样,这里必须根绝一切犹豫,这里任何怯懦都无济于事。""在科学上面是没有平坦的大路可走的,只有那些在崎岖小路的攀登上不畏劳苦的人,才有希望到达光辉的顶点。"马克思这些话所指的具体内容虽然同我们今天所谈的问题不同,但革命导师这种不避难险、不畏困难的精神,对我们真是莫大的鼓舞。

反对修正主义,保卫马列主义,是我们每一个马克思主义者的责任,马克思列宁主义的经济科学,也必须在同修正主义的斗争中得到发展。所以,我们应该以入虎穴、入地狱的精神深入研究马克思列宁主义政治经济学,把马列主义早已明确的原则做进一步的具体化,把修正主义观点同学术讨论的界限尚不明确的地方划分清楚,以便更准确、更有力地粉碎现代修正主义者在经济学方面制造的种种谬论。

反对现代修正主义的斗争意义重大,在这方面发表意见,特别是写批判性的文章,当然应该尽可能做到准确、有力。由于在一些问题上划清修正主义和学术讨论的界限还需要有一个过程,由于个人理论水平的限制,以及由于政治敏感性不够等原因,我们在批判修正主义的时候,还可能有一些不够准确,以至错误的地方。我认为,这些问题总是在反对现代修正主义这个总目标下面发生的问题,是前进中的问题,是吸取经验、提高水平的问题。我们还是应该把反修的任务放在第一位,鼓足干劲,克服困难,积极参加这一伟大的斗争。

二

现代修正主义者在事实上放弃了马克思主义哲学的辩证法,从而把辩证唯物论变成了机械唯物论(从而实际上也就放弃了唯物论)。这个机械唯物论就是苏联修正主义经济学的指导思想。就如周扬同志所说,现代修正主义不同于老修正主义的地方,就在于老修正主义者修正马克思主义是公开的,而现代修正主义者则是偷偷摸摸的。然而现代修正主义者在社会主义政治经济学,片面地强调物质技术基础在社会主义建设,在社会主义向共产主义过渡中的作用,却是地地道道的机械唯物论,也就是为列宁、斯大林所批判过的"生产力论"。

几年前,我在一次访问中,曾经向一位苏联的经济学家、退休的老院士斯特鲁米林请教过这一问题。我说,现在苏联经济学家把物质刺激说成是社会生产力发展的基本动力,或者把建立物质技术基础看作建设社会主义和向共产主义过渡的主要关键,那么生产关系与生产力的矛盾是推动社会前进的主要动力这一历史唯物主义的主要规律,在社会主义社会中还成立不成立呢?他愣了一会儿之后说:生产关系和生产力的矛盾总的说来,当然是推动社会向前发展的主要动力,但是目前在我们苏联或是在你们中国,社会主义革命胜利不久,新的生产关系建立不久,它给生产力的发展以广阔的前途,现在的矛盾是生产力落后于生产关系,因此我们向共产主义前进,主要就是要建立物质技术基础,发展生产力。

斯特鲁米林以上这些话,可以说是反映着苏联经济学界的统治思想的。我们只要看看苏联科学院经济研究所编的那本政治经济学教科书下册——社会主义部分,就可以得到证实。在那本书里,虽然也说过生产关系和生产力的矛盾之类的话,然而总是附带地提起,并且认为社会主义社会的矛盾不是"不可调和的"。我们认为,矛盾有对抗性和非对抗性之别,但是一切矛盾都是不可调和的;他们不承认矛盾的普遍性,因而对社会主义经济的分析不从矛盾出发,不承认生产关系与生产力的矛盾、上层建筑与基础的矛盾是社会主义社会向前发展的动力。正是从这种观点出

在学部扩大会议上就苏联社会主义政治经济学中几种重要修正主义论点发言提纲

发,教科书提出从社会主义逐渐成长为共产主义的论调。他们一方面片面强调建立共产主义物质技术基础是向共产主义过渡的决定性条件,另一方面又否认社会主义社会还有阶段斗争,教科书说:"在社会主义制度下,没有同共产主义利益相矛盾的阶级和社会集团,所以向共产主义过渡不必通过社会革命。"修订第四版更加强调建立共产主义物质技术基础,也更加强调从社会主义向共产主义过渡的"渐进性质"。教科书的这种说法,实际上是把生产关系放在完全消极、被动的地位上,只要生产力发展了,社会主义生产关系就会在没有矛盾的情况下,自然而然地成长为共产主义关系。这种机械唯物论观点,在教科书里还有许多表现。例如,关于农业集体化教科书就在不少地方宣传"要有拖拉机,才能合作化"的观点。教科书说:"在集体化的准备工作中大力发展社会主义工业具有决定的意义,它是对农业实行社会主义改造的钥匙"。在集体所有制同全民所有制的关系上,教科书否认两者之间还有矛盾,认为从社会主义向共产主义过渡中,两种所有制会由"接近"而"融合"为单一的共产主义全民所有制。教科书还在许多地方宣扬社会主义生产关系的"凝固论"。这是他们否认矛盾的普遍性,否认社会主义生产关系与生产力的矛盾的必然结果。以集体所有制来说,他们否认集体所有制会在共产主义建设中同生产力的发展相矛盾,结果就把集体所有制凝固起来了。他们说:"充分利用集体农庄形式和集体农庄制度所包含的一切可能性和优越性,是发展社会主义经济制度直接过渡到共产主义的最重要的任务之一。"教科书在许多地方片面强调物质刺激,把个人物质利益原则当成神圣不可侵犯的东西,这也是建立在机械唯物论思想上的修正主义观点之一。关于这个问题,我们将在下一节中专门谈到。

像这种机械唯物论、"生产力论"和社会主义生产关系的凝固论,在苏共二十一大、二十二大以后的几年,无论在苏共领导集团的言论中，在苏联学术界的论著中都越来越多，而且越来越不像样子。

苏共领导和赫鲁晓夫在苏共二十二大的报告中，连篇累牍的都是对于建立所谓共产主义物质技术基础的片面强调和具体描绘。他们把建立共产主义物质技术基础当作苏共的主要经济任务和总路线的基础。米高扬在苏共二十二大的发言中说："苏共的新纲领正确地提出了问题，要使共产主义胜利，主要是建立共产主义社会的物质技术基础和保障共产主义的丰裕。"

对于社会主义社会的"无矛盾论"，他们也比过去说得更为露骨。赫鲁晓夫在苏共二十二大的报告中说，"从资本主义向社会主义的过渡，是在阶级斗争条件下实现的，它要求社会关系的根本摧毁，深刻的社会革命和无产阶级专政。与此不同，向共产主义过渡是在没有剥削阶级、在社会全体成员……切身关心共产主义的胜利，并自觉地争取这一胜利的条件下进行的。……在这里，社会不会经受那些由于国内阶级斗争而产生的困难。"苏共二十一大、二十二大以后，苏联学术界一部分人，也更加鼓吹社会主义向共产主义质变的所谓的渐进形式，否认矛盾。罗森塔尔说："由于苏联整个社会的牢不可破的一致，社会主义社会生活形式逐渐转变为共产主义形式是没有任何严重障碍的。"（《从苏共纲领来看马克思主义辩证法的迫切问题》《政治自修》月刊，1961年第12期）。库兹明诺夫说："提出社会主义条件下基本矛盾的问题是毫无根据的，因为已经消灭了人对人的剥削。"（《从共产主义建设的任务看某些经济理论问题》，见《哲学资料》，1962年第1期）。乌克兰英采夫说："在社会主义制度下出现了新型的非对抗性的矛盾，这些矛盾是可以被称作正在熄灭的矛盾，因为他们随着社会主义成长为共产主义而逐渐地化为乌有。"（《社会发展中辩证统一的形式》，《哲学问题》，1961年第7期）。

关于社会主义两种公有制问题，近几年来苏联学术界愈来愈

强调全民所有制并不比集体所有制"先进",强调在整个社会主义向共产主义过渡的阶段,都要充分利用集体所有制的优越性,并把集体所有制同全民所有制的"融合"完全归之于建立共产主义的物质技术基础。格鲁伯可夫说:"农业劳动组合作为农业生产的合作制形式在整个从社会主义到共产主义的过渡阶段将存在和发展,得到全面巩固,越来越多的充分的实现自己的优越性,集体农庄所固有的不可估量的潜力将得到利用,它按自己的被历史检验过的适合农民特点的道路逐渐过渡到共产主义"(《集体农庄在向共产主义道路上的发展问题》,《经济问题》,1961年第11期)。斯波里多诺娃说,"对提高集体农庄合作社所有制起决定意义的是发展生产力和建立共产主义物质技术基础,而不是采用国营经济部门的社会经济关系"(《全面开展共产主义建设时期集体农庄所有制的发展问题》,《经济译丛》,1961年第1期)。

以上这一切,当然仅仅是一些例子。但是不难看出,目前在苏联学术界占统治地位的,就是这些否认社会主义生产关系与生产力的矛盾的观点;就是这些只见物不见人,只见技术不见经济关系的观点;就是这些过分夸大生产力的作用,而过分缩小生产关系的作用的观点;就是这些把社会主义生产关系凝固起来的观点。尽管他们打了不少的"补丁",但是仍然遮盖不住机械唯物论或"生产力论"的尾巴。

必须指出,现代修正主义者所宣扬的这一套谬论,从本质上来看并不是什么新东西。第二国际修正主义者曾经用"生产力论"来歪曲马克思列宁主义关于生产力与生产关系的辩证关系的原理。他们片面地夸大生产力在社会发展中的作用,根本抹煞生产关系对生产力发展的积极作用,特别是抹煞在变革生产关系中人民群众的革命运动的重大意义。按照他们的说法,由资本主义向社会主义过渡,似乎只要有生产力的发展就够了,无产阶级和劳动人民只要坐等生产力的发展就可以自然而然地进入社会主义社会。在这里，既不需要生产关系的根本变革，也不需要无产阶级革命。第二国际修正主义者就是用这种臭名昭著的谬论来反对苏联的十月革命的。他们说："俄国生产力还没有发展到足以实现社会主义的水准"，对于这种谰言列宁曾给予彻底的批判。现代修正主义者除了继续宣扬什么在科学技术发展到利用原子能的新时代，人类社会已"洋洋地长入"社会主义这一类的陈腔滥调之外，由于所处的环境同老修正主义者有很大的不同，他们更着重在社会主义建设和向共产主义过渡问题上宣扬"生产力论"。现代修正主义者片面夸大从社会主义向共产主义过渡中发展生产力的作用，根本抹煞自觉地调整和变革社会主义生产关系以促进生产力发展的必要性；他们否认社会主义社会实际存在着的阶级斗争，否认矛盾。按照他们的说法，似乎只要建立起来共产主义的物质技术基础，社会主义也就自然而然地成长为共产主义了。不难看出，现代修正主义者的这一谬论，实际上就是老修正主义者的"生产力论"在社会主义建设时期的翻版。不过现在修正主义者在手法上还披着较多的马列主义的外衣就是了。

　　修正主义者宣扬机械唯物论或"生产力论"的目的，在于取消革命，反对革命，老修正主义者企图利用"生产力论"来否定无产阶级社会主义革命的必要性，从而为维护资本主义的统治服务。现代修正主义者企图利用"生产力论"来否定社会主义社会中两条道路的斗争，否定把社会主义革命进行到底的必要性，从而为资本主义复辟开辟道路。

　　在理论上看，按照现代修正主义者宣扬的机械唯物论和"生产力论"走下去，必然导致取消政治经济学这门科学。马克思列宁主义政治经济学研究的主体是生产关系，它具有强烈的党性和阶级性。在资本主义制度下，政治经济学要通过对资本主义生产关系的研究，揭示资本主义发生、发展和灭亡的规律，为无产阶级指出前进的方向。在社会主义制度下，政治经济学要研究社会主义生产关系运动、发展的规律性,作为党制定路线方针政策的理论依据。现代修正主义者,一方面把社会主义建设和向共产主义过渡的问题主要归之于生产力的发展,而又把发展生产力的问题主要归之于科学技术水平;另一方面,否认在社会主义社会,自觉地调整和变革生产关系以推动生产力发展的重大意义;这实际上是要用技术问题的研究来代替经济问题的研究,从而否定了无产阶级政治经济学存在的前提。

对现代修正主义者所宣扬的"机械唯物论"或"生产力论"必须给予彻底的批判。如何才能做好这一工作呢?我认为必须把"破"和"立"结合起来。一方面,马克思主义政治经济学必须在同各种反马克思主义思潮的斗争中发展;另一方面,必须加强我们对于政治经济学基本理论的研究,必须把主席在政治经济学方面的思想具体化。这样才能对现代修正主义经济"理论"进行深刻的批判,同时也才能适应社会主义建设事业的需要。

我们经济学界对于生产关系与生产力的关系问题过去做过些研究,可是我总觉得我们的研究工作似乎在很大程度上还没有超出历史唯物主义哲学的讨论范围。今后,如何从历史唯物主义的原理出发,深入到社会主义的生产、分配、交换和消费的实际过程,具体分析社会主义生产关系与生产力的矛盾运动,是一个重大的课题。以此为中心,我觉得还有许多问题有待于我们进一步研究。

例如,关于生产关系的内容问题。生产关系的内容是非常丰富的,斯大林把生产关系归结为三个方面,是一个高度的概括。我们还需要根据社会主义的实际情况把它具体化。毛主席指示我们,在生产资料社会主义公有制建立起来以后,生产过程中人与人之间的关系是一个突出的重要问题,对生产关系的这个方面进行自觉的调整,使之不断发展、不断完善,将有利于整个社会主义生产关系的巩固与发展。我们经济学者,就要把主席的思想具体化，根据主席提出的原则、方向，深入社会主义经济的实际过程，具体探索生产过程中人与人之间的关系究竟包括些什么内容；它同生产关系的其他方面和其他环节相互间究竟有什么关系；它同生产力和上层建筑相互间又有什么关系；如何才能不断改进生产过程中人与人之间的关系等。还有像国民经济的管理体制（中央和地方的关系，国家和企业的关系）、劳动组织等问题，在我看来也都是生产关系的具体内容，这些方面我们还很少研究。

又如，关于生产关系与生产力的辩证关系问题。如前所述，我们首先要彻底批判"生产力论"，但是，我们也要反对另外一个极端，那就是脱离生产力发展的实际水平盲目地主观主义地去调整和变革生产关系，这是从另一个极端离开马克思主义的。怎样才能在社会主义建设过程中，自觉地运用经济规律，调整、变革那些不适合生产力性质的旧的生产关系（包括具体环节），巩固和发展那些适合于生产力发展的新的生产关系（包括具体环节），这也是需要我们很好地总结社会主义经济建设的经验，把马列主义的基本原理具体化的问题。

再如，在社会主义政治经济学的研究中，如何才能把生产关系与生产力的矛盾运动研究好，也需要进一步探讨。我们要彻底批判"生产力论"，可是又不能因此就"谈虎色变"，似乎谁要是认为经济学家还要研究生产力问题，谁就沾了"生产力论"的边。生产力与生产关系是一个矛盾统一的整体，如果离开了生产力来研究生产关系，这种研究必然是脱离实际的、抽象空洞的。究竟如何结合生产力来研究生产关系呢？这也需要具体化。目前学术界对于这个问题还有不同的看法，看来也需要在经济理论研究工作的实践中逐步地加以解决。

在学部扩大会议上就苏联社会主义政治经济学中几种重要修正主义论点发言提纲

三

苏联社会主义政治经济学中的第二种修正主义观点是关于物质刺激问题。现代修正主义者歪曲了列宁在新经济政策初期关于"个人利益"和"个人关怀"的一些话，竭力夸大物质刺激的作用。苏联科学院经济研究所主编的《政治经济学教科书》（下册）关于社会主义政治经济学的部分，竟有四五十处宣扬了物质刺激。他们把个人物质利益原则说成是"社会主义生产发展的动力"，"刺激生产发展的决定因素之一。"甚至是"社会主义生产的决定性推动力之一。"近年来，苏联报刊的经济论文，只要能够牵连得上，就大谈其"物质刺激"，把物质刺激变成了修正主义经济理论的指导思想之一。他们否认物质利益原则同资产阶级法权的内在联系，把物质刺激说成是建设共产主义的必不可少的手段。沃尔科夫说："物质利益原则是由社会主义社会的本质所产生的"，"只有始终贯彻这一原则，才能引导并且一定能把数以百计的人们引导到共产主义的分配原则"（《始终不渝地实行物质利益原则》，《真理报》，1962年4月4日）。伊利切夫说："物质利益原则在社会主义条件下，不仅是发展生产力的极重要的杠杆，而且是培养共产主义劳动态度的可靠手段。"（《思想工作走向新的高潮》，《共产党人》，1960年第4期）。加托夫斯基认为"在社会主义社会里，物质刺激对加速发展生产力的作用和效果是史无前例的。社会主义社会适用物质利益原则越彻底，社会主义的优越性也就表现得越大"（《社会主义物质利益原则与商品货币关系的利用》，见《经济译丛》，1959年第3期）。列昂节夫说："认为物质利益原则的内容似乎就是在社会主义社会里保留资产阶级式的权力的看法，显然是完全站不住脚的"（《论物质利益原则》，《真理报》，1960年3月1日）。现代修正主义者把不同意"物质刺激论"的我们,说成是"禁欲主义者""唯意志论者""不关心人",说成是违背了"按劳分配的原则",等等。当然这是纯粹的污蔑,加上无知。中国共产党在毛泽东同志的领导之下,从来就关心群众的生活,即使在战争的年代也没有忽视为改善群众的点滴生活而奋斗。按劳分配是社会主义的基本原则,不论是我们的全民所有制企业和机关团体的工资制度,或是集体所有制的农村人民公社的分配制度,都是根据这一原则订立的。

我们同现代修正主义对于这个问题的原则上的不同点,完全不在于承认不承认物质利益,要不要关心群众生活和承认不承认"按劳分配"的原则等。我们同现代修正主义对于这个问题的原则上的不同点在于政治挂帅、共产主义教育和个人物质利益的关系如何摆,在于个人利益和集体利益,个人利益和社会利益、国家利益的关系如何摆。

苏联经济学者宣扬修正主义的物质刺激论,经常以列宁在新经济政策初期关于实物奖励和个人利益、个人兴趣(或译个人关怀)所讲的话作为依据。不错,列宁是讲过这句话,然而他是在完全另一种条件下,而且在另一种意义上讲这些话的。为了说明白这个问题,我们要稍微详细地引证一下列宁的原话。

列宁在1921年写的《十月革命四周年》那篇文章中说,"我们为热情的浪潮所激励,我们首先激发了人民的普遍政治热情,然后又激发了他们的军事热情,我们曾打算用这种热情直接实现与一般政治任务以及军事任务同样伟大的经济任务,我们原打算(或许更确切些说,我们是没有充分根据的假定),直接用无产阶级国家的法令,在一个小农国家里按共产主义原则来调整国家的生产和产品分配,现实生活说明我们犯了错误。准备向共产主义过渡(要经过多年的准备工作),需要经过国家资本主义和社会主义等许多过渡阶段,不是直接依靠热情而是借助于伟大革命所产生的热情,依靠个人兴趣,依靠个人利益,依靠经济核算,在

在学部扩大会议上就苏联社会主义政治经济学中几种重要修正主义论点发言提纲

这个小农国家里先建立起牢固的桥梁，通过国家资本主义走向社会主义；否则，你们就不能到达共产主义，否则你们就不能把千百万人民引向共产主义。现实生活告诉我们，革命发展的客观进程这样告诉我们"（《十月革命四周年》，1921年10月，《列宁全集》第33卷，第39页）。

在《新经济政策和政治教育局的任务》这个报告中，他又说过："我们不应该指着直接向共产主义过渡，必须以农民对个人利益的关系为基础。""我们说，必须把国民经济的一切大部门建立在个人利益的关心上面。共同讨论，专人负责。由于不会实行这个原则，我们每一步都会吃到苦头。"（《新经济政策和政治教育局的任务》，1921年10月，《列宁全集》，第33卷第50页）

在这个时期，列宁又在好几次演说和文章中强调在工厂和国家机关中实行实物奖励制。这正是从军事共产主义向新经济政策过渡的时期，乡村里要从余粮征集制过渡到粮食税制，城市里要改变绝对平均主义的配给制。（我们知道在此以前列宁也同一般工作人员一样，曾经每天只配给到几两面包），实行实物奖励制，以鼓励工作积极的工人和专家。因此，上面所引的列宁的话都是针对着过去的只凭政治热情，只凭军事热情，而不考虑个人物质利益（或物质关怀）的片面性而说的。因此，他强调个人物质利益的意思，无非是说政治必须与经济相结合，革命的利益必须与个人的利益相结合。而且就在列宁讲上述这些话的这一年年初，在工会问题上同托洛斯基和布哈林争论的时候，列宁在坚持要实行实物奖励制的同时，就提出了"政治是经济的集中表现，政治同经济相比，不能不占首位"的著名思想，他说："不肯定这一点，就是忘记了马克思主义的最起码的常识，他又说，……一个阶级如果不从政治上正确地处理问题，就不能维持它的统治，因而也就不能解决它的生产任务"。

在同一篇文章中，列宁就因为布哈林"否认政治的首要地位，把经济和政治并列，不分主次地宣传从政治上看问题和从经济上看问题统一起来，这样就在理论上堕落到折中主义立场上去了"。(《再论工会，目前局势及托洛斯基和布哈林的错误》，1921年1月。《列宁全集》第32卷，第71—72页）。显然，现代修正主义者用列宁关于个人利益的论述来为他们的物质刺激论辩护，不仅是徒劳的，而且直接就是对列宁的污蔑。我们的政治挂帅的说法是列宁的"政治同经济相比不能不占首位"这一说法的中国化。而现代修正主义者否定政治挂帅恰恰证明他们背叛了列宁的思想。

现代修正主义者起初只是单方面地提物质刺激，近几年来，为了掩饰起见，在强调物质刺激的同时，间或也提到物质刺激和精神刺激相结合的问题。

或许有人认为既然是讲物质刺激和精神刺激相结合，那就好像没有什么问题了。姑且不说，这只是修正主义者的一种掩饰，就以他们所说的精神刺激而论同我们的政治挂帅社会主义教育也根本不是一回事，他们所说的精神刺激是指发奖状、登报表扬之类，至于他们的教育那还是鼓励人民接受物质刺激和精神刺激的教育，即是为名利而奋斗的教育。

作为一个人，生存在社会上，在宇宙间，当然不能完全排除外来的刺激，但是不论从生物学的意义来说，或是从社会科学的意义来说，人是不能靠外来刺激来生存的，不论它是精神的刺激还是物质的刺激，更何况是一个战斗的人，一个新社会的建设者呢？因为苏联经济学者那么喜欢"刺激"，我曾经考证了"刺激"这个词在俄语中的含义，这是外来语，原来是一个拉丁字。根据俄国外来语词典解说，他的原意有二：一是针尖，二是赶马车用的鞭子。日语中"刺激"写作"刺戟"，这倒颇合乎西方语言中"刺激"一词的本意，既是"刺"又是"戟"，总之是靠外界物件发生的一种机械动作，奴隶是以主人的鞭子为动源的，病人是要靠打针吃药来治病，但是等到要靠打针来维持生命，那么寿命也不会长久了，更不会那么有朝气了。苏联经济学者把"物质刺激"说成是"社会主义生产力发展的最大动力"，"是决定的动力"，等等，把一个新兴的应当是朝气蓬勃的社会制度置于何地？

前面曾经说过对于物质刺激问题，我们同修正主义的原则上的不同点在于个人利益和社会利益、国家利益的关系如何摆，特别是在这两种利益发生矛盾的时候，一个觉悟的社会主义社会建设者如何对待这个问题。我们承认社会主义社会的社会利益和国家利益同工、农、知识分子的个人利益是一致的，二者之间没有对抗性的矛盾，但是非对抗性的矛盾是永远存在的，在发生这种非对抗性的矛盾的时候，再一个个人处理这种矛盾的原则是，牺牲个人利益，服从社会和国家的利益，寓个人的利益于集体的利益，后者的利益保全了，发达了，那么所有个人的利益也保全了，发达了。

物质刺激论者则相反。他们把社会和国家的利益寄托在大家对个人利益的关心上，而经济学的一切奥妙似乎就在于刺激个人关心自己的利益，并且用这些来教育人民。苏联经济学者的这种论调同亚当·斯密的利己主义论点倒是一脉相承的，只是斯密的利己主义还是内因论，而物质刺激论倒反成为外因论了。

为了揭露物质刺激的实质，我们有必要看一看斯密的论点。

斯密从利己主义的观点出发，创立自己的经济学说。他把资本家的私利动机说成是"人"（或"经济人"）的本性。照他说，"人"（或"经济人"）是以个人私利为其经济活动的唯一动力，并且是在这动力推动下从事生产和交换，提高劳动生产率，增加个人和社会的财富，从而增进社会的利益的。

他说："……别的动物，一达到壮年期，几乎全能独立，……但人类不能如此，他不能独自生活，他不能不取得同胞的协助，所以假使他仅仅依赖他人的恩惠，一定不行，他如果能刺激他们的自爱心（或译作"爱己心"——引者注），使有利于他，并告诉他们替他做事，是为他们自己的利益，他要达到目的，就容易多了。……我们每天所需的食物饮料，不是出自屠户酿酒家烩面师的恩惠，那仅出自他们自利的打算，"我们不要对他们的爱他心说话，只对他们的自爱心说话。我们不要说自己必须，只说他们有利……"（《国富论》，郭大力、王亚南译本，上册1 第16页）。

斯密又说："……他们（按指资本家）通常没有促进社会利益的心思，他们亦不知道他们自己会怎样促进社会利益。他们所以宁愿投资维持国内产业，而不愿投资维持国外产业，完全为的是他们自己的安全；他们所以会如此指导产业，使其生产物价达到最大程度，亦只是为了他们自己的利益。在这场合，像在其他许多场合一样，他们是受着一只看不见的手的指导，促进了他们全不放在心上的那个目的。他们不把这目的放在心上，不一定是社会之害。他们各自追求各自的利益，往往更能有效地促进社会的利益；他们如果真想促进社会的利益，还往往不能那样有效……"（《国富论》，下册，第32—33页）。

现代资产阶级庸俗经济学者完全抛弃了斯密的学说的精华——劳动价值论，却充分发挥了斯密的这个利己主义思想。有一位美国资产阶级教授在这种利己主义思想的基础上，"创造"出了一种非常"精致的"刺激论（从这里我们可以看出，修正主义经济思想和资产阶级思想愈来愈接近于完全会师了）：

这位美国教授说："在完全竞争条件下……刺激的张度恰如其分，因为企业主的努力要达到那一点：努力的一元钱所值能够期望得到结果的一元钱所值，如果刺激太弱，他们在达到这一点之前停下，或者如果刺激太强，他们会超过这一点而使资源浪费。"（勒纳，《统制经济学》，1947年版，英文版三版，第84页）。

有一个人对这段文字做了下列解说：

"首先，作者认可的唯一事物是个人报酬；显然，无论私人经理或国家人员，没有一个人会为了其他原因而做任何工作。再者，调整完全是机械的，这里太强和太弱之间有一种微妙的平衡。这就是勒纳关于人类行为的观察"。（英国《经济学》杂志，1946年8月号，第195页）。

这位美国资产阶级教授在他的另一本较近的著作中夸耀了他们在美国向劳动人民灌输这种利己主义"人生观"的"成绩"：

"然而，作出结论说财产观念没有支配无产者（美国），那肯定是错误的。在美国，教条主义的社会主义的呼吁，从未在他们那里获得多大的成功，并且他们一贯地拒绝成熟马克思主义著作家所给予他们的阶级自觉的苦痛。……大多数无产者所真正关心的乃是他们的个人财产，这就是：一所住宅，尽管它已被抵押出去了；一辆汽车，尽管是一辆旧的；一些储蓄，尽管通货膨胀正在亏蚀着它们；衣着和时髦服装；一架电视机和厨房用具；一个工作——这对大多数美国人来说是属于他们自己的，从而也有着财产的性质；甚至少数几张股票；几天假日和退休，其规模虽和富有的公司所有者和经营者有所不同，但在精神上则和被恩赐予财产完全一样。"（勒纳：《美国的文明》，1957年纽约出版，第304页）。

解放前美帝国主义者艾奇逊、司徒雷登之流想在中国知识界中培养的"民主个人主义者"不正是这样一种精神面貌吗？可是他们的企图失败了。想不到艾奇逊、司徒雷登之流在中国没有完成的"事业"，现代修正主义的物质刺激论者竟然想在苏联和其他社会主义国家中继承下去。其实，在革命前的俄国，也早就有人想在工人阶级中培养这样的精神面貌，那就是被列宁痛骂过的"经济派"。

"经济派"曾向工人散布这种言论，"说什么对每一个卢布工资增加一个戈比要比任何社会主义和任何政治都更加切实而可贵，说什么他们进行斗争时，应当知道他们现在的斗争不是为了什么将来的后代，而是为了自己本人和自己的儿女"。列宁接着指出："这种词句是西欧资产者向来爱用的武器，他们因仇视社会主义而亲自动手……把英国的工联主义搬到本国来，向本国工人说，纯粹工会的斗争才是为了自己本人和自己的儿女，而不是为了什么将来的后代和将来的什么社会主义——而俄国社会民主党中的瓦·沃，现在也来重复这些资产阶级词句了……"（《怎么办?》，《列宁全集》第5卷，第348—349页）。

在物质刺激论这种新经济派思想的熏陶下，无产阶级革命不到半个世纪的苏联，主要是在赫鲁晓夫修正主义集团取得统治权之后，不问政治，只斤斤计较个人一个卢布的得失，把一所舒适的住宅、一部汽车等作为人生奋斗的最终目标的人生观和世界观，在苏联工人（特别是青年工人），以及苏联的知识分子（特别是高级知识分子），就有了愈来愈广泛的市场，这是近年来凡是到过苏联，在那里稍稍住过一个时期的人都可以觉察到的，至于苏联集体农民的形象，那么今年10月16日，《参考消息》上登的路透社记者多伊彻所谈的话很可以作为我们的参考。他说："最近出版的俄国小说和期刊对农村生活的描述中呈现的苏联农民的形象同一百二三十年前巴尔扎克刻画的十分强烈地贪图个人得失事的鄙贱的法国农民的形象的确惊人的相像。"苏联一部分人民在修正主义统治下面，不过十年左右，就在精神面貌方面发生了这样大的变化，这正是苏联修正主义经济学者拼命鼓吹物质刺激论的用意所在。

最后，我要再重复地说一遍，我们并不是反对每一个人有一所住宅，有一架电视机，等等，我们深信我们社会主义社会将建设得比任何资本主义国家更富强繁荣，那时人民的生活水平，也将远比任何资本主义国家的人民为高，我们社会主义建设的每一步都是为了改善人民的生活,我们党一向谴责那些不关心群众生活的企业和机关的官僚主义者,一切问题的中心都归结到如何才能达到这一步。是走斯密的"利己主义"的道路,走司徒雷登的"民主个人主义"的道路吗?他们认为"人们各自追求各自的利益,往往更能有效地促进社会的利益;如果真想促进社会的利益,倒往往不能那样有效。"在充满对抗性矛盾的资本主义社会里的确要用"人为财死,鸟为食亡"的思想来麻醉人民,使人们为了个人私利各奔前程,是有利于资本主义的统治的。如果人民醒悟了,真想促进社会的利益,那么大家就要起来革命,推翻资本主义剥削制度,这对于资产阶级的利益来说,不仅如斯密所说不能那么有效,而且简直是糟透了。但是社会主义社会的利益和人民的利益是一致的,这里只存在非对抗性的矛盾,而这些非对抗性的矛盾的解决只能有利于社会利益,从而也有利于个人的利益,如果每一个人只看到自己鼻尖底下细小的私利,整日为此奔走,社会主义社会的工人农民和知识分子又成了资本主义社会的小市民,社会主义社会只能走向资本主义复辟的道路上去了。社会主义政治经济学决不能把工、农、知识分子引向斯密所提倡的,或经济派所鼓吹的每个人只看见鼻尖底下的私利那条路上去。千里之行始于足下,但是如果每个人只看到足下,不想到远景,那么还有什么旅行的热情和兴趣呢?

显然把"物质刺激"当作发展生产的动力的观点,哪怕加上"精神刺激"作掩护,也绝不是马克思主义的观点,而只能是修正主义的观点。但是在社会主义分配问题上,如何全面认识和正确贯彻按劳分配原则,如何正确认识按劳分配的资产阶级法权,还有一些问题需要进一步研究。在全民所有制企业的工资制度和农村人民公社的分配制度中,也有不少理论问题需要解决。而且,在这些方面我们马列主义经济学者之间也还有不少争论,我们必须就这些问题展开研究,我们应该在批判现代修正主义的物质刺激的同时，拿出我们自己的能够正确阐明社会主义按劳分配原则的理论著作来。

四　关于商品生产和价值规律的问题

我们都知道，在列宁之后，是斯大林在他的《苏联社会主义经济问题》这本著作中，首先着重地说明了商品生产和价值规律在社会主义经济中的重要性的；但是正如现代修正主义者在别的问题上对斯大林作了全面的否定一样，在商品生产问题上，苏联许多经济学者也对斯大林进行了恶意攻击，说他否定了或是贬低了商品生产和价值规律在社会主义社会中的作用。例如1962年第11期《经济问题》杂志社论；《共产主义建设和经济科学的任务》中，就批评斯大林用"所谓的产品交换代替商业"，说他"完全否定了价格形成的客观基础，否定了价值规律对有计划的价格形成的影响，根本抹杀了这条规律的作用和社会主义生产中商品、货币关系的作用，"等等。

凡是读过斯大林的《苏联社会主义经济问题》一书的人，都可以证实《经济问题》社论的上述说法完全是对斯大林的污蔑。实际上在商品生产和价值规律问题上，修正主义经济学者和斯大林的真正分歧是在全民所有制经济内部的交换算不算商品的问题上。斯大林认为社会主义社会商品生产存在的基础，是两种社会主义公有制同时并存。不同所有者之间的交换，发生了所有权的转移，因此就具有商品性质。而全民所有制企业的相互之间的交换不发生所有权的转移，因此只具有商品的外壳，在实质上是产品交换。我个人是赞同斯大林的观点的。苏联有许多经济学者反对斯大林的观点，主张全民所有制之间的交换，也具有真正的商品交换的性质，他们特别强调全民所有制对商品货币关系有着内在的需要。奥斯特罗维季扬诺夫说："生产资料之所以具有商品

性质,不仅取决于国有制和其他所有制形式之间的相互关系,而且也取决于社会主义阶段国有制本身发展的特点和内在的需要"。奥斯特罗维季扬诺夫还把社会分工当作社会主义社会存在商品生产的直接原因之一,而不同意把社会分工仅仅看成是商品生产存在的前提条件。他说:"社会主义制度下,商品生产和流通的基础首先是城乡之间的社会分工和国家(全民)所有制和合作社集体农庄所有制……之间的相互关系。"(《社会主义制度下的商品生产和价值规律》。《共产党人》,1957年第13期)。苏联科学院经济研究所主编的《政治经济学教科书》(修订第四版)说:"在国营成分内部流通的生产资料的商品性质,可由(1)社会主义阶段国家所有制的特点,(2)社会主义国民经济的统一来解释。生产资料和商品性质是由社会主义阶段的国家所有制自身发展的特点和内部需要所引起的。"有不少苏联经济学者还从社会主义劳动的性质和物质刺激等原因来论证社会主义社会必然存在着商品生产。科兹洛夫说:"在社会主义制度下,商品生产的原因不仅根源于社会主义所有制的两种形式之间的关系,他们还根源于从物质上,刺激劳动的必要性。"(《社会主义制度下的特种商品生产和价值规律》,《社会主义生产方式》,第二册,高级党校出版社,1962年版)。由沙费也夫主编的《社会主义政治经济学》一书认为:"在生产力和生产资料所有制的一定发展水平上还保存着某种劳动的社会经济的不相同性,这一情况对于社会主义制度下商品生产的存在也具有巨大的意义。在社会主义阶段还有着熟练劳动和非熟练劳动之间,脑力劳动和体力劳动之间以及工人和集体农民劳动之间的本质差别。……由此可见,在社会主义制度下存在着劳动的社会经济不相同性,从而不可能把所有各种劳动直接换算为一种劳动"。(沙费也夫主编:《社会主义政治经济学》,三联书店1962年版)。苏联这些经济学者,所以要把社会分工、物质刺激、劳动性质等等因素当作社会主义社会存在商品生产的原因，无非是要扩大商品生产存在的基础，把全民所有制内部的交换关系说成是商品交换，把在两种社会主义公有制并存的历史时期存在的商品生产，延长到整个社会主义阶段。

在这里应该提一提，苏联不少反对斯大林的观点的经济学者，往往提出这样一种论点：同样是某一个国营企业生产的产品，怎么能够说，当它同其他国营企业进行交换时就是产品，而同集体所有制经济进行交换时就是商品呢？我认为这个论点是不能成立的，马克思说得很清楚，商品不是物而是生产关系。同一生产物在国营企业之间进行交换时是产品，而在两种不同所有制之间进行交换时是商品，这是完全可能的，因为两种情况反映着不同的生产关系。在苏共二十大以后，认为全民所有制内部的交换也是商品交换，认为生产资料也是商品的观点，在苏联经济学界逐渐占据了统治地位。我认为这种情况是苏联经济学界修正主义思想泛滥的表现之一。我们可以看到，近年来强调要在所谓"全面开展共产主义建设时期"大力发展商品货币关系的论调已经甚嚣尘上了。我认为苏联经济学界的上述种种观点，其用意无非是要把商品交换关系引到社会主义全民所有制内部的关系中来，用市场价值规律来逐步代替有计划按比例发展规律。这是为苏联经济向资本主义的自由化经济蜕变制造理论根据的。

必须指出，在社会主义商品生产和价值规律问题上，我们马列主义经济学者之间也存在着种种不同的观点，在1959年的上海经济理论讨论会上"宽派"与"窄派"争论得很热烈。这种学术讨论当然是很必要的，就是今后也还需要继续开展。在这里就提出了如何进一步划清修正主义观点和学术观点的界限问题。今后，一方面我们对商品生产、价值规律问题上的现代修正主义观点必须进行彻底的批判；另一方面，社会主义的商品生产、价值规律问题又具有重大意义，对社会主义经济建设有非常密切的关系。这就需要我们经济学者更深入地研究这方面的问题。为了推

在学部扩大会议上就苏联社会主义政治经济学中几种重要修正主义论点发言提纲

动学术界在1959年上海理论讨论会的基础上进一步展开对商品生产、价值规律问题的讨论和研究，看来从划清政治问题与学术问题的界限上做一番考虑，是必要的。

五　社会主义计划经济管理体制中的利润指标问题

这个问题也同商品生产、价值规律问题一样，一方面我们同现代修正主义者有原则的分歧；另一方面，在我国学术界也还有一些学术争论问题没有解决。现代修正主义的论点必须批判，而学术讨论也必须展开。例如，在南斯拉夫，国营企业不仅可以在国内市场上，而且可以在国际市场上为了追逐利润而相互竞争。这种做法以及为这种做法辩护的理论都必须坚决反对，彻底批判。但是我们社会主义企业也要为国家创造利润，而且必须完成以至超额完成国家给予的利润指标。厉行节约，降低成本，扭转亏损，增加盈利——这是近几年来党中央一再强调的，管好各种社会主义企业的重要任务。今年3月，党中央颁发的关于增产节约和"五反"运动的指示，又把上述任务作为企业开展这一运动的一项重要内容。

因此，我们经济学者面临着一个重大的理论工作任务，那就是要进一步划清社会主义利润和资本主义利润的界限，划清马列主义利润论和修正主义利润论的界限。

在过去，苏联经济学界的传统观念（这种看法在中国经济学界也相当普遍）是把"利润"当作资本主义范畴，因而把社会主义"利润"称为"赢利"（例如苏联科学院经济研究所编写的教科书）。然而不论在俄文或在中文，人们很难从"利润"和"赢利"这两个不同的词看出什么本质上的差别。而且在我们的实际

工作中，大多数人还是说，上交利润任务多少。❶

斯大林曾经说过资本家的目的是追逐最高利润。人们对此似乎发生了曲解，误认为社会主义利润和资本主义利润差别表现在数量上：既然资本主义企业追求最高利润，那么社会主义企业就只能争取次高的利润了。我认为相反，如果说在这里有量的差别的话，那么社会主义企业为社会创造的利润应该多于资本主义企业的利润；在马列主义的党的领导下的企业所创造的利润应该多于在修正主义领导下的企业所创造的利润。

周扬同志说过，意识形态、上层建筑，应有利于经济基础的巩固和发展。但是我们在利润问题上的概念混淆，非但不能给修正主义的利润论以有力的批判，而且已经给了我们的实际工作不好的影响。例如，河北省的同志在这次会上就曾经反映了这样的事例：省的财政工作的负责同志出席了理论界关于利润问题的讨论会之后说，大家讲的似乎同我们实际工作中正在努力争取的事（指厉行节约，降低成本，扭转亏损，增加赢利）是针锋相对的，因而他只好不发言了。

因此，我觉得我们不能把利润范畴，当作资本主义范畴，不加分析地加以反对。我们应该把从苏联经济学界流传过来的这个传统见解抛弃掉，从本质上划清社会主义利润和资本主义利润的界限，划清马列主义利润论和修正主义利润论的界限。

---

❶ 从修辞学上下功夫来代替从本质上划清界限，终究是容易的事。也可以说，正因为修正主义者在本质上已经完全蜕化了，所以反而在修辞学上装模作样，标新立异地定了一些新的术语。例如南斯拉夫在 1961 年颁布的新的分配制度，不仅取消了利润这个概念，而且取消了工资这个概念。他们说旧的工资条例作为一个现象，作为一个工具产生于雇佣劳动时代，反映了资本主义的劳动关系，通过个人收入分配条例就把雇佣关系现象在形式上取消了。在新的分配条例中用经济组织的收入、各种提成和个人收入等新概念，代替了利润、工资等经济范畴（详见南斯拉夫米拉金·乌约舍维奇等著，《南斯拉夫经济论文选》，三联书店 1963 年版）。

我认为社会主义利润和资本主义利润的本质差别在于：

第一，利润的阶级本质不同。资本主义利润表示资本家对工人的剥削；而社会主义利润则是生产企业职工为社会扩大再生产和社会公共需要而创造的财富。

第二，生产的目的和手段不同。资本主义生产的目的就是追逐利润本身，资本家生产商品只是为了追逐利润所不能不采取的手段。社会主义生产的目的是制造物质财富本身，但是为了达到这个目的，必须善于使用自己的手段：提高劳动生产率，降低产品的成本，增加利润。

第三，取得利润的方法不同。资本主义通过市场竞争、物价的自由涨落和投机倒把等办法来取得利润。社会主义利润则以贯彻执行中央规定的各项方针政策为前提，以计划生产、计划价格和固定的供产销协作关系为前提，严禁投机倒把。在这种条件下，只有通过老老实实地革新技术、改善经营管理、降低成本的途径才能取得利润。

那么，在利润问题上，马列主义者和修正主义者的分歧又在哪里呢？

我认为，马列主义和修正主义在利润问题上的界限，首先是在取得利润的方法上。马列主义者主张在遵守国家的方针政策，完成计划任务，固定协作关系，厉行供产销合同的条件下，在国家集中统一的领导下，每个企业通过技术革新，改进经营管理，降低成本，提高劳动生产率等办法，来增加利润。而修正主义者则否定计划经济，允许自由竞争，允许自由定价的条件下，甚至通过投机倒把的途径来谋取利润。修正主义这种谋取利润的方法正是南斯拉夫早已在做，而赫鲁晓夫现在已经正式宣布要向他学习的。

其次，马列主义和修正主义在利润问题上的界限还在于利润的分配制度上，既然社会主义全民所有制企业所创造的利润是企业职工为社会扩大再生产和社会公共需要所创造的财富,因此就必须全部上缴国家,而修正主义者则提倡以物质刺激原则为指导的利润分成制度和奖励制度。利别尔曼关于《经济、利润、奖金》的建议的中心思想之一,也就是这种以物质刺激原则为指导的利润分成制度和奖金制度,而这种制度也是南斯拉夫早已实行了的。

此外,利别尔曼所建议的奖金数目很大,可以占到资金总额的5.5%,占到企业利润的百分之十几到百分二十几。这实际上已经不是发给职工个人或用于职工集体福利的奖金,而是用于新投资的扩大再生产的。这种以物质刺激原则为指导的利润分成制度,反映了赫鲁晓夫在苏共二十二大报告中的思想。他在这个报告中说:"为了更好地完成计划,应当给予企业更多的可能性来支配利润,更广泛地利用利润来奖励集体的良好工作,来扩大再生产。"我认为,从利润中拨付的新投资(不是固定资产更新基金中拨付的),应该是用来平衡全社会的再生产和创办新的生产部门的,因而必须由国家来统一掌握,不能下放给企业(哪怕是局部的下放),利别尔曼建议中提出的利润分成制度,必然导致全民所有制企业逐步蜕化变质,这正是南斯拉夫现在所走的道路。

现在根据我的看法来谈谈到底利润指标在社会主义计划经济管理体制中应该起怎样的作用。

利润是生产部门职工创造的物质财富的一部分。生产部门职工创造的财富分为三个组成部分:第一部分是补偿生产过程中的物质消耗,即补偿固定资产的消耗和原材料的消耗的;第二部分是职工为了维持本人和家属生存所必要的生活资料的消耗,即工资部分;以上两者合在一起就构成了一般所说的成本;剩余下来的第三部分就是职工为社会创造的财富,或者称之为剩余产品。

每个社会主义企业要增加利润只有一个办法,那就是增产节

约,即增加所创造的财富的总额,并且减少这总额中成本所占的比重(工资水平在社会主义社会不能减少,而只能增加,但每个企业的工资总额是可以通过劳动生产率的提高、劳动力的节约而减少的)。

资本主义利润是同阶级剥削的本质分不开的,所以资本家利润收入的增加也就是剥削的增加。这是一个方面。另一方面,资本家经营生产的目的不是某一物质财富本身,而是为了追逐利润。他们只要有利可图,今天可以经营这种生意,明天又可以经营别种生意。由于市场竞争和物价的涨落,从个别资本家来说,还可以仅仅通过投机倒把、弄虚作假来赚钱。而这一切在社会主义国营企业中都是根本不允许存在的。

社会主义国营企业的利润用之于社会扩大再生产和社会的各种公共需要,因而是为社会全体成员谋福利的。同时,企业的生产方向或经营方向是由国家规定的;社会主义企业也不能奇货可居,想把自己的产品卖给谁就卖给谁,而是要根据国家规定建立供产销协作关系,并且要把这种协作关系用合同形式固定起来;社会主义国营企业必须按照国家计划价格出售产品,而不准自由涨价落价;在这种种条件之下,一个企业能够比别的企业赚到更多的钱,只能是因为它的产品的劳动消耗,即个别成本低于社会平均成本的水平。所以企业除了改善经营管理、革新技术、提高劳动生产率之外,即是说除了勤勤恳恳、老老实实地工作和劳动之外,没有别的窍门可以使他们得到更多的利润。这样,在上述种种条件之下,利润的多少,应该是企业技术进步和经营管理好坏的最灵敏的标志。

我认为在原有资金量的简单再生产范围以内,一切计划指标可以先自下而上逐级汇总,由上面审批后再自上而下逐级下达。这样的计划指标可以是应有尽有的,其中包括产品产量,按不变价格计算的总产值,按现行价格计算的总产值,商品产值,职工人数，工资基金，成本、利润等等。在上述定生产方向，定协作关系，严格执行供产销合同，遵守计划价格等条件下，利润的多少是反映企业技术水平和经营管理好坏的最综合的指标。社会平均资金利润率是每个企业必须达到的水平，超过平均资金利润率水平的就是先进企业，达不到这水平的就是落后企业。

总之，我的意见，我们应该提高利润指标在计划经济管理体制中的地位，应该划清马列主义利润论和修正主义利润论的界限，应该反对用对待资本主义利润的态度来对待社会主义利润，应该表扬那些努力降低成本、增加利润的先进企业，批评那些不关心和由于主观不努力而不能为国家创造利润的企业。我们要恢复社会主义利润指标的名誉。这样才更有利于批判现代修正主义，也才更有利于使理论工作为社会主义建设服务。

六　社会主义企业的管理体制问题

1. 马列主义的企业管理体制原则：服从集中统一领导；执行国家计划；建立固定的协作关系，严格执行供产销合同，严格按照计划价格购销产品；企业内部管理实行党委领导下的厂长负责制，走群众路线；等等。

2. 修正主义的企业管理原则：没有统一的国家计划；利润本身成为企业经营的目的，企业为了追逐利润可以改变自己的经营方向；职工可以自由招聘，自由解雇；国家完全通过银行和市场法则来影响企业，这就是南斯拉夫现在所走的，和赫鲁晓夫现在准备走的资本主义复辟的道路。

3. 需要继续研究解决的问题：如何在企业管理方面，实现又有集中又有民主，又有纪律、又有自由，又有统一意志、又有个人心情舒畅，生动活泼的局面；真正做到"管而不死，活而不乱"，做到既有高速度又能按比例，既重视量又重视质的大跃进的发展。要达到这一点，关键是否在于明确划清作为国民经济细胞的企业的职责和代表国家的上级领导机关的职责，在于划清简单再生产和扩大再生产的界限，特别在于固定资产更新和折旧费管理制度的改进。

七 社会主义国家的互助合作和国际分工

1. 修正主义的政策：借互助合作和国际分工之名，对兄弟国家实行控制和剥削，提倡经济发展的单一化。
2. 我们的主张：强调自力更生为主的互通有无。

八 结束语

致中国科学院哲学社会科学学部分党组的报告[*]

哲学社会科学部分党组：

  关于研究我国农业社会主义改造和我国近代土地问题，我国手工业的社会主义改造问题，我们认为，仍应当继续执行邓小平同志1956年11月27日的指示和中共中央宣传部1958年3月4日给中央农村工作部和中华全国手工业合作总社党组"关于筹建研究我国农业社会主义改造和我国近代土地问题等三个研究室"（1958年发文第0140号）的公函，我国资本主义工商业的社会主义改造的研究工作组织证明，有一支相当数量的专业队伍在科学院和有关领导机关双重领导下，是较易取得成果的。因此，我们建议按中共中央宣传部1958年3月4日的公函，积极筹建这两个研究室，把我国土地改革和农业合作化以及手工业的社会主义改造问题加以系统整理，写出著作。此外，对资本主义工商业改造研究室这几年来精简人员较多，可否考虑增加五人编制或准许他们招收五名研究生。

  对于经济研究所的农业经济研究组的中心任务，我们认为仍应当以研究我国农村人民公社和社会主义建设中农业方面提出的

---

[*] 标题为编者后加。

重大问题为主。

  是否妥当，请指示。

中国科学院经济研究所

孙冶方

1964 年 2 月 29 日